船舶工匠系列

船舶常识

（第2版）

主 编 魏莉洁
副主编 刘雪梅

哈尔滨工程大学出版社
Harbin Engineering University Press

内容简介

本书共分为五章，主要内容包括船舶类型，船舶基础知识，船体结构，船舶设备、装置与系统，造船工艺。船舶类型部分介绍了船舶的分类及常见船舶的特点；船舶基础知识部分对船型、性能及一些常识性知识做了介绍；船体结构部分介绍了船体结构的一般知识；船舶设备、装置与系统部分主要对船上各种舾装设备和系统做了介绍；造船工艺部分则介绍了船舶建造整个工艺及船舶下水、试验及交船等内容。本书内容充实全面、通俗易懂、工艺先进、切合实际。

本书既可作为造船企业工人技术培训使用教材，也可供有关造船工作者参考使用。

图书在版编目(CIP)数据

船舶常识 / 魏莉洁主编. —2 版. —哈尔滨 ：哈尔滨工程大学出版社，2019.7

ISBN 978 - 7 - 5661 - 2338 - 1

Ⅰ. ①船… Ⅱ. ①魏… Ⅲ. ①船舶 - 基本知识 Ⅳ. ①U66

中国版本图书馆 CIP 数据核字(2019)第 129429 号

选题策划 薛　力
责任编辑 张忠远　张如意
封面设计 博鑫设计

出版发行 哈尔滨工程大学出版社
社　　址 哈尔滨市南岗区南通大街 145 号
邮政编码 150001
发行电话 0451 - 82519328
传　　真 0451 - 82519699
经　　销 新华书店
印　　刷 哈尔滨市石桥印务有限公司
开　　本 787 mm×1 092 mm　1/16
印　　张 10.25
字　　数 259 千字
版　　次 2019 年 7 月第 2 版
印　　次 2019 年 7 月第 1 次印刷
定　　价 29.00 元
http：//www.hrbeupress.com
E-mail：heupress@hrbeu.edu.cn

前　　言

进入21世纪以来,在以信息技术为代表的高新技术的带动下,世界船舶技术得到迅猛发展。新型船舶不断出现,船舶种类越来越多,船舶趋向大型化,而且出现了“智能化船舶”。随着先进制造技术和现代化管理技术在造船制造业中的应用,船舶制造已采用机械化、自动化技术和设备,并向智能化方向发展。

为了适应目前我国船舶工业的发展需要,使更多的人热爱造船事业,为企业培养更多新型造船技术人才,特编写本书,使读者能认识船舶并了解船舶相关知识。

本书以近年来国内建造的钢质海船为主,介绍了船舶类型,船舶基础知识,船体结构,船舶设备、装置与系统,船体工艺。本书所介绍的船体结构内容,是以中国船级社2006年《钢质海船入级与建造规范》为主要依据编写的。在第2版中增加了新船型及海洋工程装备,并对文中陈旧内容进行了修改,增加了现代造船新技术、新工艺方面的内容。

本书由江苏航运职业技术学院(原南通航运职业技术学院)魏莉洁担任主编,渤海船舶职业学院刘雪梅担任副主编。具体分工如下:魏莉洁编写了第一章、第五章;刘雪梅编写了第二章;渤海船舶职业学院卢馨编写了第三章、第四章。

由于编者水平有限,书中难免存在错误或不足之处,恳请读者批评指正,以便进一步修改、完善。

编　者

2019年1月

目　录

第一章　船舶类型 …… 1
第一节　船舶分类 …… 1
第二节　运输船舶 …… 2
第三节　工程船 …… 8
第四节　渔业船、港务船及海洋调查船 …… 12
第五节　军用船舶 …… 15
第六节　高速船舶 …… 19
第二章　船舶基础知识 …… 22
第一节　船型与尺度 …… 22
第二节　船舶吨位及各部位标志 …… 29
第三节　船舶性能 …… 32
第三章　船体结构 …… 41
第一节　船体结构概况 …… 41
第二节　船体各部分结构 …… 46
第三节　船体典型横剖面结构 …… 65
第四章　船舶设备、装置与系统 …… 80
第一节　船舶设备 …… 80
第二节　船舶动力装置 …… 93
第三节　船舶电气 …… 97
第四节　船舶系统 …… 102
第五章　造船工艺 …… 108
第一节　造船工艺流程及现代造船模式 …… 108
第二节　船体放样与号料 …… 112
第三节　船体钢料加工 …… 118
第四节　船体装配与焊接 …… 123
第五节　船体总装 …… 135
第六节　船体密性试验 …… 142
第七节　船舶舾装与涂装 …… 143
第八节　船舶下水 …… 147
第九节　船舶试验与交船 …… 152
参考文献 …… 155

第一章 船舶类型

第一节 船舶分类

船舶是人们从事水上交通运输和水上作业的主要工具。随着人类社会的发展及科学的进步,特别是进入21世纪以来,航运业迅猛发展,船舶的数目更加庞大,种类也更加繁多,船舶建造朝着先进化、大型化、专业化、高速化及智能化方向发展。因此,船舶分类的方法也有很多。

船舶按航行区域可分为海船(沿海、近海、远洋)、港湾船和内河船;按航行状态可分为排水型船、潜艇、滑行艇、水翼艇、冲翼艇和气垫船;按航行方式可分为自航船和非自航船;按推进动力可分为蒸汽机船、内燃机船、燃气轮机船、电力推进船和核动力船;按推进器可分为螺旋桨船、喷水推进船、空气螺旋桨推进船、平旋推进船、明轮船和风帆助航船;按船体材料可分为钢船、木船、水泥船、铝合金船和玻璃钢船等。

船舶通常按其用途,大致可分为如下几种:

(1)运输船

运输船包括客船、客货船、渡船、杂货船、集装箱船、滚装船、载驳船、驳船、冷藏船、运木船、散货船、油船、化学品船、液化气船等。

(2)工程船

工程船包括挖泥船、起重船、布设船、救捞船、破冰船、打桩船、浮船坞、海洋开发船、钻井船和钻井平台等。

(3)渔业船

渔业船包括网渔船、钓渔船、渔业指导船和调查船、渔业加工船、捕鲸船等。

(4)港务船

港务船包括拖船、引航船、消防船、供应船、交通船和助航工作船等。

(5)海洋调查船

海洋调查船包括海洋综合调查船、海洋测量船、海洋专业(水文、地质、生物)调查船、深潜器等。

(6)军用船舶

①战斗舰艇

战斗舰艇包括航空母舰、巡洋舰、驱逐舰、护卫舰、布雷舰、扫雷舰艇、登陆舰艇、潜艇、猎潜艇和各种快艇等。

②辅助舰艇

辅助舰艇包括补给舰、修理船、训练舰、消磁船、医院船、通信船、靶船、各种试验船及测量船等。

第二节　运输船舶

运输船舶类型较多,本节仅就一些常见的主要运输船舶特点介绍如下:

一、客船及客货船

客船(passenger ship)是专用于载运旅客及其携带的行李的船。兼运少量货物的客船又称客货船。客船的主要要求是安全可靠、快速及舒适。因此,客船必须具有足够的强度,良好的稳性、抗沉性和适航性。客船上房舱的布置应合理、舒适、美观,具有良好的通风、采光、空调、照明、卫生等设备。

客船的外形特征是甲板层数多,上层建筑丰满,艏艉大多呈阶梯形,整个上层建筑被包含在一个光顺的流线内。大型客船从侧面看上去,好像一座陆地上的大楼。船的顶层两侧,停放着数量较多的救生艇和其他救生工具。客船分远洋、近海、沿海和内河客船。图1-1所示为可载客1 000人的沿海客货船。

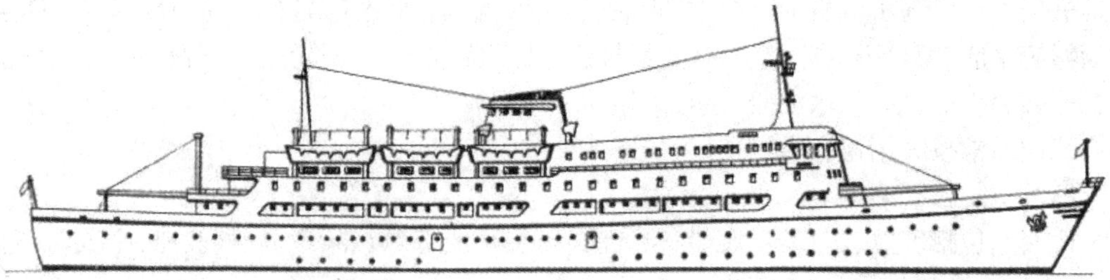

图1-1　可载客1 000人的沿海客货船

近年来,随着航空客运的发展,客船尤其是大型客船逐渐向旅游船方面过渡。其特点是客舱宾馆化,各种生活设施齐全,舒适性好,设大型公共活动场所,具有一流娱乐设施。图1-2所示为大型豪华邮轮。

图1-2　大型豪华邮轮

二、渡船

渡船(ferry)是专用于往返内河、水库及海峡两岸或岛屿间从事短途渡运旅客、货物、列车和车辆的船。按用途和船型分为普通渡船和车辆渡船。普通渡船又分为海峡渡船、江河渡船、对江渡船等。车辆渡船按渡运车辆的种类分为列车渡船和汽车渡船。此外,还有既载客又载车的车辆渡船。渡船多在狭窄水域或岛屿之间的航道航行,往返频繁,因此必须有良好的操纵性。为缩短往返时间,提高营运效率,一些渡船在艏艉均设有推进器和舵,两端均可靠岸,航行时不用调头,汽车上下不用开倒车。图1-3所示为车客渡船。

图1-3 车/客渡船

三、杂货船

杂货船(general cargo ship)是用来载运包装、袋装、桶装和箱装的普通杂货物的货船。杂货船是比较常见的一种货物运输船,由于装载货物种类的特点,大多数是不定期货船。远洋杂货船载货量通常为1~2万吨,沿海杂货船一般为几百至几千吨。

杂货船的外形特点是多为前倾型艏、方型艉,其机舱布置形式有中机型、中后机型和艉机型。甲板上货舱口较大,货舱口之间配备了完善的起货设备。大型杂货船有4~6个货舱,货舱内有2~3层甲板。近年来,杂货船都设计成标准船型,进行成批生产,并趋向于建造多用途货船。图1-4所示为杂货船。

图1-4 杂货船

四、散货船

散货船(bulk cargo carrier)是专门用来运送煤炭、矿砂、谷物、化肥、水泥、钢铁、木材等散装货物的船舶。其特点是单层甲板双层底;驾驶室和机舱都在艉部;货舱口要比杂货船的宽;为便于货物的装卸,货舱区带有顶边舱和底边舱;通常为球鼻艏和方型艉。散货船可用大抓斗、吸粮机、装煤机和皮带传送机等装卸,装卸速度快,运输效率高。散货船有常规运木散货船(兼运其他散货)、矿砂船、矿砂-石油-散货船、自卸散货船、浅吃水肥大型散货船。远洋运输的散货船平均载重约4万吨,目前散货船有大型化的趋势,最大达27万吨。

图1-5所示为25万吨载重量的散货船,该船有6个货舱,艉机型和球鼻艏船型。图1-6所示为全球首艘通过船级社认证的智能船舶"大智"号散货船。

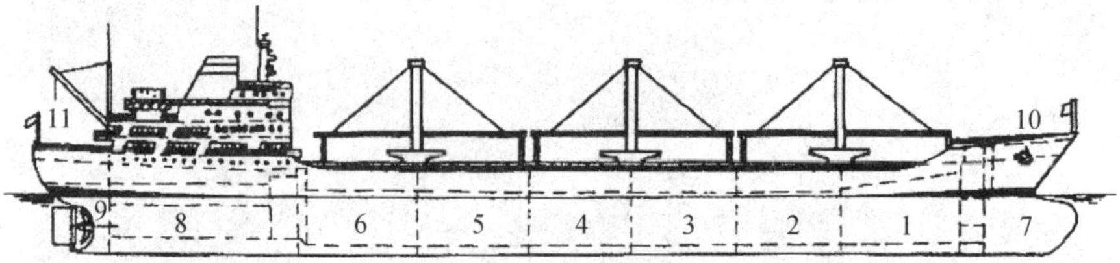

图1-5 散货船

1~6—货舱;7—艏尖舱;8—机舱;9—艉尖舱;10—艏楼;11—艉楼

图1-6 全球首艘通过船级社认证的智能船舶"大智"号散货船

五、集装箱船

集装箱船(container ship)是装载规格统一的标准货箱(称为集装箱)的货船。集装箱船可缩短装卸货物时间,减小货损和货差,提高营运经济效益。集装箱是由金属或玻璃钢等材料制成的标准货箱,8 ft① ×8 ft×20 ft的集装箱为一个TEU。自20世纪50年代以来,集装箱船得到了快速发展;20世纪90年代开始,集装箱船向超大型化方向发展;目前我国已建造可装20 000个TEU以上的集装箱船,目前集装箱运输占全球海上运输的很大部分。

集装箱船的特点是货舱里和甲板上堆放规格统一的集装箱,舱口又宽又长,甲板较小,多为艉机型船,上层建筑较短。远洋集装箱船通常采用球鼻艏、方型艉。大多依靠港口专

① 1 ft=0.304 8 m

用的起货机装卸,少数也有自带起货设备的。

图 1－7 所示为排水量为 7 800 t 的集装箱船,可装 6 m 长的标准集装箱 382 个,船上有可移动的龙门架起货机。图 1－8 所示为国内建造的 20 000 箱集装箱船。

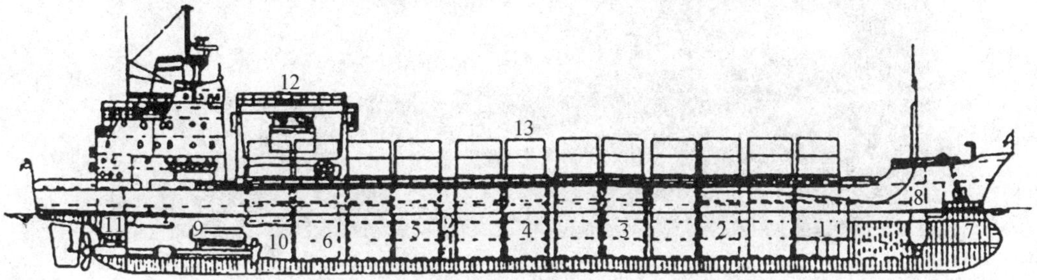

图 1－7　排水量为 7 800 t 的集装箱船

1～6—货舱;7—艏尖舱;8—锚链舱;9—防摇水舱;

10—机舱;11—艉尖舱;12—龙门架起货机;13—集装箱

图 1－8　国内建造的 20 000 箱集装箱船

六、滚装船

滚装船(roll on/roll off ship)是将带有滚车底盘的集装箱或装在托盘上的其他货物作为一个货物单元,用拖车或叉车带动直接开进开出船舱的船。专门装运汽车的滚装船称为汽车滚装船。滚装船的特点是上层建筑高大,最上层的露天甲板平坦,无起货设备及货舱口;在艉部、舷侧或艏部将有活动的跳板放到码头上,汽车或拖车通过跳板开上开下(滚上滚下)装卸货物;货舱内具有多层纵通甲板,所有分舱甲板均无脊弧和梁拱,汽车或拖车通过坡道或升降平台进入上、下层舱内;货舱内设有完备的通风和消防设备。滚装船的上层建筑可设置在船尾、船中或船首,机舱在船尾靠近两舷处,高度较低。图 1－9 所示为滚装船。

七、油船

油船(tanker)是专门装运石油产品的液体货船。油船分成品油船和装载原油的船。油船的大小从几百吨至几十万吨,装载原油的船舶吨位较大,巨型油船(VLCC 船)吨位为 20 万～30 万吨,超大型油船(ULCC 船)吨位为 30 万吨以上,油船属于吨位最大的一种船舶。“海上巨人”号超大型油船载重量达 56.5 万吨。

图1-9 滚装船

油船的特点是防火防爆要求特别高,因此消防设备比较完善。为了减少太阳辐射,控制舱内温度,外壳常漆成浅色。船上设有暑季用的甲板淋水设备和冬季用的蒸汽暖油装置。油船均为艉机型船,干舷较小,容易上浪,甲板上方通常设有供船员行走的步桥。油船甲板上无大的货舱口,只有圆形的油气膨胀舱口。过去油船多为单壳结构,随着人类对海洋污染的日益重视,要求载重量大于或等于5 000 t的油船为双壳体。图1-10所示为大型油轮。

图1-10 大型油轮

八、液化气船

液化气船(liquid gas carrier)是用来运载液化气的船舶。液化气分液化石油气(liquified petroleum gas,LPG)和液化天然气(liquified natural gas,LNG)。液化石油气的主要成分是丙烷,可以在常温下加压液化,也可在常压下冷冻液化。大型船一般采用冷冻方式,中小型船多采用加压方式,其货舱为球形或圆柱形耐压容器。液化天然气的主要成分是甲烷,在常压下的液化温度约为-164 ℃,因此货舱的结构、采用的材料和隔热装置必须满足极低温运输的要求。货舱的形状有球形、棱柱形等。

液化气在运载时先通过加压或低温使其液化，然后把液化后的气体用高压泵打入球形或薄膜型的特殊的高压液舱内储存。液化气船的特点是机舱和船员舱设在船的尾部；船首具有艏楼；货舱区结构特殊，有五种货物围护系统：整体液货舱、薄膜液货舱、半薄膜液货舱、独立液货舱（分 A、B、C 型独立舱）、内部绝热液货舱（分 1 型和 2 型液货舱）。其中独立液货舱和薄膜液货舱最常用。液化气船属高技术、高附加值船，因此船舶造价较高。图 1－11 所示为液化天然气船。

图 1－11 液化天然气船

九、驳船

驳船（barge）泛指一切本身没有自航能力，而需拖船或顶推船带动的货船。驳船的特点是载货量大、吃水浅、设备简单，船上通常不设置装卸货物的起货设备。驳船一般为非机动船，本身没有推进装置（少数有推进器的驳船称为机动驳）。驳船与拖船或推船组成驳船船队，可以航行于狭窄水道和浅水航道，并可按运输货物的种类随时编组，适应内河各港口货物运输的需要。图 1－12 所示为甲板驳船。

图 1－12 甲板驳船

第三节 工 程 船

一、挖泥船

挖泥船(dredger)主要用于航道疏浚和港口建设,也可用于开挖水工建筑物(如码头、船坞、闸门等)基础,以及运河、修筑堤坝、填海造陆等,是一种重要的工程船。挖泥船有机动和非机动之分,按施工特点又可分为耙吸式、绞吸式、抓斗式、铲斗式、链斗式等。图1-13所示分别为耙吸式挖泥船和绞吸式挖泥船。

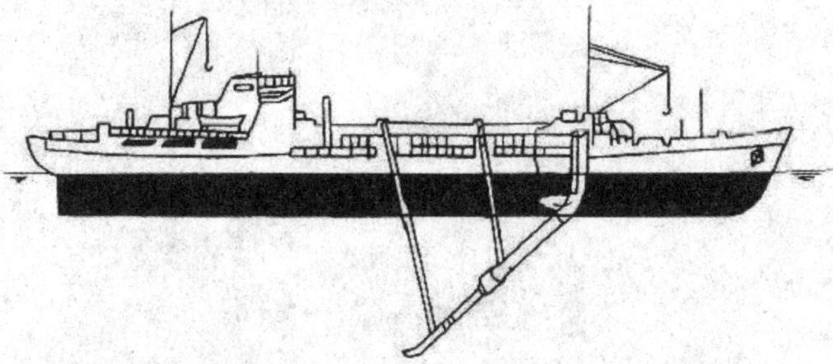

(a)

(b)

图1-13 挖泥船

(a)耙吸式挖泥船;(b)绞吸式挖泥船

二、起重船

起重船(floating crane)是专门用于起重的工程船,又叫浮吊,分固定式和旋转式两种形式。它大多为非自航式,由拖轮拖带移动。浮吊的起重量从几十吨至上万吨不等,我国已建成12 000 t起重量的全回转起重船"振华30号",以单臂架12 000 t的吊重能力和7 000 t 360°全回转的吊重能力位居世界第一。图1-14所示分别为固定式起重船和全回转式起重船。

三、浮船坞

浮船坞(floating dock)是能漂浮于水面用来修造船舶的大型水上工程建筑物,它是由左右两侧坞墙和底部箱形结构组成的凹形建筑。需要抬船时,可向底部水舱灌水,使船坞下

(a)　　(b)

图1-14　起重船

(a)固定式起重船;(b)全回转式起重船

沉至一定深度,然后将待修的船舶拖入坞内,定好船位,用坞内的强力水泵将水舱内的水排出,于是船坞渐渐浮起,使待修船舶全部搁在墩木上,直至坞底出水为止。它可以根据工作需要用拖船搬移位置。

图1-15　浮船坞

浮船坞除了修造船外,还可以兼打捞沉船,运送深水船舶通过浅水航道。浮船坞上设有系缆、锚泊、起重、动力和照明等设备和生活设施,如再配备金属加工和焊接等工厂,就能成为一个独立的施工单位。目前浮船坞正向大型化方向发展。图1-15所示为浮船坞。

四、破冰船

破冰船(ice breaker)是专门用于破开航道上的冰层和救助冰困船舶的工作船。船首呈前倾状并予以特别加强,艏艉的左右舷设有大的压载舱。破冰时使船首冲上冰层,再将艉压载水打入艏压载舱,靠重力或船身左右摇晃将冰层压碎。图1-16所示为破冰船。

五、海上石油钻井装置

海上石油钻井装置是用于海上石油勘探和开采的钻井平台(drilling platform)或钻井船(drilling ship),有固定式和活动式两类,前者用于开采工作,后者大都用于勘探。固定式钻井平台固定于一处不能移动,有混凝土重力式平台和钢质导管架式平台。活动式钻井装置能从一个井位移到另一个井位,有坐底式钻井平台、自升式钻井平台、半潜式钻井平台和钻井船等。图1-17所示分别为半潜式钻井平台和桁架式桩腿自升式钻井平台。

(a)

(b)

图1-16 破冰船

(a)破冰示意图;(b)雪龙号破冰船

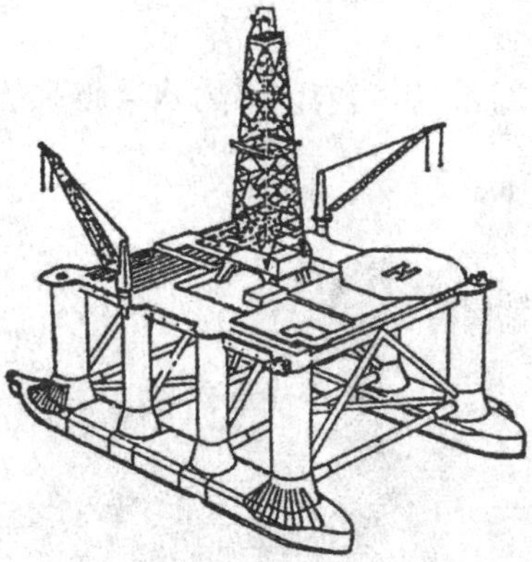

(a)

(b)

图1-17 钻井平台

(a)半潜式钻井平台;(b)桁架式桩腿自升式钻井平台

六、浮式生产储卸油装置

浮式生产储卸油装置(floating production storage and offloading,FPSO)又称海上浮式生产储油卸油装置,是20世纪70年代在欧洲的海洋石油开发中出现的,采用储油船为基式,作为海上石油、天然气等能源开采、加工、储存和外运设施的主流形式,集人员居住和生产指挥系统为一体的海上大型石油生产基地。FPSO上安装了原油处理设备,兼有加工处理、储油和卸油的功能,长期系泊于固定海域;绝大部分无自航能力,少数有自航能力;采用多点或单点系泊模式在海面上固定。FPSO通常与钻油平台或海底采油装置和穿梭油轮组成一个完整的采油、原油处理、储油和卸油生产系统。图1-18所示为浮式生产储卸油装置。

图1-18 浮式生产储卸油装置

七、海上风电安装船

海洋风电安装船又称海洋风车安装船，是一种集常规船舶运输、自航与海洋平台的自升、起重船的起重等多船功能为一船的新型船，主要用于海上风力发电设备的运输与吊装。图1－19所示为海上风电安装船，即用此船装载风力发电设备，航行至作业海域，完成精确定位，桩腿控制系统把船体抬升为海洋工作平台，用甲板上的两台吊车起重安装。该船也可用于海上风车的维修。

图1－19　海上风电安装船

八、打桩船

打桩船(floating pile driver)用于水上打桩作业，与起重船相类似，多使用箱形船体，且多为非自航船舶，如图1－20所示。打桩船最重要的设备是高大的桩架，通常建在舷部。打桩时，桩架作为桩的导轨，重锤沿桩架升落。

图1－20　打桩船

打桩船的桩架有固定式与全回转式之分。前者只能在艏部打桩作业；后者既可在艏部打桩作业，又可在舷部的左右两舷打桩作业。

第四节　渔业船、港务船及海洋调查船

一、渔业船

渔业船是专门从事渔业生产的船舶。渔业船有多种分类方式,按捕鱼区域来分有远洋渔船、近海渔船和内河渔船,按捕捞方式和捕鱼对象来分有网类渔船(包括拖网渔船、围网渔船和刺网渔船等)、钓类渔船(包括手钓渔船、延绳钓渔船和机械化钓渔船等)、特种渔船(包括捕鲸船、捕兽船等),还有与渔业生产有关的渔业加工船、冷藏运输船及渔政船等。

图1-21所示为艉滑道拖网渔船(stern ramp trawler)。拖网渔船(trawler)是利用专门的拖曳网具捕捞中、下层鱼类或甲壳类等的渔船,单船作业的称单拖,双船作业的称双拖。

该拖网渔船在船尾端甲板上向下延伸至水面设一斜坡滑道,供起、放网和拉上渔获物使用。

图1-21　艉滑道拖网渔船

二、港务船

港务船包括拖船、引航船、消防船、供应船、交通船和助航工作船等。下面主要介绍拖船和消防船。

1. 拖船

拖船(tug boat)是用来拖曳没有自航能力的船舶、木排或协助大型船舶进出港口、靠离码头、远洋拖带运输或做救助海洋遇难船只的船舶。拖船没有装载货物的货舱,船身不大,但却装有大功率的推进主机和拖曳设备,所以拖船具有个子小、力气大的特点。拖船分海洋拖船、港作拖船和内河拖船。图1-22所示为拖船。

2. 消防船

消防船(fire boat)是用于对港内船舶或岸边建筑物消防灭火工作的船舶。消防船的外形很像拖船,所以也有兼作拖船的。消防船上设有高压水泵、喷射水枪及船舶自身的水幕系统。为适应油船灭火需要,消防船上还设有专门的泡沫消防枪。船上还设有液压升降平台,用于扑救高处火灾。消防船一般漆成红色,从外观上很易识别。它还要求有很好的操纵性,使其能在狭窄的水道或拥挤的港口内执行消防任务。目前,很多港口由港作拖轮配备较强的消防设备来替代专用消防船。图1-23所示为消防船。

图1-22 拖船

图1-23 消防船

三、海洋调查船

海洋调查船(ocean survey ship)是人类对海洋的物理、化学、地质、地理、生物、气象、水文和海底地貌等进行科学调查用的船舶。海洋调查船是活动的研究基地,有综合调查、气象调查、渔业调查、定点调查等类型。

海洋调查船要求有优良的航海性能和大的续航力;供设置实验室和资料保存等所需的舱容;便于工作的甲板面积和装置;观察仪器的空间;投置入海观察仪器和取样设备的起卸装置;为工作人员创造良好的工作条件和居住条件等。观察精度要求高的调查船,主要仪器应加防震装置,船舶能微速航行,具有小的回转半径,有的还需设有直升机平台。图1-24所示为综合海洋科学调查船。

海洋调查船包括海洋综合调查船、海洋测量船、海洋专业(水文、地质、生物)调查船、深潜器等。下面主要介绍海洋测量船和深潜器。

1.海洋测量船

海洋测量船(surveying ship)是一种能够完成海洋环境要素探测、海洋各学科调查和特定海洋参数测量的船只。凡是能够完成海洋空间环境测量任务的船舶,均可称为海洋测量船。早期的测量船仅仅完成单一的海洋水深测量,主要用于保障航道安全。随着社会的进步和科学技术的发展,海洋测量从单一的水深测量拓展到海底地形、海底地貌、海洋气象、海洋水文等方面,还涉及地球物理特性、航天遥感和极地参数测量。现代海洋调查船综合作业能力很强,不同学科、不同专业领域的任务互相交叉,在完成主要使命任务的平台上,同时具备相当广泛的通用海洋参数测量能力。图1-25所示为远望3号测量船。

图1-24　综合海洋科学调查船

图1-25　远望3号测量船

2. 深潜器

深潜器(bathyscaph(e))主要用于海底地质地貌的观察和标本采集、反潜作战的水声研究、搜集沉船和捞取沉入海底的特定物体等。深潜器的潜深为几百米至几千米。

深潜器在使用前多数由大型水面船舶系带到现场,然后从母船甲板上放下,对海底进行研究考察,母船设有维修工场、研究室、住舱及起吊装置等。

系缆深潜器自身通过一条缆索与水面母船连接,此种缆往往兼作深潜器供电电缆。深潜器外形似船,它的操纵和观察室是用特厚高强度钢板制成的耐压壳球体,也可由一个或几个球体串联组成。球体下端有观察窗和机械手等装置。图1-26所示为我国自行设计、集成研制的"蛟龙"号载人深潜器,2009—2012年,接连取得1 000 m级、3 000 m级、5 000 m级和7 000 m级海试成功。2012年6月,在马里亚纳海沟创造了下潜7 062 m的中国载人深潜纪录,也是世界同类作业型潜水器最大下潜深度纪录。

图 1-26 我国自行设计、研制的“蛟龙”号载人深潜器

第五节 军用船舶

军用船舶是执行战斗任务和军事辅助任务的各类船舶的总称。通常分为战斗舰艇和辅助舰艇两大类，前者又有水面战斗舰艇和潜艇之分。一般称排水量 500 t 以上为舰，500 t 以下为艇。

1. 航空母舰

航空母舰(aircraft carrier)是以舰载机为主要武器并作为其海上活动基地的大型军舰，是海军水面战斗舰艇中的最大舰种，主要用于攻击水面舰艇、潜艇和运输舰船，袭击海岸设施和陆上目标，夺取作战海区的控制权和制海权。航空母舰有大、中、小型之分，其排水量通常为万余吨至 8 万吨左右，最大的核动力航空母舰可达 9 万余吨。航速为 26 ~ 35 kn①，续航力大。大型航空母舰可携带飞机 100 余架。

航空母舰有供飞机起落的飞机甲板，以及弹射器、阻拦装置和升降机等。机库设于飞行甲板下，上层建筑设在中部右侧，形成岛形建筑。航空母舰一般以舰载机为主，还装备有导弹、火炮、反潜武器等武器及十分完善的电子设备。

航空母舰具有强大的攻击力，但目标较大，易遭敌方攻击，所以需有多艘巡洋舰、驱逐舰和护卫舰护卫组成航空母舰编队行动。航空母舰按其承担的任务可分为攻击航空母舰、护卫航空母舰、反潜航空母舰和多用途航空母舰。按其动力装置的不同可分为核动力航空母舰和常规动力航空母舰。图 1-27 所示为核动力航空母舰。

2. 巡洋舰

巡洋舰(cruiser)是一种强有力的、多用途的适于远洋作战的大型水面舰艇。它航速高，续航力大，耐波性好，具有相当强的战斗力和指挥功能，在航空母舰编队时用作护卫兵力，在与驱逐舰协同作战中用作旗舰，也可单独执行任务。巡洋舰主要用于海上攻防作战，保卫己方和破坏敌方的海上交通线，支援登陆和抗登陆作战，袭击港口基地和岸上目标，掩护

---

① 1 kn = 1.852 km/h

图 1-27　核动力航空母舰

己方舰艇扫雷和布雷,以及防空、反潜、警戒、巡逻、为舰装机导航等。巡洋舰装备的武器众多,电子设备完善,同时装有对海对空和反潜等武器系统,包括导弹、直升机、大炮、鱼雷和反潜火箭等。

巡洋舰的排水量通常在 7 000 t 以上,最大可达 30 000 t。航速为 30 ~ 50 kn。巡洋舰按其装备的主要武器和推进方式可分为导弹巡洋舰、直升机巡洋舰、核动力巡洋舰和常规动力巡洋舰。现代巡洋舰仅在舰桥和弹药库等重要部位设置装甲,用来保护这些重要部位,主要武器有直升机和导弹。图 1-28 所示为苏联基洛夫级核动力巡洋舰。

图 1-28　苏联基洛夫级核动力巡洋舰

3. 驱逐舰

驱逐舰(destroyer)是以导弹、反潜武器和大炮为主要武器的中型水面战斗舰艇。它航速较高,耐波性好,战斗力强,并具有多种作战能力,用于攻击敌方潜艇和水面舰船,以及侦察、巡逻、护航、警戒、防空、布雷、袭击岸上目标等。

驱逐舰的排水量通常为 3 000 ~ 10 000 t,航速约 35 kn,续航力 3 000 ~ 6 000 n mile[①]。

① 1 n mile = 1.852 km

舰上配置导弹、火炮、鱼雷、水雷、反潜武器和直升机等。以导弹为主要武器的驱逐舰称为导弹驱逐舰。现代驱逐舰一般装有舰对舰、舰对空导弹武器、反潜导弹武器、反潜直升机、电子战系统及设备完善的导航通信设备和电子设备。

驱逐舰的船体瘦长,常采用全通甲板或长艏楼,直线前倾型艏柱和方艉船型。图1－29所示为美国海军主力的伯克级驱逐舰,也是世界上建造数量最多的现役驱逐舰。

图1－29 美国海军主力的伯克级驱逐舰

4. 护卫舰

护卫舰(frigate ship)是以导弹、舰炮、深水炸弹及反潜鱼雷为主要武器的轻型水面战斗舰艇,如图1－30所示。它的主要任务是为舰艇编队担负反潜、护航、巡逻、警戒、侦察及登陆支援作战等任务。护卫舰的性能和使用范围与驱逐舰相似,只是排水量、航速、续航力和火力比驱逐舰小些。

图1－30 护卫舰

5. 潜艇

潜艇(submarine)又称潜水艇,是一种能潜入水下活动和作战的舰艇。主要用于攻击敌方水面舰船和潜艇,袭击敌方沿岸主要设施和岸上的重要目标,破坏敌方海上交通线,也可用于布雷、侦察等。潜艇具有隐蔽性好、机动灵活、自给力及续航力较大、突袭力较强的特点。它能很好地隐蔽自己,出其不意地攻击敌方舰船。核动力潜艇自20世纪50年代研制成功并装备弹道导弹后,已成为具有战略意义的战斗舰艇。图1－31所示为潜艇。

图1-31 潜艇

6. 快艇

快艇(speed boat)是舰艇中的短跑冠军,最大航速可达40~60 kn,有海上轻骑兵之称。快艇按装备的武器不同可分为鱼雷艇、导弹快艇和导弹鱼雷艇等。

鱼雷艇是以鱼雷为主要武器的小型高速水面战斗舰艇。导弹快艇是以舰对舰导弹为主要武器的小型高速水面战斗舰艇,如图1-32所示。除了执行攻击任务以外,可担负巡逻、警戒、反潜、布雷等其他任务。导弹快艇已经取代了过去的鱼雷快艇在水面作战中的角色。

图1-32 导弹快艇

导弹快艇吨位小,航速高,机动灵活,排水量通常为数十吨至数百吨,航行速度30~40 kn,有的可达50 kn,续航能力500~3 000 n mile。艇上装有反舰导弹2~8枚,有些快艇还加装20~76 mm口径舰炮,吨位较大的快艇还可能包含鱼雷、水雷、深水炸弹和舰对空导弹等。搭配的传感系统有搜索、探测、武器控制、通信导航、电子作战等。

7. 补给舰

补给舰(replenishment oiler)主要用于向航母战斗编队、舰船供应正常执勤所需的燃油、航空燃油、弹药、食品、备件等补给品,是专门用来在战斗中帮助队友的船舰,具有较强的自卫能力。除配备防御性自卫武器外,还配置多种电子探测设备,以防敌方的空中袭击。图1-33所示为补给舰。我国补给舰已经实现同时为4艘军舰提供补给(左、右、前、后军舰簇拥补给舰4个舷位)、垂直补给(直升机补给)。

8. 医院船

医院船(hospital ship)是专门用于对伤病员及海上遇险者进行海上救护、治疗和运送的辅助舰船,如图1-34所示。大型医院船是现代海军的重要标志之一。目前,世界上美国、英国、加拿大、日本、中国等少数国家拥有具有远海医疗救护能力的医院船,这些医院船均由民船改装而成。

图 1－33　补给舰

图 1－34　医院船

第六节　高速船舶

目前，常规船舶的性能虽然有了很大的提高，但有一定的限度。为了使船舶具有高性能，人们探索出各种非常规的新船型，如滑行艇、水翼艇、气垫船、小水线面船和地效翼艇等高速船舶。这里仅介绍几种应用比较广泛的高速船舶。

一、水翼艇

水翼艇（hydrofoil craft）是在船体下面装有水翼的一种高速快艇。它在高速航行时，水翼产生升力，使船体部分或全部抬出水面，大大降低了水阻力，从而获得高速，航速为 40～60 kn。

水翼艇按水翼形式不同可分为割划式、全浸式和浅浸式水翼艇。图 1－35 所示为割划式水翼艇。

图 1－35　割划式水翼艇

二、气垫船

气垫船(air cushion vehicle)是通过鼓风机把空气送到船底下面,在船底形成空气垫以支持船体重量的一种高速船舶。气垫的压力高于大气压,可将船体全部抬出水面。航行时气垫将船体与水面隔开,使船的阻力大大降低,故其航速可高达 80 ~ 100 kn。

气垫船有两种类型:全垫升式气垫船(hovercraft)(又称全浮式气垫船)和侧壁式气垫船(sidewall air-cushion vehicle),如图 1 - 36 所示。

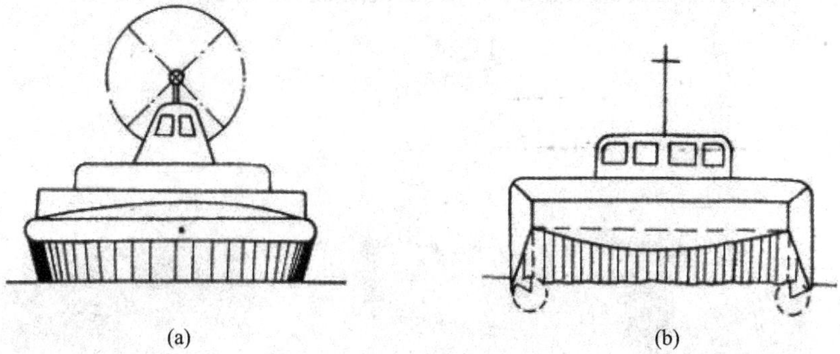

图 1 - 36　气垫船形式

(a)全垫升式气垫船;(b)侧壁式气垫船

全垫升式气垫船的船底四周用柔性围裙封闭,用空气螺旋桨推进。这种气垫船具有两栖能力,可以在水面、陆地、沼泽地、冰面和沙滩上行驶,但耐波性和机动性较差。

侧壁式气垫船是在船两侧将有刚性的侧壁插入水中,船的首尾端用柔性气幕封闭。采用水动力螺旋桨或喷水推进,有较好的操纵性和稳定性,但无两栖能力。侧壁式的经济性较好,可向大型化方向发展。侧壁式气垫船的侧壁可以被双体代替,成为双体气垫船。

三、小水线面双体船

小水线面双体船(small waterplane area twin hull ship)又称半潜双体船(semi - submerged catamaran),是 20 世纪 70 年代发展起来的已大型化的高性能船型。小水线面双体船由水下体、上体和支柱三部分组成。水下体做成鱼雷状,为全船提供主要浮力,艉部装有推进器,下体内布置燃油舱、淡水舱、压载水舱、推进器传动机构和稳定鳍的控制机构等;上体是水面以上的桥体结构,内部是工作室与生活舱室,上体是宽敞的平台结构,可按需要布置各种设备;上下体由截面为流线型的支柱连接。由于水下体没入水中,支柱的水线面较瘦削(所以叫小水线面),故能在航行时大大降低波浪的扰力和兴波阻力。小水线面双体船具有耐波性好,在波浪中失速小,高速航行时阻力小,上甲板宽广,有效空间开敞等优点。但它吃水较深,船宽较大,故易受航道的限制。这种船型在军用、民用方面都具有广阔的发展前景。图 1 - 37 所示为半潜小水线面集装箱双体船。

四、滑行艇

滑行艇(planing)是在水面上高速运动时处于滑行状态的小艇,如图 1 - 38 所示。滑行时只有部分艇底与水接触,阻力显著降低。滑行艇的排水量一般在 200 t 以内,航速可达 40～50 kn,尽管其航速比一般排水型船舶高,但适航性却较差,故滑行艇的应用并不太多。在民用方面,采用滑行艇艇型的主要有游艇、客艇、赛艇、交通艇等;在军用方面,采用滑行艇艇型的主要有鱼雷艇、导弹艇、炮艇、猎潜艇、侦察艇、布雷艇等。

五、地效翼艇

地效翼艇是一种利用地面效应在贴近水面地效区内快速航行的高性能船舶,能够在水面上安全起降,航行速度比普通船舶快十几倍,既具有水上运输低成本、大运载量、安全可靠的优点,又具有空运的速度,用途十分广泛,如图 1－39 所示。地效翼艇在贴近水面或地面时,船底下的空气受到挤压,流动受阻塞,压力增大,从而产生附加的升力。

图 1－37 半潜小水线面集装箱双体船

图 1－38 滑行艇

图 1－39 地效翼艇

第二章　船舶基础知识

第一节　船型与尺度

一、船体线型

为了使船舶航行时受到的阻力最小，船体的表面通常做成流线型的光滑曲面，船体两端尖瘦、中间肥大。图 2－1 所示为船体形状。

不同船舶的船体的形状也不完全相同。船体形状可以从四个方面来看：

1. 船体侧面形状

(1) 甲板边线和龙骨线

甲板边线有艏艉升高的舷弧形曲线、折线和水平直线等形状。舷弧可以减少艏艉上浪，也可增加艏艉的储备浮力。有些内河船舶为简化结构和便于施工，也用水平的甲板线。

龙骨线有水平直线、倾斜直线、曲线或断折曲线几种形式。水平直线使用最广，便于制造和进坞修理。倾斜直线式一般均为艉倾。这往往是因为艏吃水受到限制，或是为了放置较大直径的螺旋桨，如登陆艇、拖船、渔船、快艇等。机帆船及滑行快艇等特殊船型的龙骨线则为曲线或断折曲线式。图 2－2 所示为几种形式的甲板线和龙骨线形状。

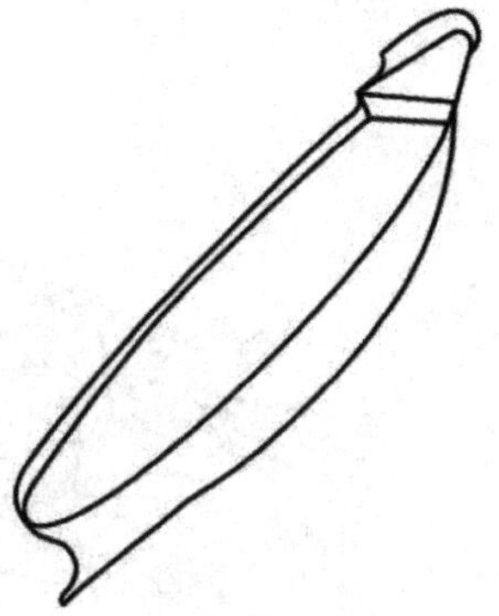

图 2－1　船体形状

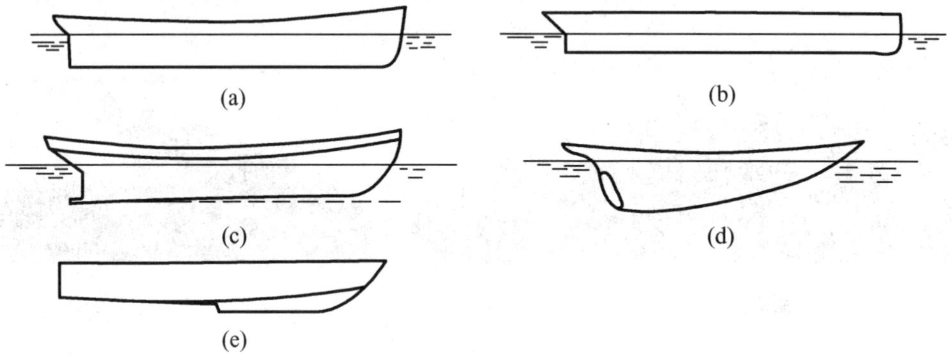

图 2－2　几种形式的甲板线和龙骨线形状

(a) 海船：水平龙骨线，甲板线有舷弧；(b) 内河船：水平龙骨线，甲板线无舷弧；
(c) 艉倾的龙骨线；(d) 帆艇：有曲线形状的龙骨线；(e) 单断级快艇

(2)船首形状

如图 2 –3 所示,常见的船首形状有以下五种:

直立型艏,艏柱呈与基线相垂直或接近垂直的直线,艏部甲板面积不大。这种艏现在主要用于驳船和特种船舶上,如图 2 –3(a)所示。

前倾型艏,艏柱呈直线前倾或微带曲线前倾,艏部不易上浪,甲板面积大,在发生碰撞时船体水线以下的部分不易受损,外观比较简洁,有快速感。军船上多采用直线前倾型,民船上常用微带曲线前倾型,如图 2 –3(b)所示。

飞剪型艏,艏柱在设计水线以上呈凹形曲线,艏部不易上浪,且较大的甲板悬伸部可以扩大甲板面积,有利于布置锚机和系船设备。飞剪型艏常用于远洋航行的大型客船和一些货船,如图 2 –3(c)所示。

破冰型艏,设计水线以下的艏柱呈倾斜状,与基线约成 30°夹角,以便冲上冰层。该形式的艏用于破冰船,如图 2 –3(d)所示。

球鼻艏,设计水线以下的艏部前端有球鼻型的突出体,突出体有多种形状,其作用是减小兴波阻力。球鼻艏多用在大型远洋运输船和一些军舰上,军舰上可利用球鼻的突出体装置声呐,如图 2 –3(e)所示。

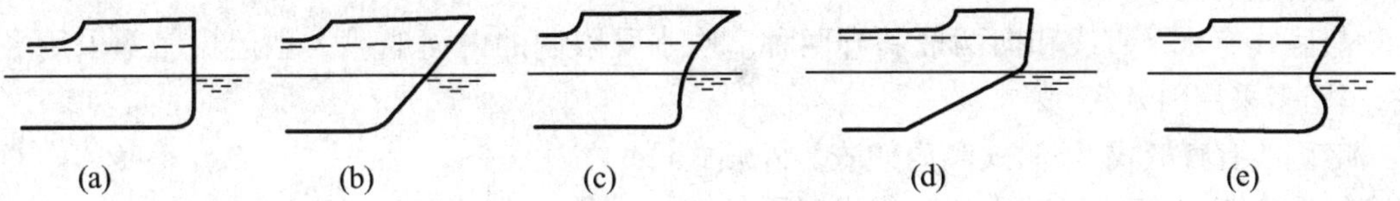

图 2 –3　船艏形状

(a)直立型艏;(b)前倾型艏;(c)飞剪型艏;(d)破冰型艏;(e)球鼻艏

(3)船尾形状

如图 2 –4 所示,常见的船尾形状有以下三种:

椭圆型艉,船的尾部有短的艉伸部,折角线以上呈椭圆体向上扩展,端部露出水面较大,桨和舵易受破坏。过去民用船多采用这种艉型,现在仅有些驳船上可以见到,如图 2 –4(a) 所示。

巡洋舰型艉,具有光顺曲面的艉伸部,艉部大部分浸入水中,增加了水线长度,有利于减小船的阻力,并有利于舵和螺旋桨的保护。这种艉型在军舰和民用船上都用得较广,如图 2 –4(b)所示。

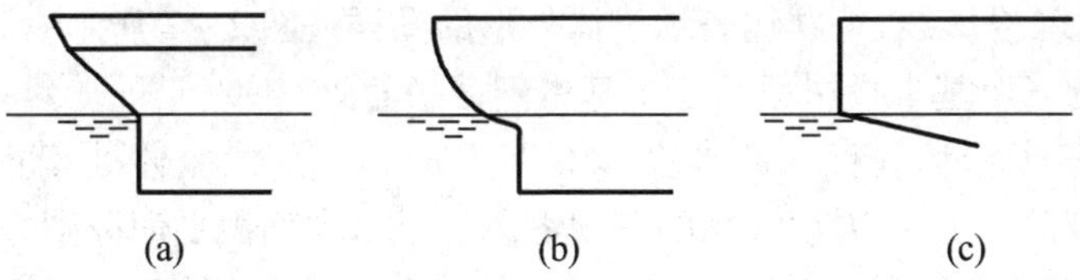

图 2 –4　船尾形状

(a)椭圆型艉;(b)巡洋舰型艉;(c)方型艉

方型艉,艉部有垂直或斜的艉封板,其他仍保留巡洋舰尾的特点。艉部水流能较平坦地离开船体,减小航行阻力,艉部甲板面积较大有利于舵机布置,并可以防止高速航行时艉部浸水过多。方型艉大多用于航速较高的舰艇及许多货船上,如图2-4(c)所示。

2.设计水线面形状

设计水线面形状对船舶快速性等航行性能有重要的影响。水线面形状一般分为平行中体式、无平行中体式和方艉式三种,如图2-5所示。平行中体式是在船长中部附近一段的宽度不变,且与船体中心线平行。这种形式的船体施工简便、舱室方整,多用于较大的货船。无平行中体式的水线是光滑的曲线,适用于中速船。方艉式则适用于高速舰艇。

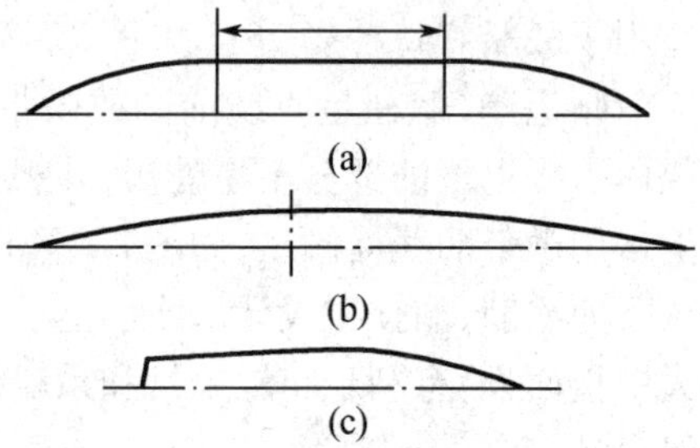

图2-5 水线面形状

(a)平行中体式;(b)无平行中体式;(c)方艉式

3.船体中部横断面形状

船体中部横断面形状主要由梁拱线、船底线和舷侧线构成。

梁拱线一般为抛物线,中间高出舷侧的部分称为梁拱。梁拱的主要作用是便于甲板排水。为了便于建造,有的船把梁拱线改为折线;有的船为了在甲板上装货或行车,同时也为了简化建造工艺,采用水平直线。

船底线有水平直线和向两舷斜升两种。吃水受限制的内河船或大型运输船都采用平底,军船多采用斜升底。

舷侧线有直舷式、外倾式和内倾式。外倾式可提高船的稳性,内倾式可减少船在靠岸时甲板破坏的概率,图2-6所示为中横剖面的几种形式。

以上这三个方向的形状只能反映出船体的大致形状,要想反映船体外形沿船长、船宽、船深三个方向变化,必须通过船体型线图来表示。

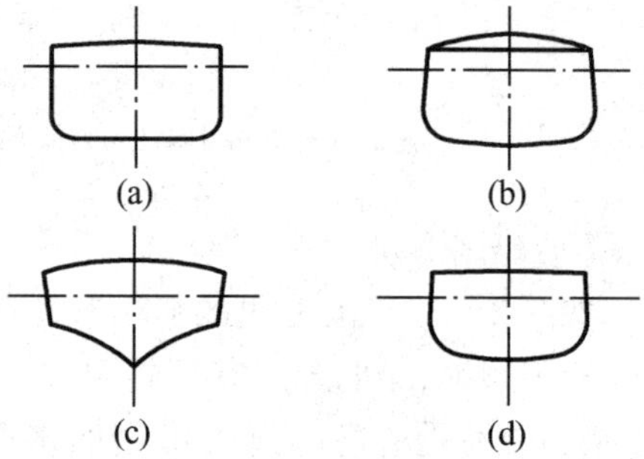

图2-6 中横剖面的几种形式

(a)平底,直舷;(b)船底斜升,内倾;(c)尖底,外倾;(d)船底斜升,直舷

4.船体型线图

船体型线图是表示船体形状和大小的图样,是船舶设计图的主要图样之一,可以根据它进行船舶性能的计算和船体结构的设计,造船和修船时也经常使用它。

船体型线图是在三个相互垂直的投影面上,以三组平行于这三个基本投影面的平面与船体型表面相截的截交线、投影线、外廓线表示船体外形的图样。图2-7所示为型线图的三视图。

(1)型线图的三个基本投影面及三个基本剖截平面

将船体放在三个相互垂直的基本投影面 *V*、*H*、*W* 面中,使船体处于正浮状态,船首在右,船尾在左。图2-7所示为型线图的三视图。三个基本剖截平面分别介绍如下:

①中线面(平行 *V* 面):通过船体中心线,将船体分为左、右两部分对称的纵向剖切平面。

②设计水线面(平行 *H* 面):通过设计水线,将船体分为水上、水下两部分的水平剖切平面。

③中站面(平行 *W* 面):通过垂线间长的中点,将船体分为前体、后体两部分的横向剖切平面。

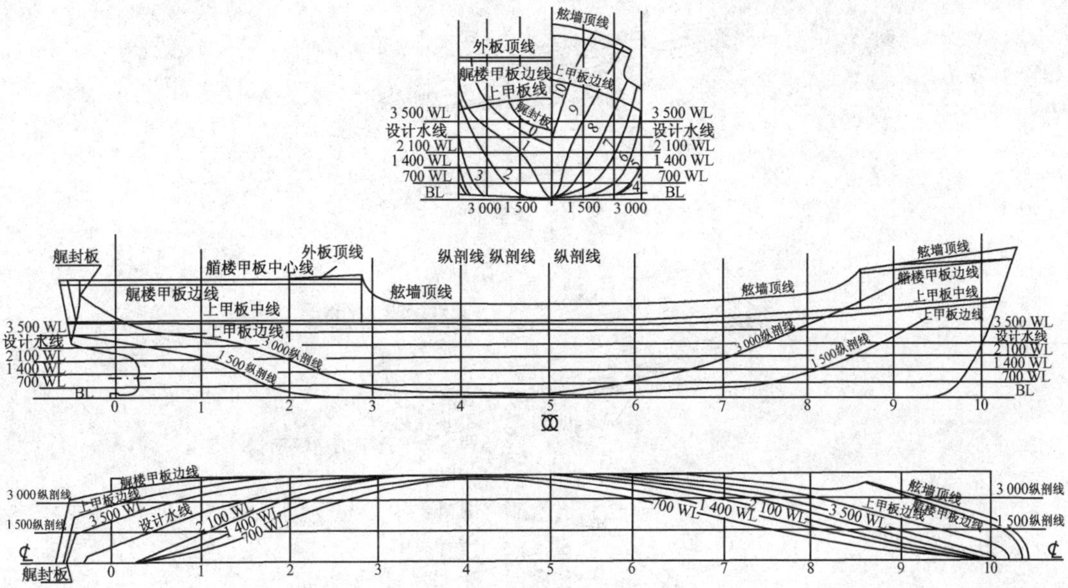

图 2－7　型线图的三视图

(2)型线图的型线及其形成

为了表示船体型表面沿船长、船深和船宽的变化,必须用三组平行于三个基本投影面的等距剖面来剖切船体型表面,以得到一系列与船体型表面的交线。

用平行于中线面的一组纵向平面(纵剖面)剖截船体型表面,它们与船体型表面的交线称为纵剖线。图 2－8(a)所示为纵剖面和纵剖线。

用平行于设计水线面的一组水平面(水线面)剖截船体型表面,它们与船体型表面的交线称为水线。图 2－8(b)所示为水线面和水线。

用平行于中站面的一组横向剖面(横剖面)剖截船体型表面,它们与船体型表面的交线称为横剖线。图 2－8(c)所示为横剖面和横剖线。

二、船体主尺度、尺度比及船型系数

1. 船体主尺度

船体主尺度是船体外形大小的基本度量,如图 2－9 所示,通常有以下几项:

(1)总长(L_{OA})

总长指船体型表面(包括两端上层建筑在内)最前端和最后端之间的水平距离。

(2)设计水线长(L_{WL})

设计水线长指设计水线面与船体型表面艏艉端交点之间的水平距离。

(3)垂线间长(L_{PP})

垂线间长指艏垂线与艉垂线之间的水平距离。艏垂线是通过设计水线船首端点所作的垂线。艉垂线是通过设计水线与舵杆中心线(或舵柱后缘)交点所作的垂线。

(4)型宽(B)

型宽指船体型表面之间垂直于中线面的最大水平距离。

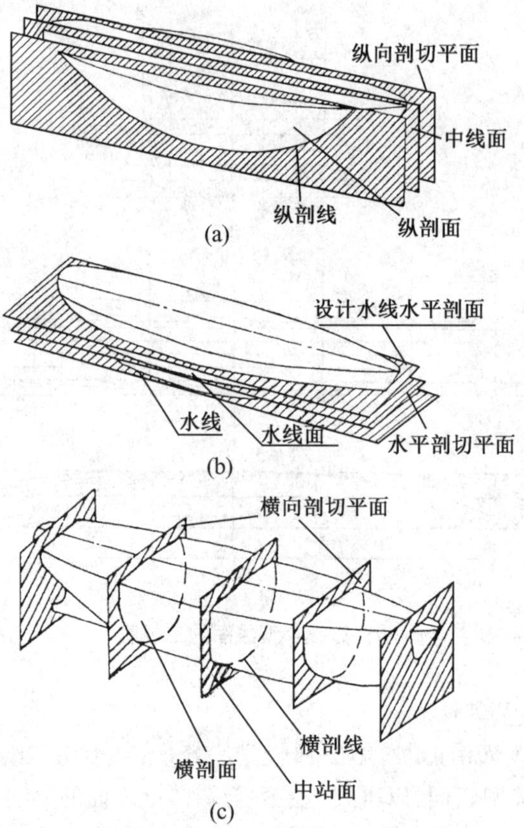

图 2-8　三组剖截面及三组剖线

(a)纵剖面和纵剖线;(b)水线面和水线(c)横剖面和横剖线

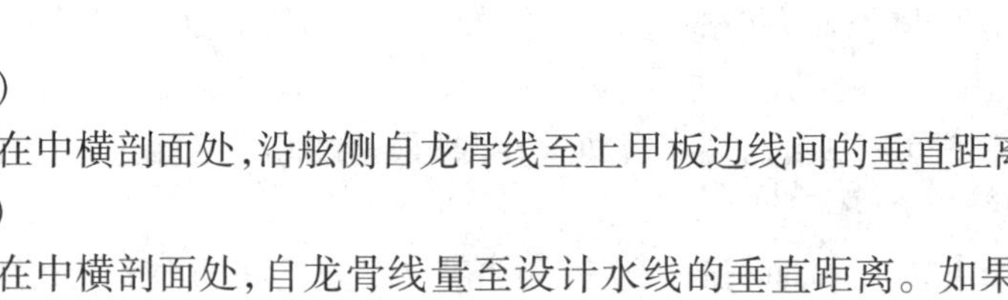

图 2-9　船体主尺度

(5)型深(H)

型深通常指在中横剖面处,沿舷侧自龙骨线至上甲板边线间的垂直距离。

(6)吃水(T)

吃水通常指在中横剖面处,自龙骨线量至设计水线的垂直距离。如果船有纵向倾斜,则艏吃水是自艏垂线上龙骨线的延长线量到设计水线的垂直高度。艉吃水是自艉垂线与龙骨线的交点量至设计水线的垂直高度。中横剖面处的吃水为平均吃水。

(7)干舷(F)

干舷指型深 H 与吃水 T 的差值再加上上甲板的厚度 t,$F = H - T + t$。

2. 尺度比

船舶各主尺度之间的比值也是表征船舶几何特征的重要参数,并且尺度比也反映了船

舶的性能,例如:

长宽比 L/B,与船舶的快速性有关,比值越大,船舶在水中航行时所遇的阻力越小,高速船舶尤其如此。

型深吃水比 D/T,与船舶的稳性、抗沉性,以及船体内部的容积均有密切的关系。

船宽吃水比 B/T,与船舶的稳性、快速性及航向稳定性有关。

船长吃水比 L/T,与船舶的操纵性有关,比值越小,船舶转动越灵敏。

3. 船型系数

船型系数是表示船体水下形状肥瘦程度的无因次系数。它们都与船舶航行性能有密切关系,在设计时要根据船的用途、航区和速度等不同情况适当选取。

(1)方形系数(C_B)

方形系数(图 2－10)又称排水量系数,是设计水线以下的船体体积 V 与长方体体积 $L_{WL}BT$ 的比值,即

$$C_B = \frac{V}{L_{WL}BT}$$

C_B值的大小反映了船体水下部分总的肥瘦程度:C_B大,表示船的水下型线较饱满;C_B小,表示船的水下型线较瘦削。货船的 C_B较大,客船的小于货船的,而军舰的最小。

(2)棱形系数(C_P)

棱形系数(图 2－11),又称纵向棱形系数,是设计水线下的船体体积 V 与纵向棱柱体积 $A_M L_{WL}$的比值,其中 A_M为中站面面积,即

$$C_P = \frac{V}{A_M L_{WL}}$$

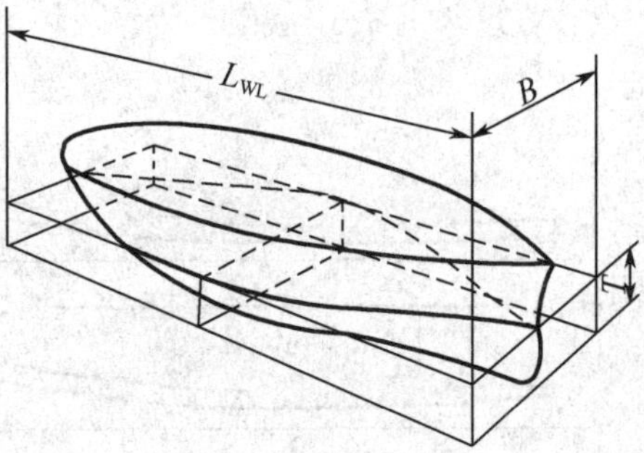

图 2－10　方形系数

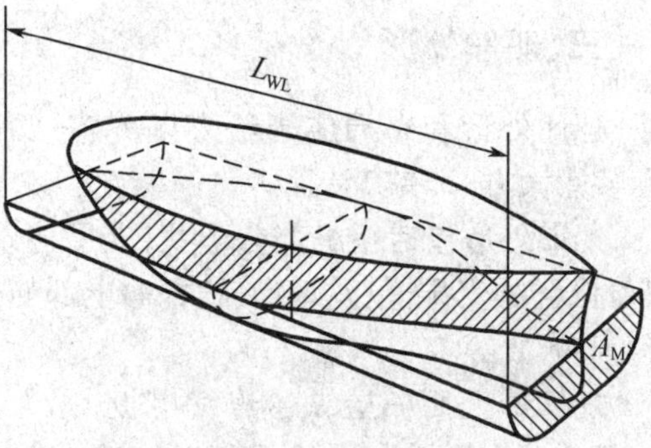

图 2－11　棱形系数

C_P值的大小反映了船体水下部分的体积沿船长的分布情况。如果两船的船长和水下排水体积相同,C_P值大,表示排水体积沿船长分布比较均匀;C_P值小,表示船体水平形状中部饱满而两端瘦削。C_P值与船舶快速性有密切关系,高速船的 C_P值较小,低速船的 C_P值较大。

(3)水线面系数(C_{WP})

水线面系数是设计水线面面积 A_W与长方形面积 $L_{WL}B$ 的比值(图 2－12),即

$$C_{WP} = \frac{A_W}{L_{WL}B}$$

C_{WP}值的大小反映了设计水线面两端的尖削程度,它与船舶的快速性及稳性有关。客船和军舰的两端较尖削,其 C_{WP} 值也较小;货船、油船的两端较丰满,其 C_{WP} 值就较大。

(4)中横剖面系数(C_M)

中横剖面系数是设计水线以下的中横剖面面积 A_M 与长方形面积 BT 的比值(图 2 - 13),即

$$C_M = \frac{A_M}{BT}$$

C_M值的大小反映了中横剖面的饱满程度。通常低速的大型货船的中横剖面比较丰满,其 C_M 值就较大。

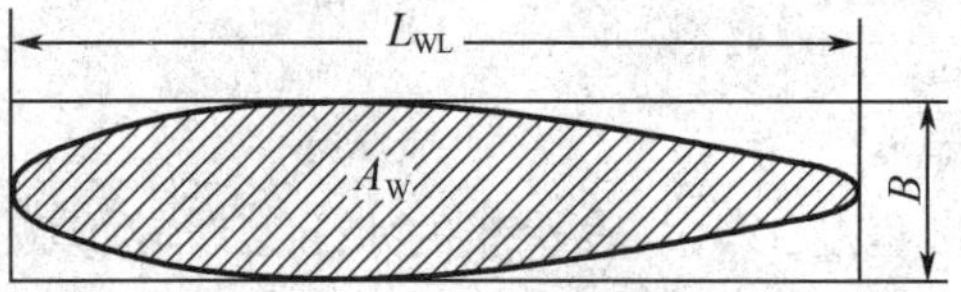

图 2 - 12　水线面系数

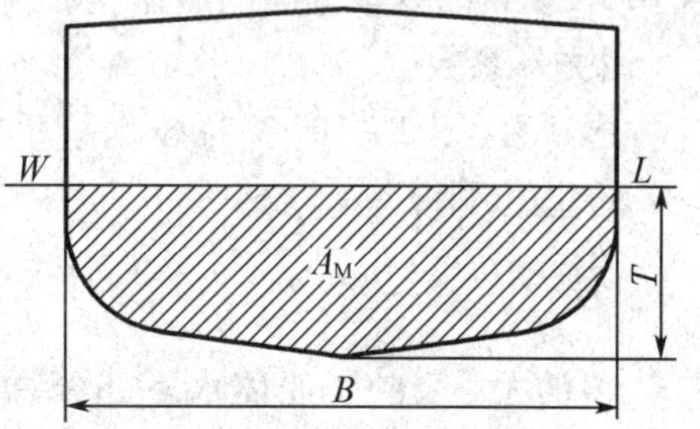

图 2 - 13　中横剖面系数

上述系数一般都是指船在设计水线时的值,随着吃水的不同,各个系数值也随之改变。

船舶的主尺度仅仅表示船的大小,而船型系数则能更好地表示出船体水下部分的形状(肥瘦程度和排水体积分布情况),而最完整地表示出全船形状的则为船体型线图。船舶主尺度和船型系数对船的航行性能影响极大。

三、船舶外形

船舶外形和布局应当给人以美感,要简洁美观,实用大方,又有其特征。

船舶外形包括艏艉部分形状,上层建筑形式,机舱位置的安排,以及烟囱、桅杆等上部舾装件的形状和布置等。

船体最上面一层纵通连续甲板,称为上甲板(一般为强力甲板,也称主甲板)。在最高一层纵通甲板以上的船体结构可统称上层建筑。上层建筑位于船首、船中和船尾的分别称艏楼、桥楼和艉楼。图 2 - 14 所示为各种上层建筑形式。在上层建筑内布置有工作室、船员舱室等。为增大上层建筑空间,部分船将艏楼与桥楼连接起来,或将桥楼与艉楼连接起来,甚至把三者全部连接起来。客船和客货船要求舱室多、空间大,采用全通上层建筑及多层甲板,以满足载客的需要。

上层建筑的形式与机舱位置有一定的关系。

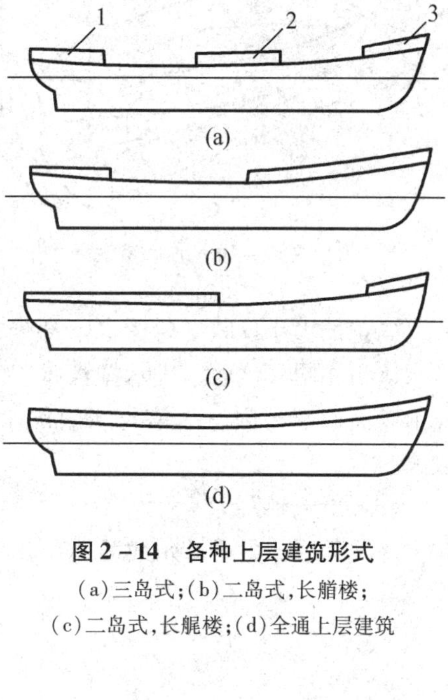

图 2 - 14　各种上层建筑形式

(a)三岛式;(b)二岛式,长艏楼;(c)二岛式,长艉楼;(d)全通上层建筑

图 2－15 所示为机舱位置在艉部、中部和中后部的货船外形，分别称为艉机型船、中机型船和中后机型船。艉机型船具有艉轴长度短、艉轴不穿过货舱、增加装载货物的空间等优点，一般油船、散货船都采用此型，并对防火有利。中机型船具有视野宽广、操作方便和空载时纵倾小等优点。中后机型船的优点介于上述两种机型之间，其货舱布置得到改善，纵倾调整较艉机型船有利，杂货船多为这种形式。

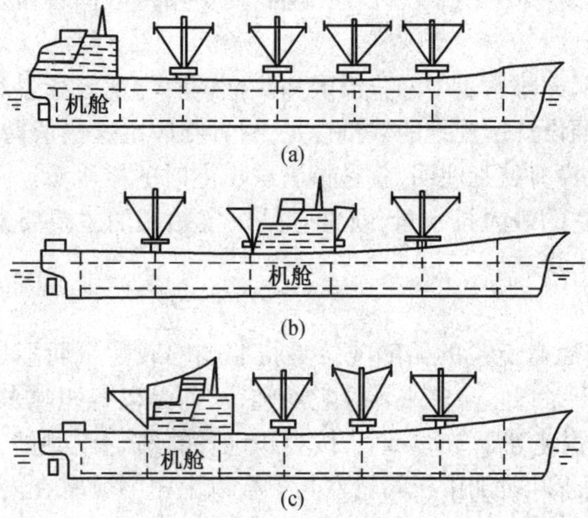

图 2－15　货船的机舱位置

(a)艉机型；(b)中机型；(c)中后机型

老式货船上层建筑采用艏楼、桥楼、艉楼的“三岛式”布置形式；现代大中型的中机型货船多采用艏楼、中甲板室、艉甲板室的布置形式；而艉机型货船多采用艏楼、艉楼(或艉甲板室)的布置形式。目前货船大多是艉机型和中后机型的，桥楼形式的上层建筑已十分少见。

船舶作为一种水上工程建筑物，上层建筑的层数、大小和造型对其外观有着直接的影响，船舶设计时除了应满足船舶的性能和使用要求外，还应把主体上层建筑及烟囱、桅杆、雷达柱的位置同船舶外形、舷墙、栏杆、门窗和船壳配合，救生设备的安排布置等，从总体外观的协调上给予考虑，使不同用途的船舶在造型上各有特点，给人以美感，如货船的简洁朴实，客船的平稳、轻快等。

第二节　船舶吨位及各部位标志

一、船舶典型排水量及吨位

船舶的重力可以分为固定重力与变动重力两大类，例如船舶的自重为固定重力，载货量为变动重力。船舶排水量是船舶排开水的重力，在平衡条件下等于船舶的重力。由于船舶的装载情况多变，为便于考察船舶在不同装载情况下的航海性能，提出了典型排水量这一概念。

1. 民用船舶的典型排水量

(1)空载排水量

空载排水量指船舶在全部建成后交船时的排水量,即空船重量。此时,动力装置系统内有可供动车用的油和水,但不包括航行所需的燃料、润滑油和炉水储备及其他载重量。

(2)满载排水量

满载排水量指在船舶上装载预先规定的设计载重量(即按照设计任务书要求的货物、旅客和船员及其行李、粮食、淡水、燃料、润滑油、锅炉用水的储备及备品、供应品等均装载满额的重量)的排水量。

在空载排水量和满载排水量中又分出港和到港两种。前者指燃料、润滑油、淡水、粮食及其他给养物品都按照设计所规定的数量带足,后者则假定这些消耗品还剩余10%。通常所谓满载排水量,如果没有特别注明,就是指满载出港时的排水量。一般来说,民用船舶的满载出港排水量就是它的最大排水量,通常它是决定船舶的主要要素的出发点,因此也作为民用船舶的设计排水量。

2. 民用船舶的吨位

对民用船舶来说,通常所说的船舶吨位是指船舶的载货量而不是它的排水量。另外,船舶在营运中有时并不是以重量吨来计算它的吨位,而是以容积吨来计算。按商船航运法的吨位规范规定,1 容积吨等于 2.83 m^3。按容积吨计算时,有总吨位与净吨位或登记吨位之分,总吨位是指甲板下吨位加甲板间舱室与甲板以上密闭舱室在内的总容积,进坞费、拖运费及有时租船费以总吨位收取;净吨位或登记吨位指从总吨位中扣除按规定为非营运性处所的容积而得出的吨位,港口与码头费、运河费、照明费及有时领港费以净吨位收取。

二、船舶各部位标志

1. 水尺水线标志

水尺水线标志是船舶在一定装载情况下的吃水标志。一般船舶有艏、中、艉三组吃水标志,中部水尺水线上还包括干舷标志。水尺水线的起始点应该从船底龙骨底板的外缘量取,干舷标志应该从干舷甲板的甲板面上缘作为起始点向下量取。

由于装载的不均匀,船舶可能处于纵倾或横倾状态,船舶四周各处的吃水不尽相同。在实际工作中,通常是通过观测船舶的水尺标志而获得船舶的实际吃水。水尺标志绘制在船体首、中、尾部的左、右两弦,共有六处,以数字(一般是罗马数字或阿拉伯数字)表示船舶实际吃水。图2-16所示为水尺字母图。

水尺观测方法是,水线达到水尺标志上某数字的下边缘,则表示该处的实际吃水为该数字所表示的数值;水线刚好淹没该数字,则表示该处的实际吃水为该数字所表示的数值加上相应的字高;水线位于字高的一半时,则表示该处的实际吃水为该数字所表示的数值加上相应字高的一半。当水面有波动时,应根据若干次观测所得的平均值来确定实际水线的位置。

2. 载重线标志

为保证船舶安全航行,在船中部的两舷外绘出载重线标志,以表明该船在不同航区、不同季节中航行所允许的最大吃水线。各类船舶航行区域、季节及装载货种的不同,载重线标志的形式也各不相同。

载重线标志包括甲板线、载重线圆盘和与圆盘有关的每条载重线。载重线标志应永久性地勘划在船舷两侧,对于标圈、线段和字母,当船舷为暗色底时,应漆成白色或黄色,当船

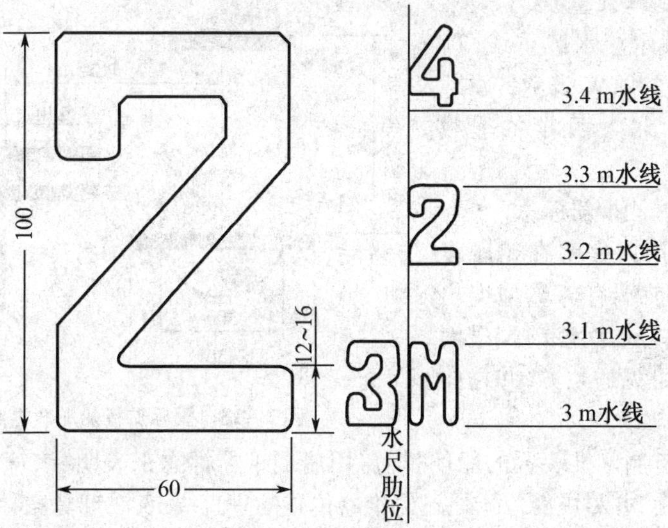

图 2-16　水尺字母图

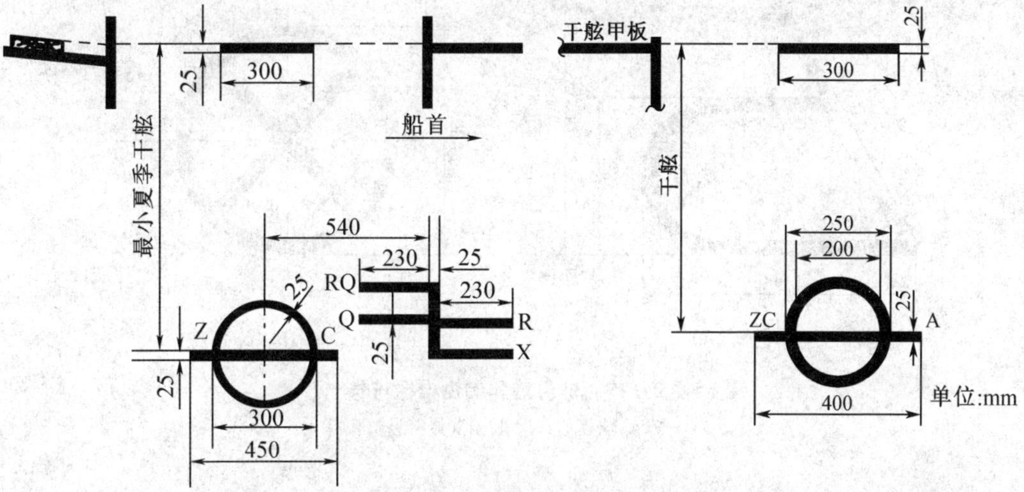

图 2-17　国内航行船舶甲板线和载重线标志

(a)海船(右舷);(b)内河船

舷为浅色底时,应漆成黑色。图 2－17 所示为国内航行船舶甲板线和载重线标志。在载重线圆环两侧加绘字母 ZC(内河船在左侧),当由中国船级社勘划载重线时,则用 CS 代替 ZC。字母高 115 mm,宽 75 mm。载重线是船舶按其航行区域和季节而定的载重水线,分别以水平线段表示,勘划在载重线圆环前方。各载重线均以线段上边缘为准。字母为汉语拼音,其含义如下:X 表示夏季载重线,R 表示热带载重线,Q 表示淡水载重线,RQ 表示热带淡水载重线;内河船载重线标志中 A 代表内河 A 级航区,船舶适航于数级航区(航段)时,在载重线标志的右端以数条水平线段表示各航区(航段)的载重线。图 2－18 所示为国际航行船舶载重线标志。载重线圆环两侧字母 CS 表示中国船级社,右侧各水平线为各载重线位置,其中S表示夏季载重线,T表示热带载重线,F表示淡水载重线,TF表示热带淡水载重线,W表示冬季载重线,WNA表示北大西洋冬季载重线。

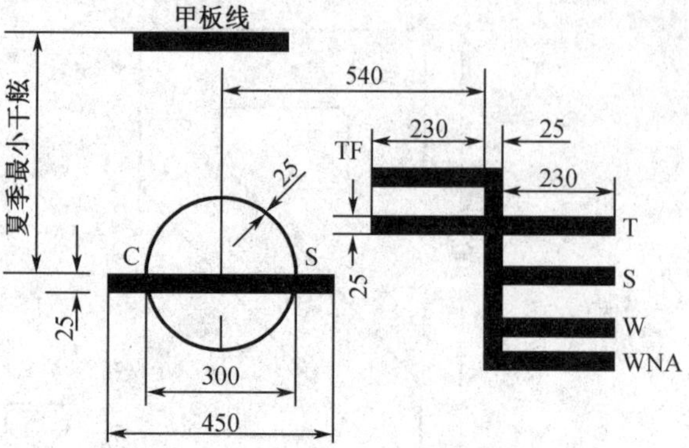

图2-18 国际航行船舶载重线标志

3. 球鼻艏和艏侧推器标志

球鼻艏标志用以表明在船舶设计水线以下艏部前端有球鼻型突出体,应标识在船体左右两舷前端最大吃水线以上清晰可见的地方,并指向船首方向。

对艏部装设有艏侧推装置的船舶,均需用艏侧推器标志来表明,该符号标识在左右两舷最大吃水线以上,并尽可能位于通过侧推器位置的垂直线上,在球鼻艏标志的后面。

符号的轮廓线应在焊道,并涂上一种与船壳涂漆形成反差的颜色。根据《GB/T 16695—1996 造船球鼻艏和侧推器符号》标准,球鼻艏和艏侧推器符号如图2-19所示。

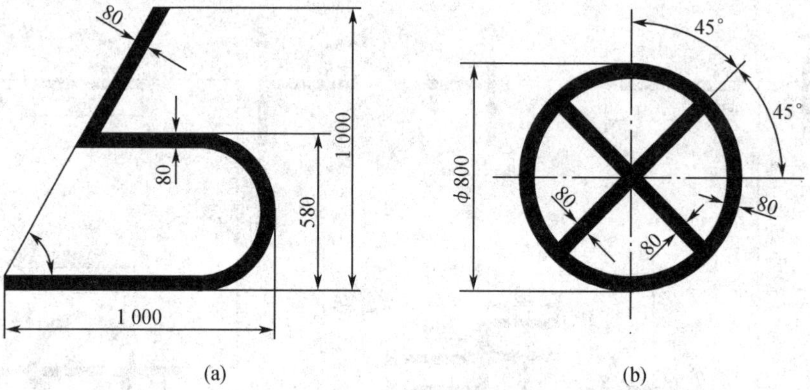

图2-19 球鼻艏和艏侧推器符号

(a)球鼻艏;(b)艏侧推器符号

第三节 船舶性能

船舶在航行过程中,特别是在海洋中,由于海况非常复杂,经常会遇到狂风骇浪或急流险滩,因此要求船舶具有良好的性能,能高速、平稳、安全地航行。船舶的航海性能是指船舶在水中平衡和运动的规律,它包括浮性、稳性、抗沉性、快速性、耐波性和操纵性。

一、浮性

浮性指船舶以一定的载荷漂浮于水面的能力。

船舶承载一定载荷浮于水面,可以视为处于平衡状态下的浮体,此时作用于船舶的力如图2-20所示。

船舶自身重量为 W，重心为 G；浮力为 $\omega\nabla$（ω 为水的重度，∇ 为排水体积），浮心为 B。

根据阿基米德定律，浮力等于浮体所排开水的重量，所以 $W=\omega\nabla$，因此，船舶平衡的条件应为 $W=\omega\nabla=\Delta$（Δ 为排水量，即船舶排开水的重量），并且重心 G 与浮心 B 在同一铅垂线上。

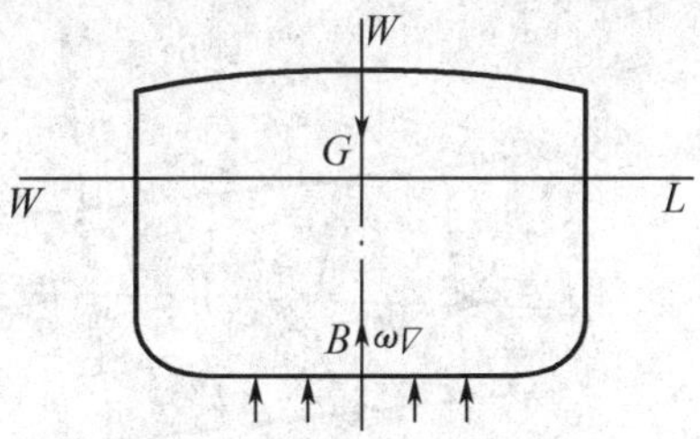

图 2－20　作用于船舶的力

船舶浮于静水的平衡状态称浮态，表征船舶不同浮态的参数是吃水 T、横倾角 ϕ 及纵倾角 θ。船舶的浮态可分为正浮、横倾、纵倾、任意状态（横倾与纵倾）。

1. 正浮

正浮如图 2－21 所示。该浮态可以用吃水 T 一个参数表示。

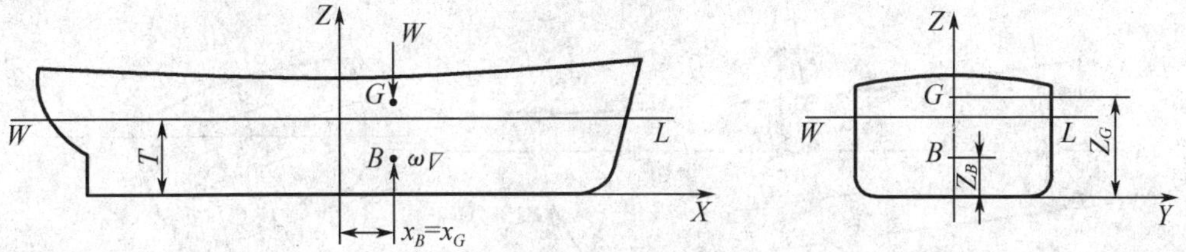

图 2－21　正浮

2. 横倾

横倾如图 2－22 所示。该浮态可以用吃水 T 及横倾角 ϕ 两个参数表示。

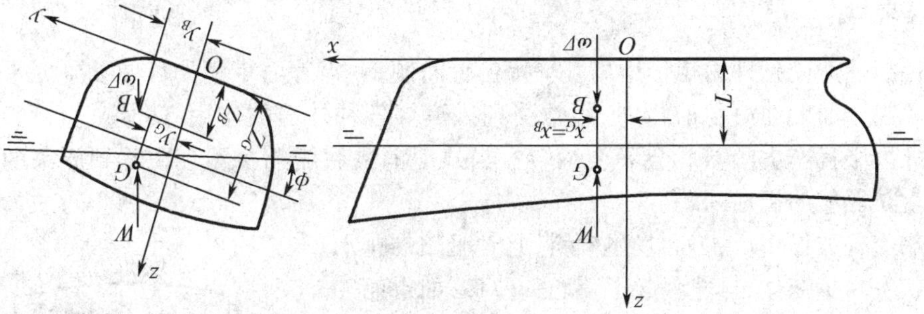

图 2－22　横倾

3. 纵倾

纵倾如图 2－23 所示。平均吃水 $T=\dfrac{1}{2}(T_F+T_A)$，即艏吃水与艉吃水和的一半。该浮态可以用平均吃水 T 及纵倾角 θ 两个参数表示。

4. 任意状态

任意状态即船舶既有横倾，又有纵倾的状态，如图 2－24 所示。该浮态可以用平均吃水 T、横倾角 ϕ 及纵倾角 θ 三个参数表示。

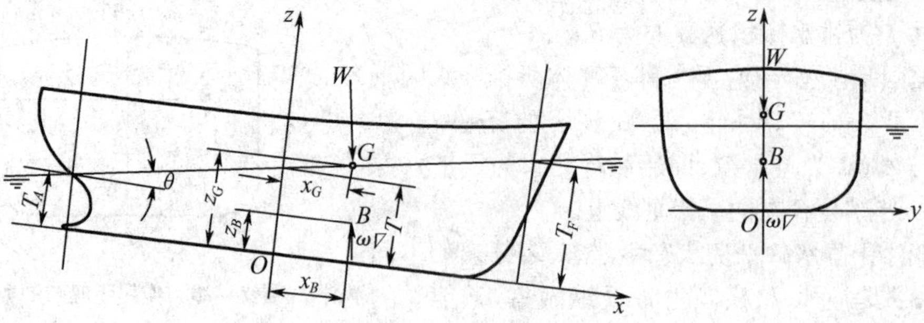

图2-23　纵倾

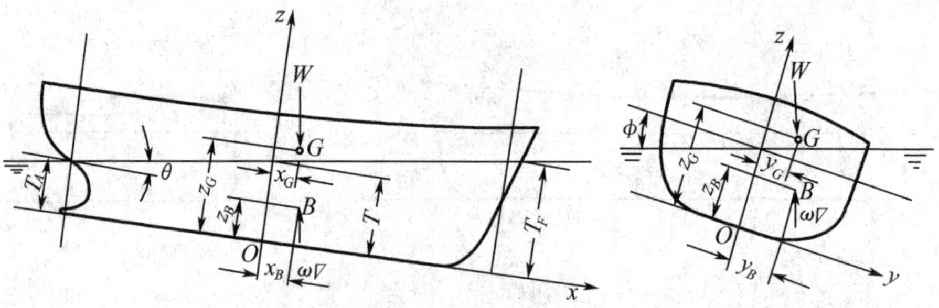

图2-24　任意状态

二、稳性

稳性指船舶受到外力矩作用离开平衡位置而倾斜,当外力矩消失后回复到原平衡位置的能力。由于船舶在海上航行时,经常受到风浪等各种外力的作用,使其产生倾斜。船舶在受到外力干扰产生倾斜后会不会翻转？当外力消失后船舶会不会回复到原来的平衡位置？这就是船舶的稳性问题。

船舶受外力作用后,将会发生倾斜,此时船舶的排水体积形状发生了变化,自然引起了浮心的位移,如果船舶的装载情况不变,即重心位置不变,这样船舶的重心与浮心不再处于同一条铅垂线上,重力 W 与浮力 $\omega\nabla$ 便形成一对力偶。图2-25所示为船的倾斜和复原。由这一对力偶所产生的力矩使船舶回复到原平衡位置,船舶的这种能力我们定义为船舶的稳性,而促使船舶回复到原平衡位置的力矩称复原力矩,由此可见,复原力矩的大小是船舶稳性的一个重要标志。船舶重心越低,复原力矩就越大。

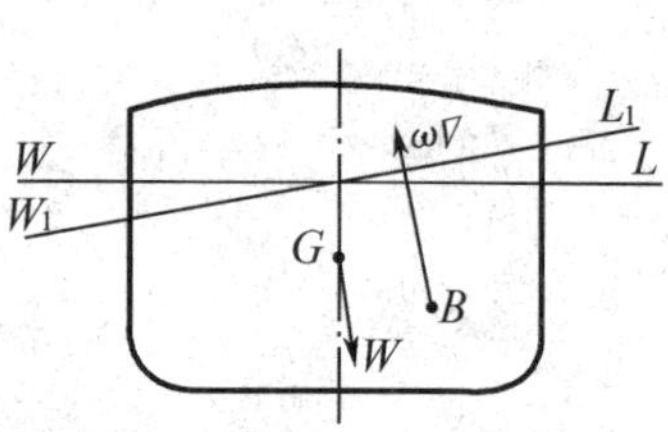

图2-25　船的倾斜和复原

提高船舶稳性的措施可以从两方面着手:一是提高船舶的最小倾覆力矩;二是减少船舶所受的风压倾斜力矩。

提高最小倾覆力矩有如下措施:

(1)降低船的重心。在设计时就要高度重视船上各种设备、重力布置的重心高度。在船的底部加压载物是最常用的一种方法。船舶在使用过程中也常需在某些空舱灌入压载水以降低重心高度。

(2)增加干舷。某些稳性不足的老船可将载重线降低以增加干舷高度。

(3)增加船宽。有些老船初稳性不足时,常在船的两舷水线附近加装相当厚的护木、浮箱等。

(4)增加水线面系数。增加水线面系数的作用与增加船宽类似。

(5)减少自由液面和悬挂重量。

(6)注意船舶水线以上的开口和水密性,提高船舶的进水角。

减少风压倾斜力矩,主要是减少船的受风面积,也就是减少上层建筑的长度和高度。

三、抗沉性

抗沉性指船舶因遭受海损事故而一舱或数舱淹水后,仍能保持一定的浮性与稳性不致沉没和倾覆的能力。

船舶在使用过程中有可能发生海损事故,造成船体破损,海水进入船体内。这种海损事故虽然是偶然性事件,但它会造成严重的后果,甚至会使生命财产遭到重大损失。因此,在船舶设计阶段,就要考虑抗沉性问题。

船舶的抗沉性是通过水密舱壁将船体分割成适当数量的舱室来保证的,要求当一舱或数舱进水后,船舶的下沉不超过规定的极限位置,并保持一定的稳性。

为保证船舶在遭受海损事故以后不致沉没,就必须对其破舱后的下沉极限做出规定,对于民用船舶而言,其极限是在舱壁甲板顶面的边缘线以下 76 mm 处,这表明至少应具有 76 mm 的干舷。在船舶侧视图上,舱壁甲板边线以下 76 mm 处的一条曲线(与甲板边线平行)称为安全限界线,简称"限界线",如图 2－26 所示。船舶最大吃水线(极限水线)应不超过安全限界线。

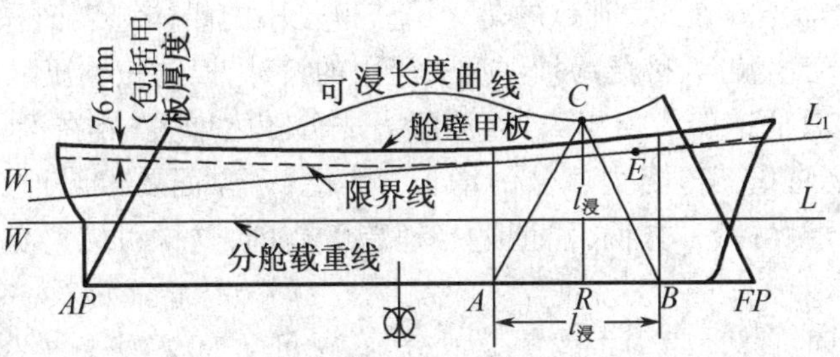

图 2－26　安全限界线

要使船舶破舱以后的水线不超过限界线,就必须对船舱的长度加以限制,允许的最大舱长称为可浸长度($l_浸$)。舱室在船长方向的位置不同,它的可浸长度也不同。不同类型的船舶对抗沉性的要求是不同的,在《抗沉性规范》中采用了一个小于 1 的系数 F,称为分舱因数。如果可浸长度为 l,则 Fl 为许用舱长。$0.50 < F \leqslant 1$ 为一舱制船,$0.33 < F \leqslant 0.50$ 为二舱制船,$0.25 < F \leqslant 0.33$ 为三舱制船。这分别表明船舶在一舱、二舱及三舱进水后仍能浮于极限水线。

要提高船舶的抗沉性,一般采取分舱法;另外,可以增加储备浮力,即:

(1)增加干舷。可增大型深或将水密舱壁延伸到更高一层甲板。

(2)减少吃水。当型深不变时,就相当于增加了干舷。

(3)增大舷弧和使横剖面外倾,均可增大储备浮力。

应该指出,以上所说的抗沉性是船舶设计时就给予的抗沉能力。事实上,船舶一旦发生海损事故,是否会沉没或倾覆在一定程度上还与船上人员采取的措施有关,如果其能沉着指挥抢险、堵漏、抽水、抛掉船上的负荷及调整船的倾斜,将会对船的浮态及稳性产生积极的效果。

四、快速性

船舶于水面航行,要达到预定的航速,必须由推进器供给推力以克服在此航速下所遇到的阻力,而推进器的推力则由船舶主机的能量转换而来。船舶速航性,又称船舶快速性,是研究船舶尽可能消耗较小的机器功率以维持一定航速的能力;或者在给定的机器功率下,表征船舶航行快慢的一种性能。

船模试验是目前研究船舶快速性的主要方法。它是将实船和螺旋桨按一定比例缩小,制作成船模和桨模,然后在试验池中进行试验,从而分析研究船舶阻力和推进问题。很多优良船型几乎都是通过大量模型试验得到的。

船舶速航性通常包含船舶阻力和船舶推进两部分内容。研究阻力的目的在于掌握阻力的变化规律,从而改善船型,降低船舶所遭受的阻力;研究推进器的目的在于设计出符合给定要求的高效率的推进器。

1. 船舶阻力

船舶在水面航行时所遇到的各种阻力按性质不同分为摩擦阻力 R_f、兴波阻力 R_W、黏压阻力 R_{pv}。

低速船航速较低,兴波阻力很小,其总阻力中摩擦阻力与黏压阻力占主要成分,因此在设计这类船舶时,重点在于减小摩擦阻力和黏压阻力。摩擦阻力主要取决于船体的湿面积,因而这类船的形状比较肥短,其目的是为了获得较小的船体湿表面积以减小摩擦阻力。但是由于这类船易产生漩涡,因此必须注意去流段的设计,以防止黏压阻力的增大。

中速船的航速较低速船有所增大,兴波阻力成分随之增大,故在设计过程中既要注意减小兴波阻力,又要防止其他阻力成分的增长。为此,一方面要恰当地选择船型参数以造成艏艉波系的有利干扰;另一方面,船型适当地趋于瘦削,这样可以避免产生大量漩涡,有利于减小黏压阻力。

高速船的兴波阻力是总阻力中的主要成分,有时可达50%以上。为此,设计中应力求减少兴波阻力。一般来说,高速船兴起的波浪长度都比较长,艏艉波系在船尾产生有利干扰的可能性很小,所以在设计时致力于减小船首波系的波高,因而这类船都比较瘦长,特别是前体更甚,其目的就在于尽可能减小兴波阻力。目前球鼻艏已得到广泛应用,以降低兴波阻力,球鼻艉也正从研究阶段过渡到实用阶段。

2. 船舶推进

船舶要保持一定航速于水面航行,必须获得能量发出推力以克服船舶航行时所遇到的阻力。能量的来源多种多样,如人力、自然力及各种形式的发动机。但仅有能源是不能推船前进的,还必须有专门的装置或机构把能源发出的能量转化成推船前进的推力,这种专门的装置或机构称为推进器。

目前,最常见的推进器是螺旋桨,螺旋桨工作在船后,受船舶的影响;同时,由于螺旋桨的高速旋转,周围水的流动情况发生变化,船舶也受到了影响,所以应当将船 - 桨作为一个统一体来考察。

船 - 机 - 桨是一个复杂的联动机构,主机是能量的供应者,螺旋桨是能量的转换器,而船体是能量的需求者,因此,船、机、桨三者之间能量转换及工作状态是互相牵制、互相关联的。

推进系数 *P. C.* 是全面衡量船舶推进性能的一个重要参数

$$P.C. = P_E/P_M$$

式中　P_E——有效功率,即为了维持航速所必需的主机功率,$EHP(P_E) = R_tV_s$;

P_M——机器功率,即主机供给螺旋桨的功率;

R_t——船舶阻力;

V_s——船舶航速。

从上面的分析可知,要改善船舶的快速性,除了设计阻力最小的优良船型外,还必须配置性能好、效率高的推进器。

五、耐波性

耐波性又称适航性,指船舶在静水或波浪中航行时具有和缓与微小摇摆的能力。船舶于静水中或波浪中航行时所做的振荡运动称为船舶摇摆。

在风浪中航行的船舶,由于受到风和浪的扰动,船体会发生复杂的运动。如将船体看作刚体,则这种复杂的运动可简化分解为六个自由度的运动,分别称横摇、纵摇、艏摇、纵荡、横荡、垂荡(升沉)。

如图 2 - 27 所示,船舶重心 G 沿 Ox 轴的直线运动称为纵荡,以 $x(t)$ 表示;沿 Oy 轴的直线运动称为横荡,以 $y(t)$ 表示;沿 Oz 轴的直线运动称为升沉,以 $z(t)$ 表示;船体绕 Ox 轴的转动称为横摇,以 $\varphi(t)$ 表示;船体绕 Oy 轴的转动称为纵摇,以 $\theta(t)$ 表示;船体绕 Oz 轴的转动称为艏摇,以 $\varphi(t)$ 表示。

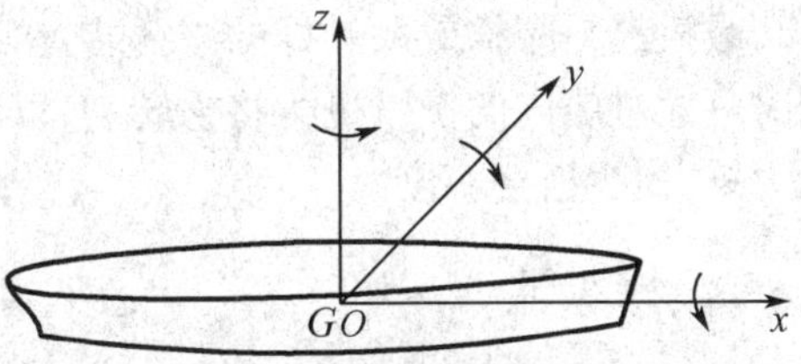

图 2 - 27　船舶的摇荡

船舶在实际的波浪中航行,通常是这几种运动的叠加,在具体的研究过程中,则可以以一种运动为主来简化问题的复杂性。一般来说,以横摇最为剧烈,对船舶性能的影响最大,因而我们主要讨论船舶的横摇运动。

1. 船舶摇摆带来的不利影响

(1)碰击

由于严重的纵摇和升沉,船体与风浪之间产生猛烈的局部冲击现象称为碰击。碰击多发生在船首部,当艏柱底端或船底露出水面,然后在极短的时间以较大的速度落入水中时就会发生碰击。

(2)上浪

船舶在风浪中剧烈摇荡时风浪涌上甲板的现象称为上浪。上浪时船首常常埋入风浪中,海水淹没艏部甲板边缘,甲板上水。上浪主要是由严重的纵摇和升沉引起的。

(3)失速

失速包括风浪失速和主动减速。风浪失速是指推进动力装置功率一定时,由于剧烈的摇荡,船舶在风浪中较静水航行中航速的降低值。主动减速是指船舶在风浪中航行,为了减小风浪对船舶的不利影响,主动降低主机功率,使航速比静水中下降的数值。

(4)螺旋桨飞车

船舶在风浪中航行,部分螺旋桨露出水面,转速剧增,并伴有强烈振动的现象称为螺旋桨飞车。

2. 耐波性的改善

为了改善船舶的耐波性,首先,应注意选择适宜的主尺度和注意船体内重量载荷的分布,以便在不影响其他性能的条件下,尽可能增大横摇固有周期。在船舶设计时,要使船的固有周期避开其航行海区的风浪周期。其次,要注意船型的设计,使其对运动的阻尼及甲板上浪、船底碰击产生有利的影响。此外,也常常采用一些减摇装置来减小摇荡幅度。常用的装置有下列几种:

(1)舭龙骨

舭龙骨是一种简单而有效的减摇装置。它装在船中两舷舭部外侧,是与舭部外板垂直的长条形板材结构。

(2)减摇水舱

减摇水舱是设在船体内部左右舷连通的U型或槽形水舱,两边水舱中的水保持水平,在水舱上面有空气管相通,空气管中设置调节阀。调节阀的作用是当船倾侧到一边时,防止水流得太快,而让水慢慢地流动,使它在船舶开始反向摇摆时,正好灌满倾侧边的水舱。

(3)减摇鳍

减摇鳍是减摇效果最好的减摇装置,装在船中两舷舭部,剖面为机翼形,又称侧舵。使用时可通过船内的操纵机构将它转动,以调整角度,使水流在鳍上产生作用力,从而形成减摇力矩,短少摇摆幅度。

六、操纵性

操纵性是指船舶在航行中保持运动状态或根据需要迅速改变运动状态的能力。

在水面航行的船舶,在一般情况下总是希望能按驾驶人员的操作运动,控制船舶运动的装置,通常采用舵。船舶的操纵性包含稳定性和机动性两个互相制约的方面,所以一艘操纵性良好的船舶,应当既能稳定地保持运动状态,又能按要求迅速而准确地改变运动状态。

1. 稳定性

船舶在实际航行中,不可避免地会遇到外界干扰,例如风、浪、水流的影响及其他一些偶然的因素,在外界干扰作用下,船舶将偏离原来的运动状态,当干扰作用消除后,船舶是继续扩大这种偏离还是能回到原来运动状态,这就是运动稳定性的问题。航向稳定性就是指当外界干扰作用消失以后船舶回到原运动状态的能力。在水平面运动的船舶,原始的定常运动状态为沿 Ox 轴的匀速直线运动,当发生外界干扰后,船舶重心的运动轨迹可能有图2-28所示的几种情况。

(1)直线稳定性

船舶运动受外界干扰以后,其重心的运动轨迹最终仍将恢复为一直线,但航向却发生了变化，如图2－28(a)所示，这种情况称船舶具有直线运动稳定性。

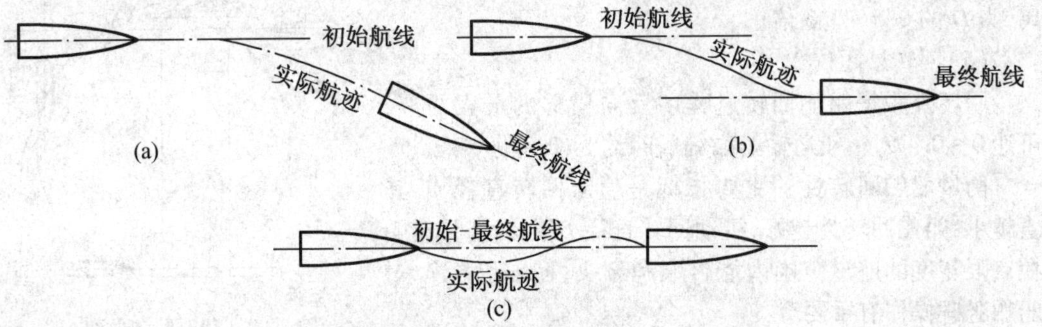

图2－28　直线稳定性

(2)方向稳定性

船舶运动受外界干扰以后，其重心的运动轨迹最终将恢复为与原航线平行的直线，但位置却发生了变化，如图2－28(b)所示，这种情况称船舶具有方向稳定性。

(3)位置稳定性

船舶运动受外界干扰以后，其重心的运动轨迹最终将恢复为原航线的延长线，如图2－28(c)所示，这种情况称船舶具有位置稳定性。显然，具有位置稳定性的船舶必须具有方向稳定性，如果船舶不具有方向稳定性与位置稳定性，需要操舵即依靠舵的作用来保持航向，那么称船舶具有使用稳定性；倘若操舵还不能保持航向，那么船舶是不可操纵的。当然，不可操纵的船舶实际上不能营运，所以对任何船舶至少要求其具有使用稳定性。使用稳定性可用以下两个指标衡量：保持航向而实现操舵，其频率为4～6次每分钟；平均转舵角应为3°～5°。

2. 机动性

船舶的机动性含转艏性和回转性两个方面。

转艏性是指船舶的应舵能力，如果转舵之后能较快地进入新的航向，或者偏离航向的船舶能较快地恢复到原来的航向，那么船舶具有较好的转艏性。一般说来，船舶在实际航行中总是要不断地向左、右舷随机操舵，因此操舵的快速反应能力是很重要的，例如入川的长江船，为了不断地绕过障碍，就要求具有较好的转艏性。

回转性是指船舶在一定舵角下做圆弧运动的能力。这一能力用稳定回转直径来衡量，稳定回转直径越小，则船舶的回转性越好。最大舵角下的稳定回转直径称最小回转直径，这一参数对船舶在狭小港湾内调头及应急避碰具有重要意义。

反映回转曲线形状与大小的参数如下，回转曲线如图2－29所示。

(1)稳定回转直径(D)

稳定回转直径是船舶做匀速圆周运动时所具有的直径。

(2)机动回转直径(D_T)

机动回转直径是船舶航向变化180°时与原方向之间的横向距离，为D的0.9～1.2倍。

(3)回转纵距(l_a)

回转纵距是船舶航向变化90°时重心前进的距离，单桨单舵船的回转纵距为D的0.6～1.2倍。

(4)回转横距(l_t)

回转横距是船舶航向变化90°时重心横向移动的距离,为D的0.5~0.6倍。

(5)回转外距(l_s)

回转外距是船舶回转过程中反向横移的最大距离,可达0~0.1D,一般运输船舶满舵时约为船宽的一半。

衡量船舶回转性的主要指标是稳定回转直径D,其值越小,船舶回转性越好,机动回转直径D_T用以衡量船舶在有限宽度的航道范围内能否顺利调头,回转纵距l_a对船舶避碰操作有重要意义。

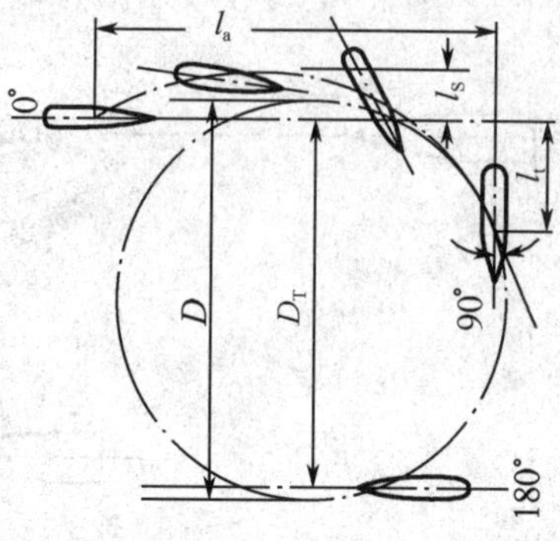

图2-29　回转曲线

船舶操纵性中稳定性和机动性是相互制约的,所以在船舶设计时,应根据船舶的用途及航行区域对船舶操纵性的要求而定。

3. 舵的作用原理

舵是剖面为机翼形的装置,装在船尾中纵剖面的位置上,它垂直地浸没在水中,并能绕舵轴转动。根据机翼理论,当水流以某一角度流向机翼时,就产生一个升力,所以当船以一定航速前进而转动一个舵角α后,在舵上会产生一个升力P,舵的回转作用如图2-30所示,升力P垂直作用于舵面上,压力P的纵向分力$P\sin\alpha$起着船的阻力作用而使船减速;压力P的横向分力$P\cos\alpha$远离船的重心G,形成一个转船力矩,促使船舶回转,并可使船舶横移。

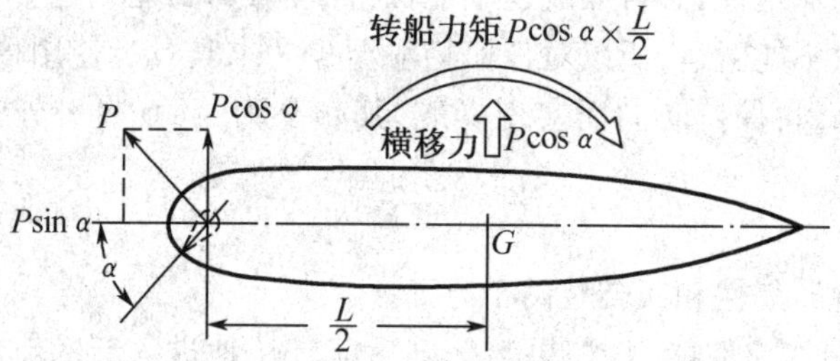

图2-30　舵的回转作用

第三章　船 体 结 构

第一节　船体结构概况

一、船体的受力

船舶从建造、下水、停泊、航行及进坞修理等全部过程中，受到各种外力的作用。船体受力主要有总纵弯曲引起的力、横向载荷和其他局部力。这些外力常常会使船体结构产生变形（整体和局部）或损坏。

1. 船体的总纵弯曲

船体的总纵弯曲（longitudinal bending）是指作用在船体上的重力、浮力、波浪水动力和惯性力等引起的船体绕水平横轴的弯曲。它由静水总纵弯曲和波浪总纵弯曲两部分叠加而成。

（1）船体静水总纵弯曲

船舶在静水中受到的外力有船舶及其装载的重力和水的浮力。重力 P 的方向向下，浮力 D 的方向向上。重力和浮力在静水中处于平衡状态，即重力和浮力大小相等、方向相反，作用在同一铅垂线上，如图 3－1（a）所示。

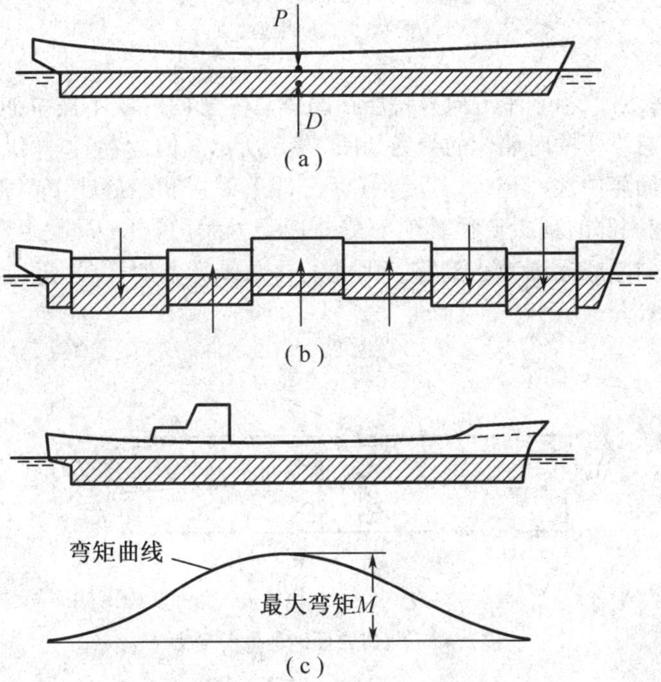

图 3－1　船体静水总纵弯曲

（a）船体在静水中力的平衡；（b）船体变形趋势；（c）弯矩曲线

由于沿船长方向重力和浮力分布不一致,对于船体的某一段,重力和浮力的大小并不相等,如图3-1(b)所示。重力大的一段有下移的趋势,浮力大的一段有上移的趋势。由于船体是一个整体结构,各段不可能发生上下移动,在船体结构内必然有内力产生,使船体发生弯曲。当船体中部向上弯曲时,称为中拱弯曲(hogging);当船体中部向下弯曲时,称为中垂弯曲(sagging)。船体弯曲时,在船体内产生弯曲力矩,弯矩的最大值在船体的中部,向艏艉部逐渐减小,如图3-1(c)所示。由于船舶装载情况及船体浸水部分形状总是变化,因而船体各段重力和浮力的不平衡也总是存在。

(2)船体波浪总纵弯曲

在波浪状况下,船体内产生的总纵弯矩会比静水中大。当波长与船长相等或接近时,船体的弯曲最严重。当波峰在船中时,会使船体发生中拱弯曲,此时船体的甲板受拉伸,底部受压缩;当波谷在船中时,会使船体发生中垂弯曲,此时船体的甲板受压缩,底部受拉伸,如图3-2所示。

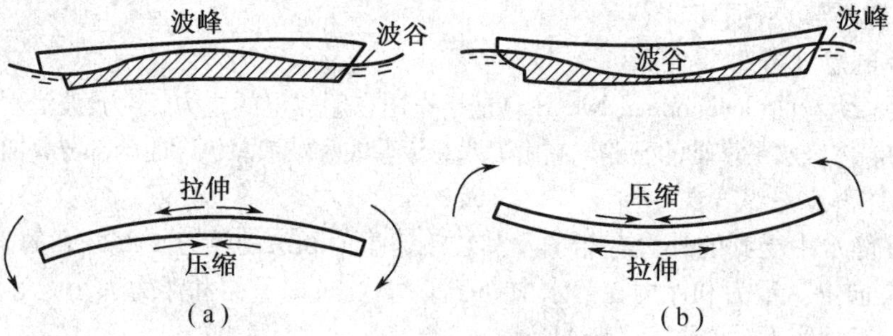

图3-2　波浪总纵弯曲

(a)中拱弯曲;(b)中垂弯曲

在甲板与船底之间,沿水平方向有一层在船体总纵弯曲时既不被拉伸,也不被压缩,这一层称为中性面,总纵弯曲时船体的受力如图3-3所示。因此,船体总纵弯曲时的受力特点是:在同一横剖面离中性面越远,其受力越大,即上甲板和船底比下甲板受力大,舷侧外板中靠近上甲板和底部的列板要比其他舷侧外板受力大。船长方向,由弯矩曲线图可知,船中部受力大,并向艏艉逐渐减小到零。因此船体总纵弯曲时受拉、压应力最大处是在船中部的上甲板和底部。

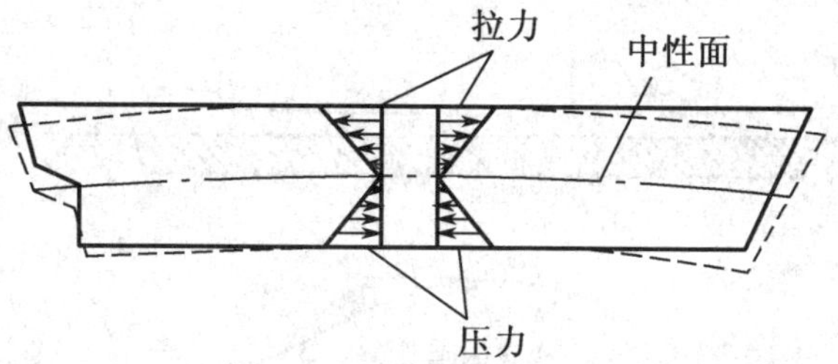

图3-3　总纵弯曲时船体的受力

2. 作用在船体上的横向载荷

船体在静水或波浪中,它的各部分结构还受到局部的水压力和货物、设备等横向载荷的影响，会产生局部弯曲。图 3 - 4 所示为船体的横向载荷。

3. 其他局部受力情况

其他力有船体上机器和螺旋桨运转时的振动力，船首的波浪碰击和水面漂浮物的撞击等局部的外力，油船的油货舱内液体的晃动载荷，以及船舶进坞或搁浅时受到船底下墩木或河床的反力作用等。这些力会使船体发生局部弯曲变形。

此外，船舶在波浪状态下航行，由于升降、俯仰和摇摆等运动而产生惯性力，这对船体结构会产生不利的影响，例如船舶横摇时会引起肋骨的歪斜和船体的扭曲。

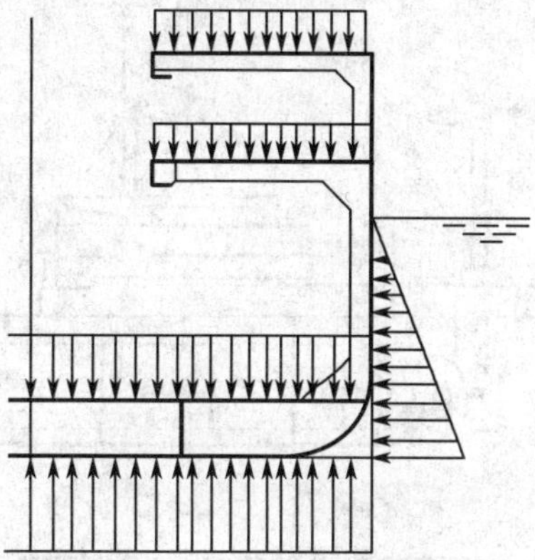

图 3 - 4　船体的横向载荷

4. 船体强度

由于船舶受以上各种外力的作用，船体结构的强度和刚性不足，就有可能使船体总的或局部的结构发生断裂或不允许的变形。船体结构必须具有足够的强度和刚性，以抵抗这些外力。船体结构应具备总纵强度（longitudinal strength）、横向强度（transverse strength）和局部强度（local strength）。

总纵强度是指船体结构抵抗纵向弯曲不使整体结构遭受破坏或不允许的变形的能力。横向强度是指船体横向构件（如肋骨框架和横舱壁等）抵抗横向载荷的能力。局部强度是指船体结构中个别构件对局部载荷的抵抗能力。

除了必要的强度外，船体上的板和骨架还必须保证有足够的刚性，使其变形不超过允许的限度。对于受平面压缩力的薄板，应保证其稳定性，不使其产生皱褶而降低强度。

二、船体基本组成

船体结构形式与船舶的类型有关，通常船体大致可分为主船体（hull）和上层建筑（superstructure）两部分。主船体部分有船首（stem）、船中（midship）、船尾（stern）；上层建筑部分有艏楼（forecastle）、桥楼（bridge）、艉楼（poop）及甲板室（deck house）。

主船体是船体结构的主要部分，是由船底（ship bottom）、舷侧（ship side）、甲板（deck）围成的水密的空心结构。其内部空间又由水平布置的下甲板（lower deck）、沿船宽方向垂直布置的横舱壁（transverse bulkhead）和沿船长方向垂直布置的纵舱壁（longitudinal bulkhead）分隔成许多舱室。货船上通常有货舱、机舱、艏尖舱和艉尖舱等舱室。艏艉端的横舱壁也叫艏尖舱舱壁（forepeak bulkhead）（或防撞舱壁）和艉尖舱舱壁（afterpeak bulkhead）。图 3 - 5 所示为船体的基本构成。

三、组成主船体的板架

主船体是由若干个板架结构组成的长箱形结构，如甲板板架、舷侧板架、船底板架和舱壁板架等。各个板架相互连接，相互支持，使整个主船体构成坚固的空心水密建筑物。

板架结构通常是由板和纵横交叉的骨材和桁材组成。较小的骨材间距小、数量多，较大的桁材间距大、数量少。板架结构如图 3 - 6 所示。船体结构中的板有平直板、弯曲板和折边板等；骨材常采用扁钢、球扁钢、角钢等；桁材常采用组合 T 型材或折边板。船体结构中常用的板材和型材如图 3 - 7 所示。

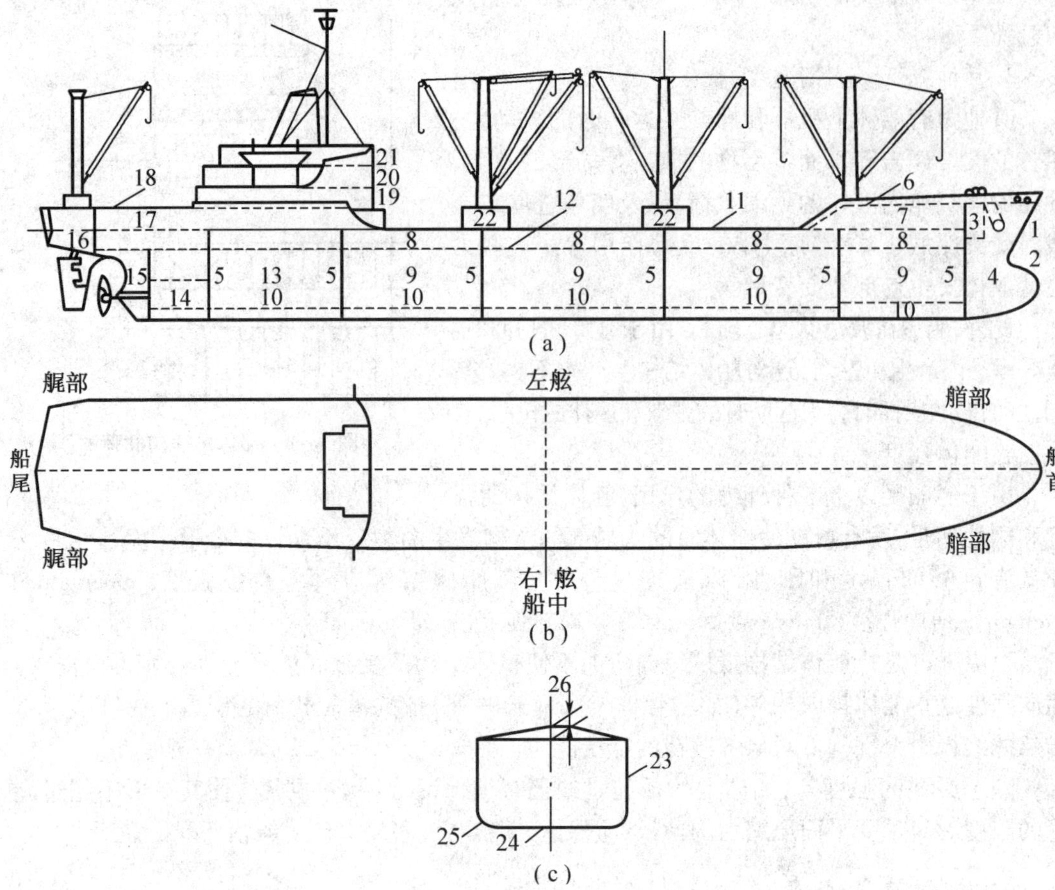

图3-5　船体的基本构成

1—艏柱;2—球鼻艏;3—锚链舱;4—艏尖舱;5—横舱壁;6—艏楼甲板;7—艏楼;8—甲板间舱;
9—货舱;10—双层底;11—上(主)甲板;12—下甲板;13—机舱;14—轴隧;15—艉尖舱;16—舵机舱;17—艉楼;
18—艉楼甲板;19—艇甲板;20—驾驶甲板;21—罗经甲板;22—桅屋;23—舷侧;24—平板龙骨;25—舭部;26—梁拱

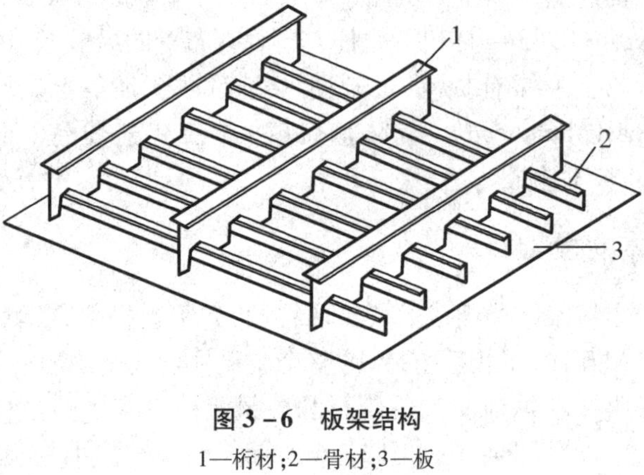

图3-6　板架结构

1—桁材;2—骨材;3—板

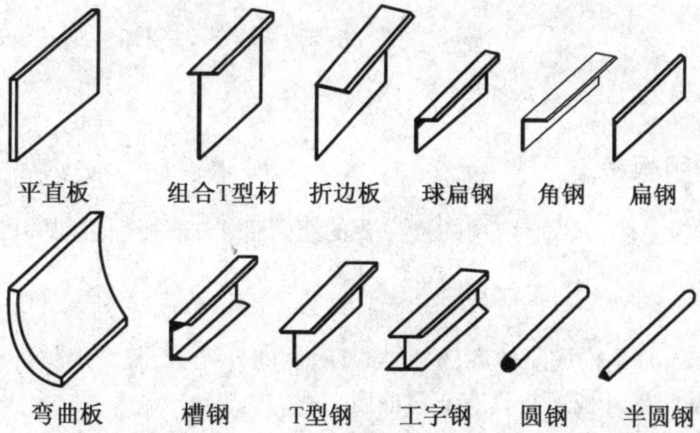

图 3－7　船体结构中常用的板材和型材

除了板与骨架结构外，船体结构中还有一种肘板，它是两个或两个以上相交构件的连接件，或作为两个板架之间的连接件。用以增加连接节点的刚性和保证相交结构的连续性，或提高高腹板梁的侧向稳定性，改善连接点的工艺性。肘板形状大多类似三角形，有无折边肘板、折边肘板和 T 型肘板等形式。

四、船体结构布置形式

1. 板架结构的骨架形式

板架结构根据骨材布置的方向，可分为纵骨架式、横骨架式和混合骨架式三种类型。

纵骨架式是数目多而间距小的骨材沿船长方向布置。横骨架式是数目多而间距小的骨材沿船宽方向布置。混合骨架式是纵横方向的骨材相差不多，间距接近相等。这种骨架形式除了在特殊场合，一般很少用到。

2. 船体结构的形式

根据船体各部位板架所采用的形式，船体结构形式也分为三种：

(1) 单一横骨架式船体结构

单一横骨架式船体结构指上甲板、船底和舷侧均为横骨架式板架结构的船体结构形式。对总纵强度要求不高的一些小型船舶和内河船多为此种结构形式。

(2) 单一纵骨架式船体结构

单一纵骨架式船体结构指上甲板、船底和舷侧均为纵骨架式板架结构的船体结构形式。对总纵强度要求较高的军舰、大型油船及其他大型远洋货船等采用此种结构形式。

(3) 纵横混合骨架式船体结构

纵横混合骨架式船体结构指上甲板和船底采用纵骨架式板架结构，而舷侧和下层甲板采用横骨架式板架结构的船体结构形式。杂货船、散货船等多采用此种形式。

第二节 船体各部分结构

一、外板和甲板板

外板和甲板板是船体箱形结构的最主要的组成部分,外板围成船体的外壳,而甲板则封闭船体的上部。

1. 外板

外板(shell plate)是构成船体底部、舭部及舷侧的外壳板,整个船体外壳通常为流线形曲面形状,特别是艏艉外板通常具有双重曲度。

(1)外板的接缝及列板

外板由一块块钢板对合焊接而成,钢板长边通常沿船长方向布置。长边与长边相接的纵向接缝叫边接缝(seam line),短边与短边相接的横向接缝叫端接缝(butt joint)。钢板逐块端接而成的沿船长方向的连续长条板称为列板(strake),若干个列板组成船体外板,列板的名称如图3-8所示。位于船底的各列板统称船底板(bottom plate),其中位于船体中线的一列板称为平板龙骨(keel plate)(K列板)。由船底过渡到舷侧的列板称为舭列板(bilge strake)。舭列板以上的外板称为舷侧外板(side plate),其中与上甲板(强力甲板)连接的舷侧外板称为舷顶列板(sheer strake)(S列板)。

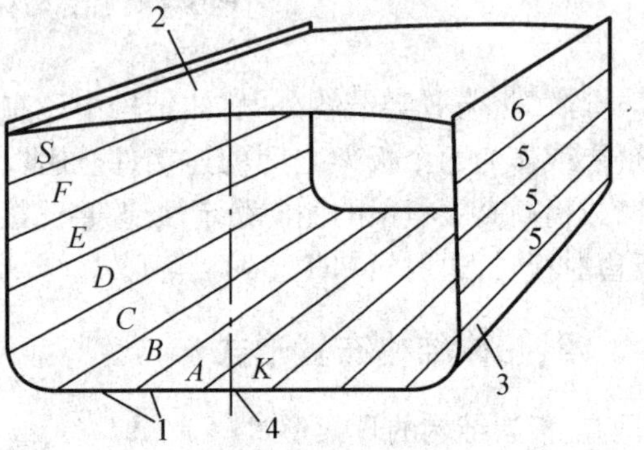

图3-8 列板的名称

1—上甲板;2—船底列板;3—平板龙骨;4—舭列板;5—舷侧列板;6—舷顶列板

(2)外板的厚度

外板上的各块钢板因其所在位置的不同,受力也不同。外板厚度在受力大的部位取厚些,在受力小的部位取薄些。外板厚度沿船长方向的变化是船中(0.4L)区域较厚,艏艉端较薄。但平板龙骨的宽度和厚度从艏至艉保持不变。外板厚度沿肋骨围长方向的变化是平板龙骨和舷顶列板比其他外板厚些。对于有些局部受力较大区域的外板,如艏部锚孔区域、艉端螺旋桨区域、外板开口区域等,应采用加厚板或加装骨架等局部加强措施。

2. 甲板板

(1)甲板的名称及形状

船舶的主体部分设有一层或几层全通甲板,小型舰船仅有一层甲板,而大型船舶根据使用要求往往设置两层或多层贯通全船的连续甲板。按自上而下的顺序分别称为上甲板、第二甲板、第三甲板等,如图3-8所示。根据需要,有时在部分舱室中设置局部间断的平台甲板(platform deck)。

为了减少上浪及迅速排除积水,船舶上甲板通常为曲面形状,且艏艉窄、中部宽,船长方向中部低于艏艉端,船宽方向中间高于两舷,图3-9所示为上甲板的形状。上甲板边线沿纵向向艏艉端升高的曲线称为舷弧,上甲板沿横向的拱形称为梁拱。非露天甲板和平台,则可做成平直的。

(2)甲板板的布置及厚度分布

甲板板(deck plate)由许多钢板并合焊接而成,钢板的长边通常沿船长方向布置,且平行于甲板中线。沿甲板边缘与舷侧邻接的一列甲板板称为甲板边板(图3-8)。在艏艉及大开口之间也可将钢板沿横向布置。

在各层甲板中,上甲板较下层甲板厚,一般为强力甲板或主甲板。沿船长方向,上甲板在船中0.4L区域应厚些,向艏艉两端则逐渐减薄。沿船宽方向,甲板边板纵向连续,参与总纵弯曲,且经常积水易受腐蚀,是上甲板中最厚的一列板,舱口之间的甲板板厚度较薄些。

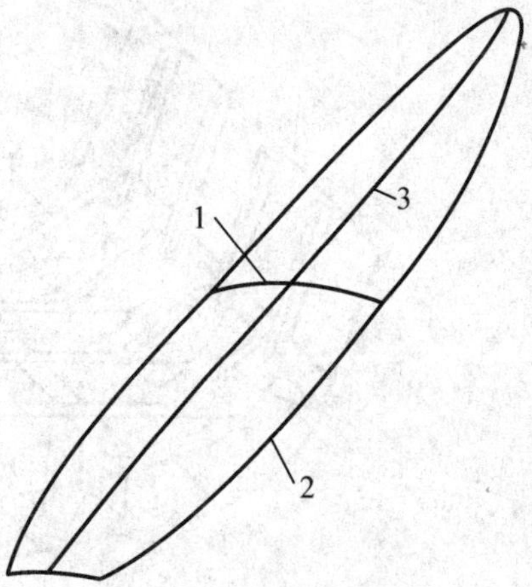

图3-9 上甲板的形状

1—梁拱;2—舷弧;3—甲板中线

二、船底结构

船底可分为单层底和双层底,按骨架形式又可分为横骨架式和纵骨架式。

单层底结构只有一层船底板,结构简单,施工方便,但抗沉性差,大多用于小型船舶及民用船的首尾端。双层底除了船底板外,还有一层内底板,当船底在触礁和搁浅等意外情况下遭到破损时,双层底能保证船舶的安全。双层底舱的空间可装载燃油、润滑油和淡水,或用作压载水舱。海船从艏尖舱舱壁到艉尖舱舱壁都采用双层底,小型舰艇和内河船仅在机舱等局部区域采用双层底。

1.单层底结构

单层底结构是由船底板及船底骨架组成的单层船底结构,有横骨架式与纵骨架式之分。

(1)横骨架式单层底结构

横骨架式单层底结构由船底板、内龙骨和肋板等组成,如图3-10所示。

①中内龙骨

中内龙骨是位于船体中线面上的纵向连续构件,用钢板条焊接成T型材(T-bar),承担总纵强度、船底局部强度及墩木的反力等,并将一部分载荷传递给横舱壁。它从艏柱直通到艉柱,仅在横舱壁处间断。

②旁内龙骨

旁内龙骨是对称地布置在中内龙骨两侧的纵向构件,采用焊接T型材或钢板折边(flange)型材。根据船宽的不同,每侧可设一两道旁内龙骨。型材腹板垂直于基平面安装,在肋板处间断,并与肋板焊接。

③肋板

肋板是设置在每个肋位处的横向构件,采用焊接T型材或钢板折边型材。它在中线面处间断,并与中内龙骨焊接。其主要作用是承担横向强度,并将底部载荷传递给舷侧。

④舭肘板

舭肘板是连接肋骨下端与肋板的构件,用来加强节点连接的强度。

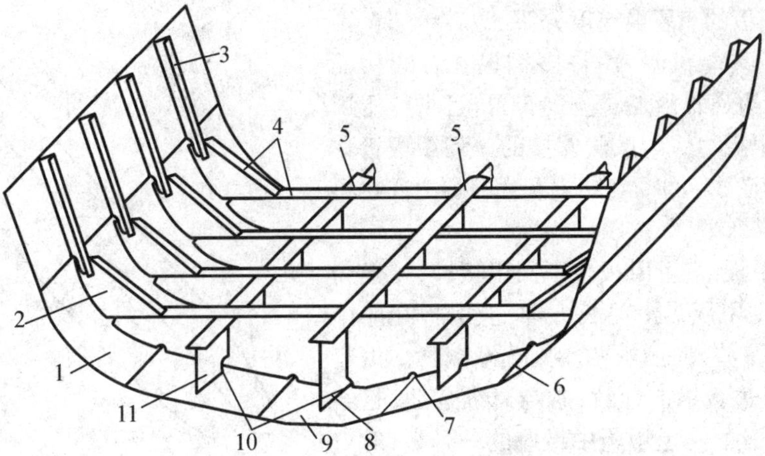

图 3-10　横骨架式单层底结构

1—舭列板;2—舭肘板;3—肋骨;4—折边;5—面板;6—焊缝;
7—流水孔;8—中内龙骨;9—平板龙骨;10—焊缝切口;11—旁内龙骨

(2)纵骨架式单层底结构

纵骨架式单层底结构由船底板、内龙骨、肋板和数量较多的船底纵骨等组成,如图 3-11 所示。

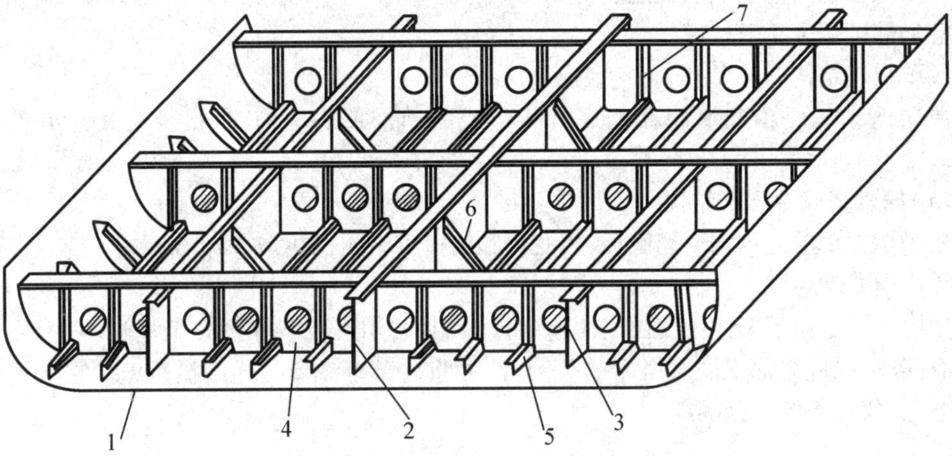

图 3-11　纵骨架式单层底结构

1—船底板; 2—中内龙骨;3—旁内龙骨;4—肋板; 5—船底纵骨;6—肘板;7—加强筋

内龙骨包括中内龙骨和旁内龙骨,其结构、布置和作用与横骨架式单层底结构中相应的构件相同。肋板间距较大,每隔几个肋位设置一个肋板,间距通常大于 1 m,肋板的作用是保证船底横向强度并支持船底纵骨。

船底纵骨是沿纵向设置的较小骨材,大多用球扁钢(bulb plate)或不等边角钢(angle bar),大型船也有用 T 型钢制成的。船底纵骨平行于中内龙骨,沿纵向密集设置,球头朝向船舯,舰艇上纵骨腹板垂直于外板安装。船底纵骨的作用是支持外板并提高船底纵向强度。

2. 双层底结构

双层底结构也有横骨架式和纵骨架式两种形式。除了有一层船底板外，还有一层由内底板和内底边板组成的水密内底，双层底骨架装设在这两层内外底板之间的空间里。

(1)横骨架式双层底结构

横骨架式双层底结构由外底板、内底板、底纵桁和各种形式的肋板等组成，如图 3－12 所示。

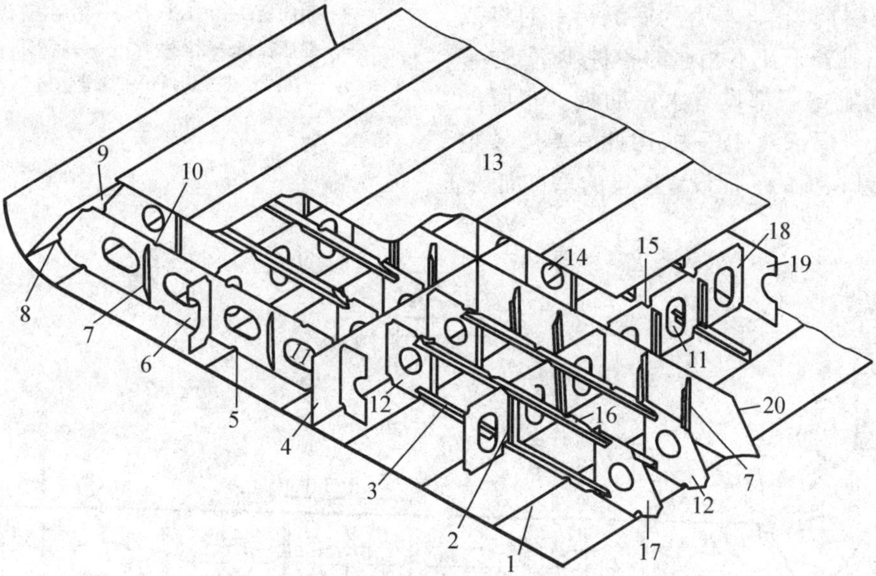

图 3－12　横骨架式双层底结构

1—边接缝；2—扶强材；3—船底肋骨；4—中底桁；5—流水孔；6—主肋板；7—加强筋；8—焊缝切口；9—内底边板；10—透气孔；11—人孔；12—肘板；13—内底板；14—减轻孔；15—切口；16—内底横骨；17—框架肋板；18—旁底桁；19—主肋板；20—水密肋板

①底纵桁

底纵桁是在双层底内布置的与双层底同高度的纵向构件，与船底板和内底板相连。底纵桁又分中底桁和旁底桁。

中底桁是位于中线面，连接平板龙骨和内底板的纵向连续构件，它由一系列垂直布置的钢板组成，见图 3－12 中 4 构件。中底桁高度也就是双层底的高度，除在艏艉端区域内可以间断外，其他区域都应连续，不允许开孔。中底桁承受总纵弯曲、坞墩反力及其他外力，是双层底结构中的重要构件。

旁底桁是位于中底桁两侧对称布置的纵向构件，由一系列带有开孔的钢板组成。它与船底板和内底板相连，在船宽方向尽可能均匀设置。旁底桁间断于主肋板，在人孔间设置有加强筋，见图 3－13 及图 3－12 中 18 构件。

②肋板

肋板是位于船底肋位上的横向构件。支持船底外板和内底板，同时与舷侧及甲板上横向构件组成坚固的横向框架，保证船体横向强度。横骨架式双层底肋板通常有三种形式：

主肋板、水密肋板和框架肋板。

主肋板又称实肋板,是开有人孔(或减轻孔)、流水孔、透气孔和通焊孔的非水密肋板,见图3-14及图3-12中19构件。它间断于中底桁,在主肋板两个人孔之间设置垂直加强筋,以保证主肋板的刚性。

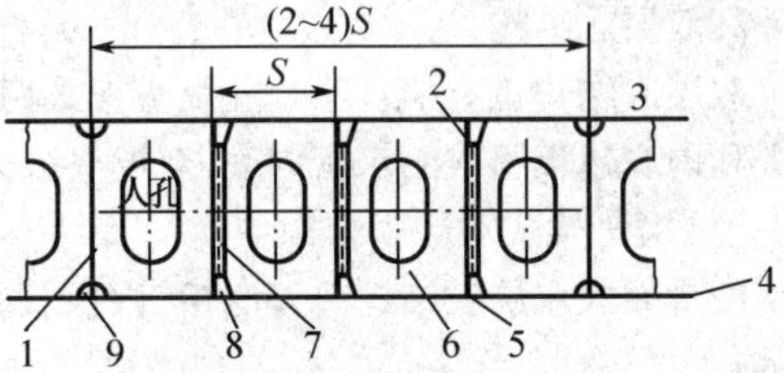

图3-13 横骨架式双层底旁底桁结构

1—主肋板;2—内底横骨;3—内底板;4—船底板;5—船底肋骨;6—旁底桁;7—扶强材;8—切口;9—焊缝切口

水密肋板是没有任何开孔而且在规定压力下不透水的肋板,见图3-15及3-12中20号构件。它与水密的底纵桁一起将双层底分隔成若干互不相通的各种舱室,通常在水密横舱壁下都设有水密肋板。它可能在单面受到局部液体压力,因此其厚度较主肋板厚,且在板的一面设置密集的垂直加强筋。

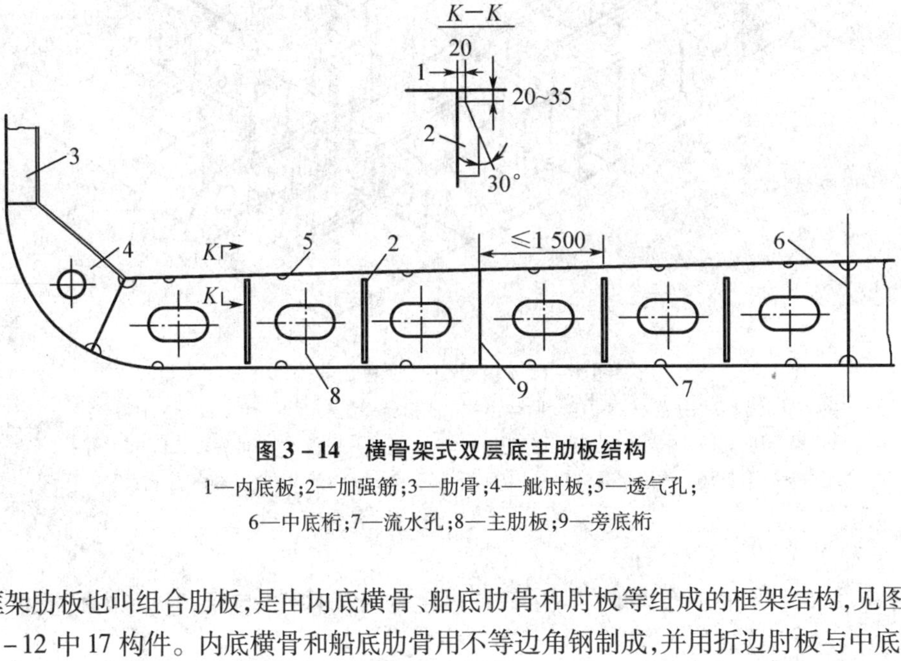

图3-14 横骨架式双层底主肋板结构

1—内底板;2—加强筋;3—肋骨;4—舭肘板;5—透气孔;6—中底桁;7—流水孔;8—主肋板;9—旁底桁

框架肋板也叫组合肋板,是由内底横骨、船底肋骨和肘板等组成的框架结构,见图3-16及图3-12中17构件。内底横骨和船底肋骨用不等边角钢制成,并用折边肘板与中底桁和内底边板连接。内底横骨剖面尺寸略小于船底肋骨剖面尺寸。因结构复杂,目前很少采用。

(2)内底板和内底边板

内底板是由许多块钢板焊接而成的,内底板的长边沿船长方向布置。内底的长度就是双层底的长度,在每个双层底舱的内底板上,开有水密人孔,若按规定双层底舱必须设置双人孔时则人孔呈对角线布置,人孔上须装置水密的人孔盖。图3-17所示为内底板的布置。

内底边板是指与外板相连的一列内底板。内底边板的结构有四种类型:下倾式、上倾式、水平式和折曲式,图3-18所示为内底边板的类型。

内底板的厚度应考虑到锈蚀和磨损裕度。机炉舱、装载燃油的底舱、货舱口下的内底板应该厚些,船端部内底板的厚度较中部薄,内底边板应比内底板厚些,并应有足够的宽度。

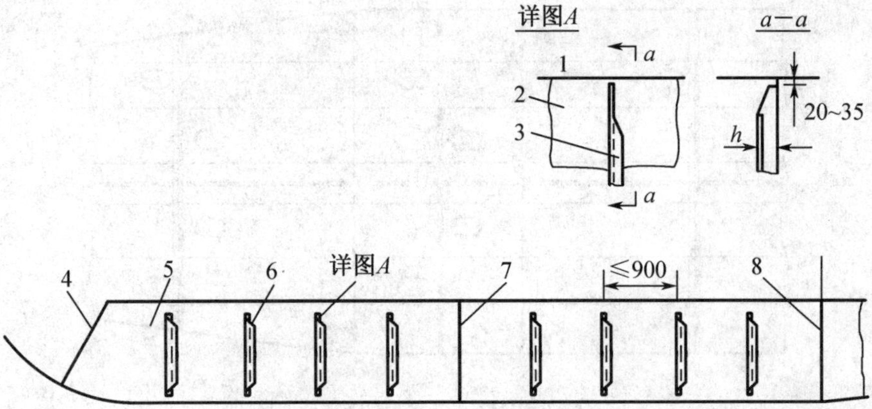

图 3－15　水密肋板结构

1—内底板;2—水密肋板;3—加强筋;4—内底边板;
5—水密肋板;6—加强筋;7—旁底桁;8—中底桁

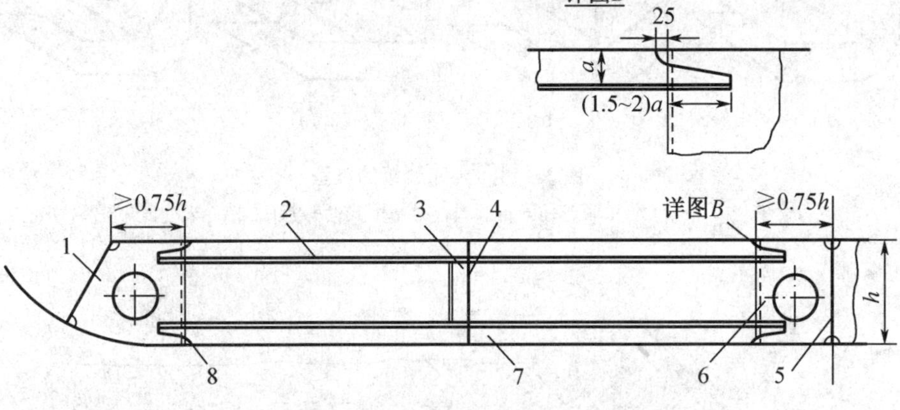

图 3－16　横骨架式双层底框架肋板结构

1—肘板;2—内底横骨;3—扶强材;4—旁底桁;5—中底桁;6—肘板;7—船底肋骨;8—焊缝切口

(3)纵骨架式双层底结构

纵骨架式双层底结构由外底板、内底板、肋板、底纵桁、船底纵骨和内底纵骨等组成。内外底板由密集的纵骨支持,增加了板的刚性和稳定性,提高了底部的纵向强度。因此纵骨架式的内外底板可以比横骨架式薄些,这样可以减轻结构重量。现代大中型船舶普遍采用此种骨架式。图 3－19 所示为纵骨架式双层底结构。

①底纵桁

与横骨架式双层底相同,纵骨架式双层底的底纵桁也分中底桁和旁底桁。底纵桁均由一系列钢板组成。

中底桁是位于中线面处的水密纵向连续构件。旁底桁是非水密的纵向构件,它垂直于基平面装置并在肋板处间断,旁底桁的数目随船宽的增大而增加。船中区域旁底桁平行于中线面布置,靠近艏艉区域随着船宽减小改为折线布置,并逐渐减小旁底桁的数目。图 3－20 所示为底纵

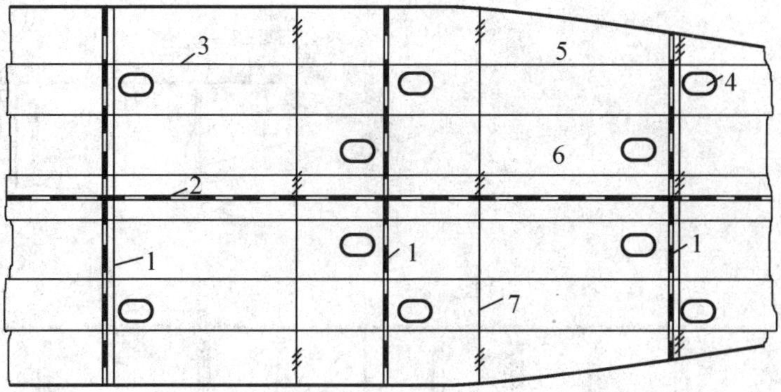

图3-17　内底板的布置

1—水密肋板;2—中底桁;3—边接缝;4—人孔;5—内底边板;6—内底板;7—分段缝

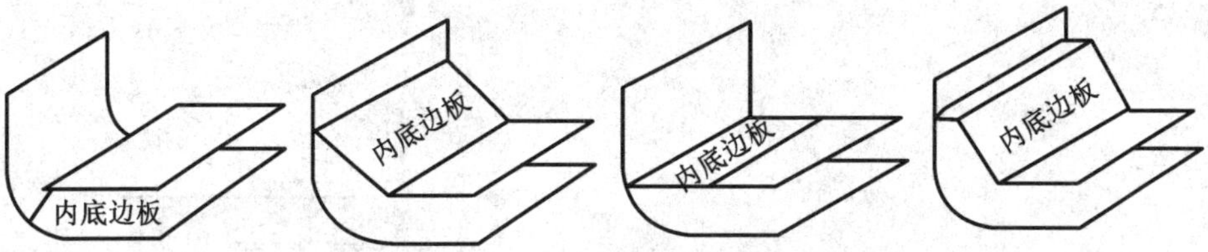

(a)　(b)　(c)　(d)

图3-18　内底边板的类型

(a)下倾式;(b)上倾式;(c)水平式;(d)折曲式

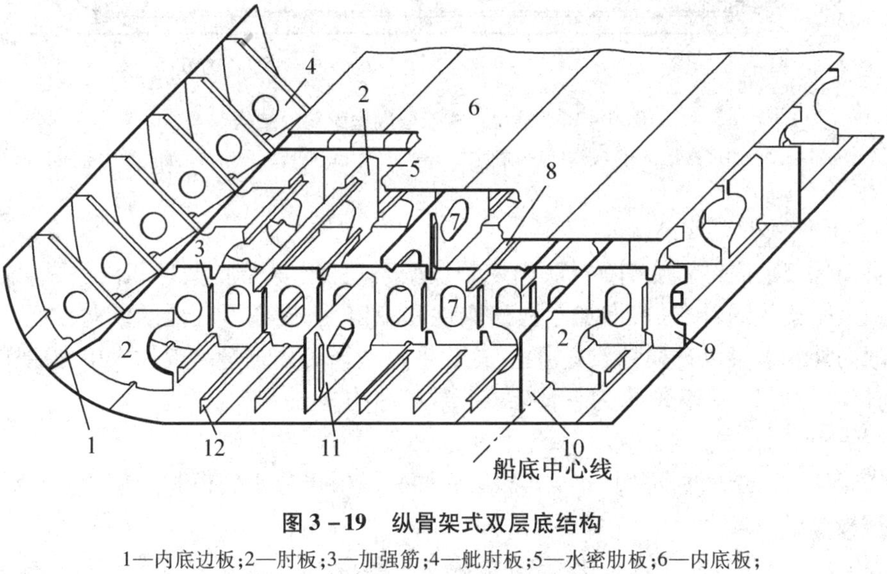

图3-19　纵骨架式双层底结构

1—内底边板;2—肘板;3—加强筋;4—舭肘板;5—水密肋板;6—内底板;
7—人孔;8—内底纵骨;9—主肋板;10—中底桁;11—旁底桁;12—船底纵骨

桁与纵骨的布置。

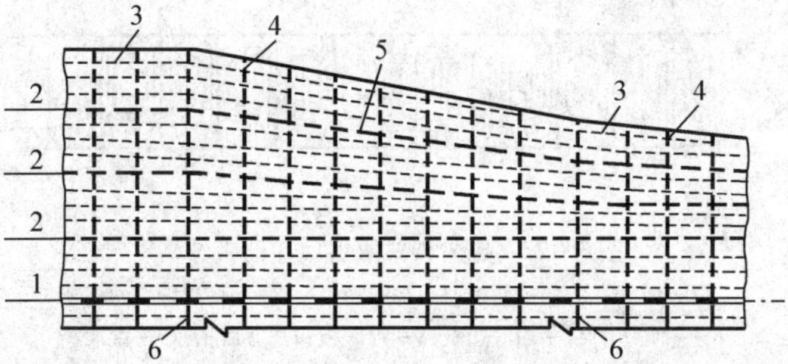

图 3－20　底纵桁与纵骨的布置

1—中底桁;2—旁底桁;3—纵骨;4—肋板;5—旁底桁;6—水密横舱壁

箱形中底桁是在双层底中线面处设置的,沿船长方向的一条水密的箱形通道,又称管隧。从防撞舱壁通向机舱前端壁,用于集中布置各种管路。

箱形中底桁由两道水密的侧板(底纵桁)、内外底板、骨材(环形框架或内、外底横骨及纵骨)等组成,如图 3－21 所示。

②纵骨(船底纵骨和内底纵骨)

纵骨是仅在纵骨架式结构中设置的纵向构件。其中位于船底板上的纵骨叫船底纵骨,位于内底板处的纵骨叫内底纵骨。纵骨通常由球扁钢、角钢或 T 型材制成。内底纵骨的剖面尺寸略小于船底纵骨。

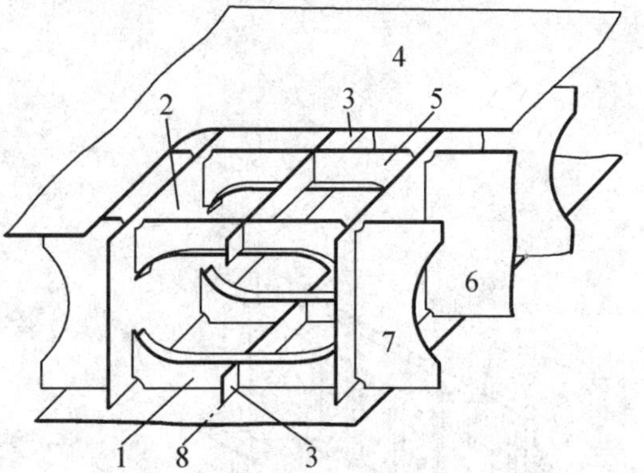

图 3－21　箱形中底桁

1—船底横骨;2—水密底纵桁;3—纵骨;4—内底板;
5—内底横骨;6—主肋板;7—肘板;8—船底中心线

纵骨沿船长方向和中底桁平行布置,并在船宽方向均匀设置,习惯上将纵骨型材的凸缘朝向中线面,但是邻近中底桁的那根纵骨应背向中线面,以便于安装中底桁两侧的肘板。民用船纵骨腹板通常垂直于基平面安装。内外底纵骨应上下对应设置。靠近艏艉端随着船宽减小,纵骨的数目也相应减少。

纵骨与肋板的连接:为了保证纵向连续,通常在肋板上开切口让纵骨穿过或纵骨间断用肘板连接。纵骨穿过水密肋板,用衬板封焊来保证肋板水密。

③肋板

纵骨架式双层底中的肋板有实肋板和水密肋板两种形式。图 3－22 所示为纵骨架式双层底实肋板结构。

三、舷侧结构

舷侧是船体的左右两个侧壁。舷侧有单层壳、双层壳和多层壳舷侧。按骨架形式舷侧结构可分为纵骨架式和横骨架式。单层舷侧只有一层舷侧外板,双层壳舷侧除了舷侧外

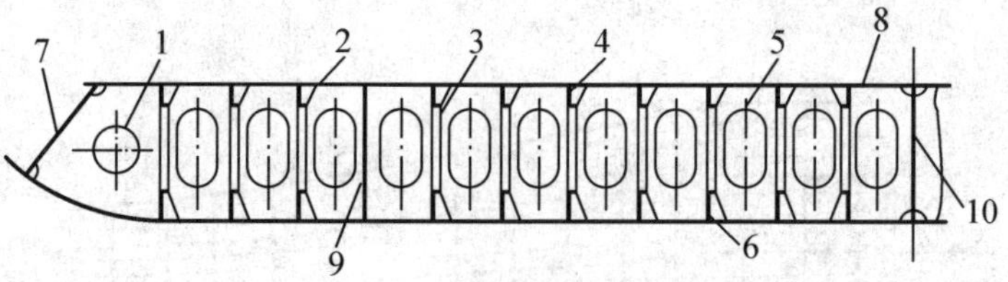

图3-22 纵骨架式双层底实肋板结构

1—减轻孔;2—主肋板;3—加强筋;4—内底纵骨;5—人孔;

6—船底纵骨;7—内底边板;8—内底板;9—旁底桁;10—中底桁

板,还有一层内壳板,目前在集装箱船、大型油船及散货船上都采用双层舷侧结构。此外,大型军舰的机炉舱等重要舱位也有做成多层壳的舷侧结构。

1. 单层舷侧结构

(1)横骨架式单层舷侧结构

横骨架式单层舷侧结构由舷侧外板、普通肋骨(包括主肋骨和甲板间肋骨)、强肋骨和舷侧纵桁等组成,如图3-23、图3-24所示。

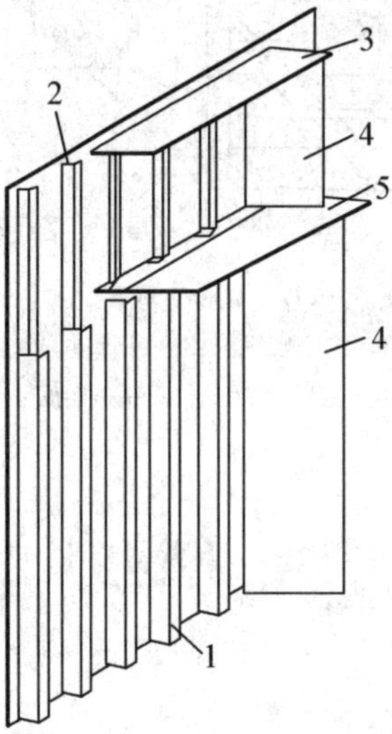

图3-23 单一肋骨的舷侧结构

1—主肋骨;2—甲板间肋骨;

3—上甲板;4—横舱壁;5—下甲板

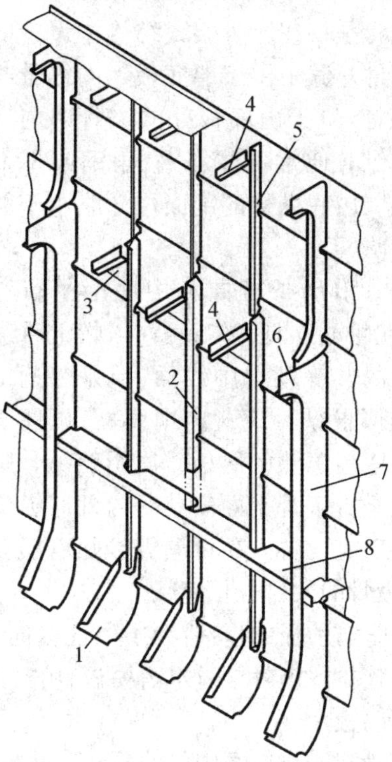

图3-24 由强肋骨、舷侧纵桁和主肋骨组成的舷侧结构

1—舭肘板;2—主肋骨;3—梁肘板;

4—横梁;5—甲板间肋骨;

6—强横梁;7—强肋骨;8—舷侧纵桁

①普通肋骨

普通肋骨(也叫肋骨)是横骨架式舷侧结构中的主要横向构件,设置在舷侧各个肋位上。在货舱区域(通常是杂货船和散货船)的舷侧全部采用尺寸相同的肋骨。图 3－23 所示为单一肋骨的舷侧结构。肋骨的作用是支持舷侧外板,保证船体的横向强度和局部强度。多层甲板船上的肋骨有主肋骨和甲板间肋骨两种。

主肋骨指最下层甲板以下的船舱肋骨,它是横骨架式舷侧结构主要构件。甲板间肋骨指两层甲板之间的肋骨。甲板间肋骨的剖面尺寸比主肋骨小。肋骨通常用不等边角钢制成,大型船舶的主肋骨也有采用焊接 T 型材的。

②强肋骨

强肋骨是由尺寸较大的组合 T 型材制成的舷侧横向构件。在横骨架式舷侧结构中每隔几个肋位设置一强肋骨,通常与甲板的强横梁及底部的主肋板组成高腹板的横向框架。强肋骨的作用是用于局部加强,支持舷侧纵桁,保证舷侧的横向强度。

③舷侧纵桁

舷侧纵桁是舷侧结构中沿船长方向设置的纵向构件,通常由组合 T 型材或折边板制成,腹板高度与强肋骨腹板高度相同。其作用是支持主肋骨并将一部分载荷传递给强肋骨和横舱壁。

由强肋骨、舷侧纵桁和主肋骨组成的舷侧结构主要用于海船的机舱区域、长江船和内河船的舷侧,如图 3－24 所示。

(2)纵骨架式单层舷侧结构

纵骨架式单层舷侧结构由舷侧外板、舷侧纵骨、舷侧纵桁和强肋骨等组成。图 3－25 所示为纵骨架式舷侧结构。

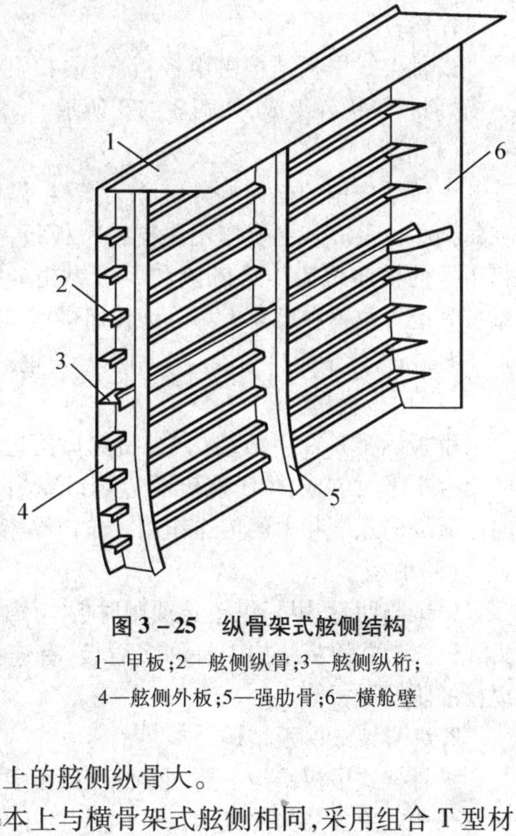

图 3－25　纵骨架式舷侧结构

1—甲板;2—舷侧纵骨;3—舷侧纵桁;
4—舷侧外板;5—强肋骨;6—横舱壁

舷侧纵骨是纵骨架式舷侧结构的纵向连续构件,通常由球扁钢或不等边角钢制成。其作用是支撑外板并承受舷侧水压力,参与总纵弯曲,保证外板的稳定性。

民船舷侧纵骨沿水平方向布置,而军舰的舷侧纵骨型钢腹板则垂直于外板,型钢凸缘一般都向下。船底附近的舷侧纵骨尺寸较水线以上的舷侧纵骨大。

纵骨架式舷侧结构的强肋骨和舷侧纵桁基本上与横骨架式舷侧相同,采用组合 T 型材制成。舷侧纵桁安装在肋骨跨距偏下的舷侧部位。

2. 双层舷侧结构

(1)横骨架式双层舷侧结构

横骨架式双层舷侧结构由舷侧外板、内壳纵壁、肋骨(或横向开孔板)、舷侧纵桁(或平台)等构件组成。

图 3－26 所示为分节驳双层舷侧结构。

目前,一些散货船也有采用双层舷侧的结构形式,如图 3－27 所示。

(2)纵骨架式双层舷侧结构

纵骨架式双层舷侧结构主要用于大型船舶的舷侧,如大型集装箱船、现代大型油船等。

双层壳舷侧结构中除内外壳板外,由舷侧纵骨、内壳板纵骨、平台(舷侧纵桁)及其纵骨、横隔板(即强肋骨)等组成。如图3-28所示为双层壳油船舷侧结构。

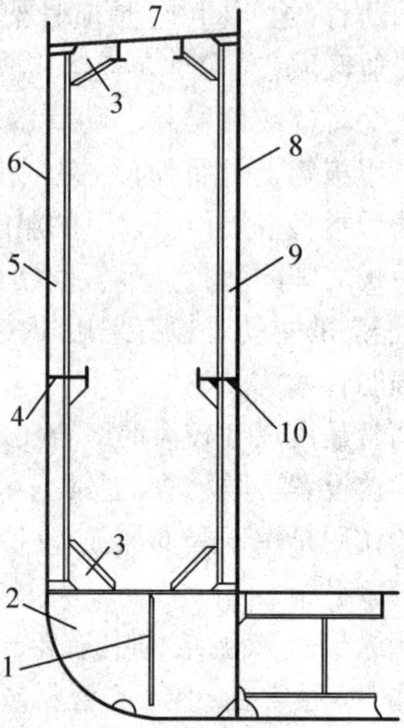

图3-26　分节驳双层舷侧结构

1—加强筋;2—肋板;3—肘板;4—舷侧纵桁;5—主肋骨;6—舷侧外板;7—甲板;8—纵舱壁;9—扶强材;10—水平桁

四、甲板结构

甲板一般是单层板架结构,按骨架设置形式可分为纵骨架式和横骨架式两种结构。大型船舶上甲板普遍采用纵骨架式结构;下甲板大多采用横骨架式结构。

1.横骨架式甲板结构

横骨架式甲板结构由甲板板、横梁和甲板纵桁、肘板等构件组成,如图3-29所示。

(1)横梁

甲板结构中的横向构件统称为横梁,设置在每挡肋位上。其主要作用是支持甲板板,并将甲板的横向载荷传给舷侧和甲板纵桁。横梁按其设置位置和尺寸大小分为普通横梁、半横梁和舱口端横梁。横梁是由不等边角钢或T型梁制成,位于舱口一段应采用组合角钢。

(2)甲板纵桁

甲板纵桁是在甲板结构中,沿舱口两边和甲板中心线布置的纵向强构件,由尺寸较大的组合T型材制成,位于舱口两边舱口纵桁采用组合角钢。甲板纵桁作用是支持横梁,同时起着纵向强度和力的传递作用。舱口纵桁的作用是增加舱口处的强度。

(3)肘板

横梁与肋骨、甲板纵桁必须用肘板牢固连接,以增强节点处的刚性,并能相互传递作用力。横骨架式甲板结构中有许多肘板,有连接横梁与肋骨之间的梁肘板、连接横梁与甲板纵桁的防倾肘板等。

2.纵骨架式甲板结构

纵骨架式甲板结构主要用于总纵强度要求较高的大中型船舶的上甲板。图3-30所示为纵骨架式甲板结构。其中,舱口之间的甲板仍采用横骨架式结构。

纵骨架式甲板结构由甲板板、甲板纵骨、甲板纵桁和强横梁等构件组成。

(1)甲板纵骨

甲板纵骨是纵骨架式甲板结构中采用的主要纵向构件,由尺寸较小的球扁钢和不等边角钢制成。大型船有采用T型材的,其主要作用是保证船舶总纵强度和甲板板的稳定性,同时承受甲板板的横向载荷。

甲板纵骨一般平行于中线面沿船长方向布置,型钢腹板垂直于基平面安装,除了靠近舱口的一根背向船中以外,其余折边通常朝向船中。甲板纵骨遇强横梁,应在强横梁的腹

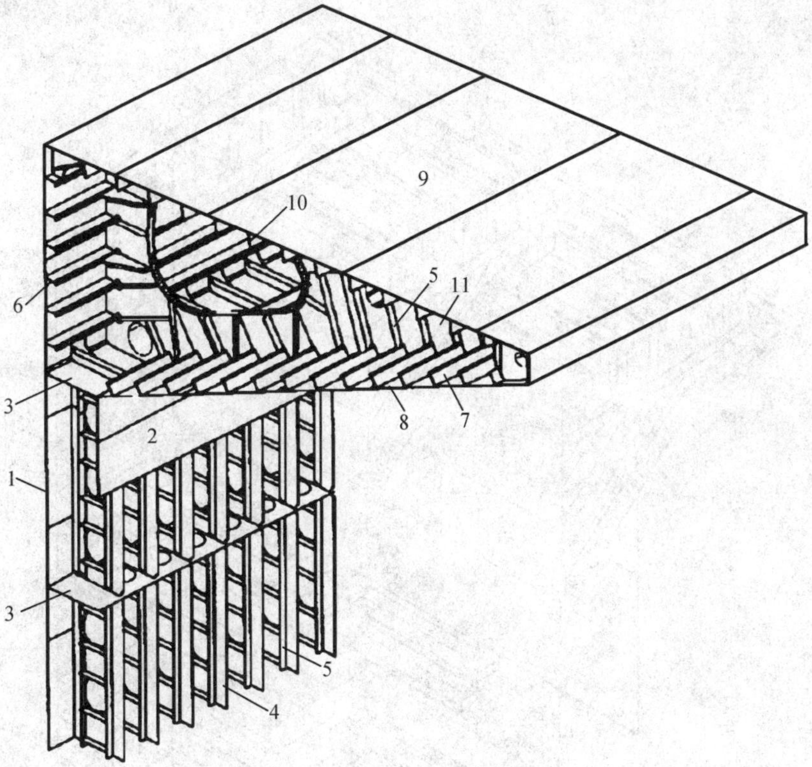

图 3-27　散货船双层舷侧结构

1—舷侧外板;2—内壳纵壁;3—平台;4—强肋骨(开孔横隔板);5—加强筋;
6—舷侧纵骨;7—斜底板纵骨;8—斜底板;9—甲板;10—甲板纵骨;11—横框架

板上开切口让纵骨穿过,遇横舱壁可以连续穿过或切断,用肘板与横舱壁连接。

(2)甲板纵桁

甲板纵桁的结构和布置与横骨架式甲板结构中的甲板纵桁基本相同,采用组合 T 型材。其作用主要是支承横梁,同时也承受总纵弯曲。

一般甲板纵桁在横舱壁处间断,前后加装肘板与舱壁扶强材连接,或纵桁腹板高度逐渐增大。甲板纵桁也可以连续并穿过横舱壁,然后用衬板封焊切口。甲板纵桁与横舱壁的连接形式如图 3-31 所示。

(3)强横梁

强横梁是在纵骨架式甲板结构中采用的主要横向构件,由尺寸较大的组合 T 型材或折边钢板制成。其作用是支持甲板纵骨,保证横向强度。在纵骨架式甲板上,一般每隔 3~5 挡肋距设置一强横梁。在机舱和艉尖舱区域内,强横梁应设置在舷侧强肋骨的肋位上,以便组成强框架结构。

甲板结构中除了以上构件外,还有舱口围板结构及甲板下支柱等结构。

五、舱壁结构

船体内有许多横向和纵向布置的垂直隔板,这些隔板叫作舱壁(bulk-head)。其中沿船长方向设置的舱壁是纵舱壁,沿船宽方向设置的舱壁是横舱壁。它们将船体内部空间分

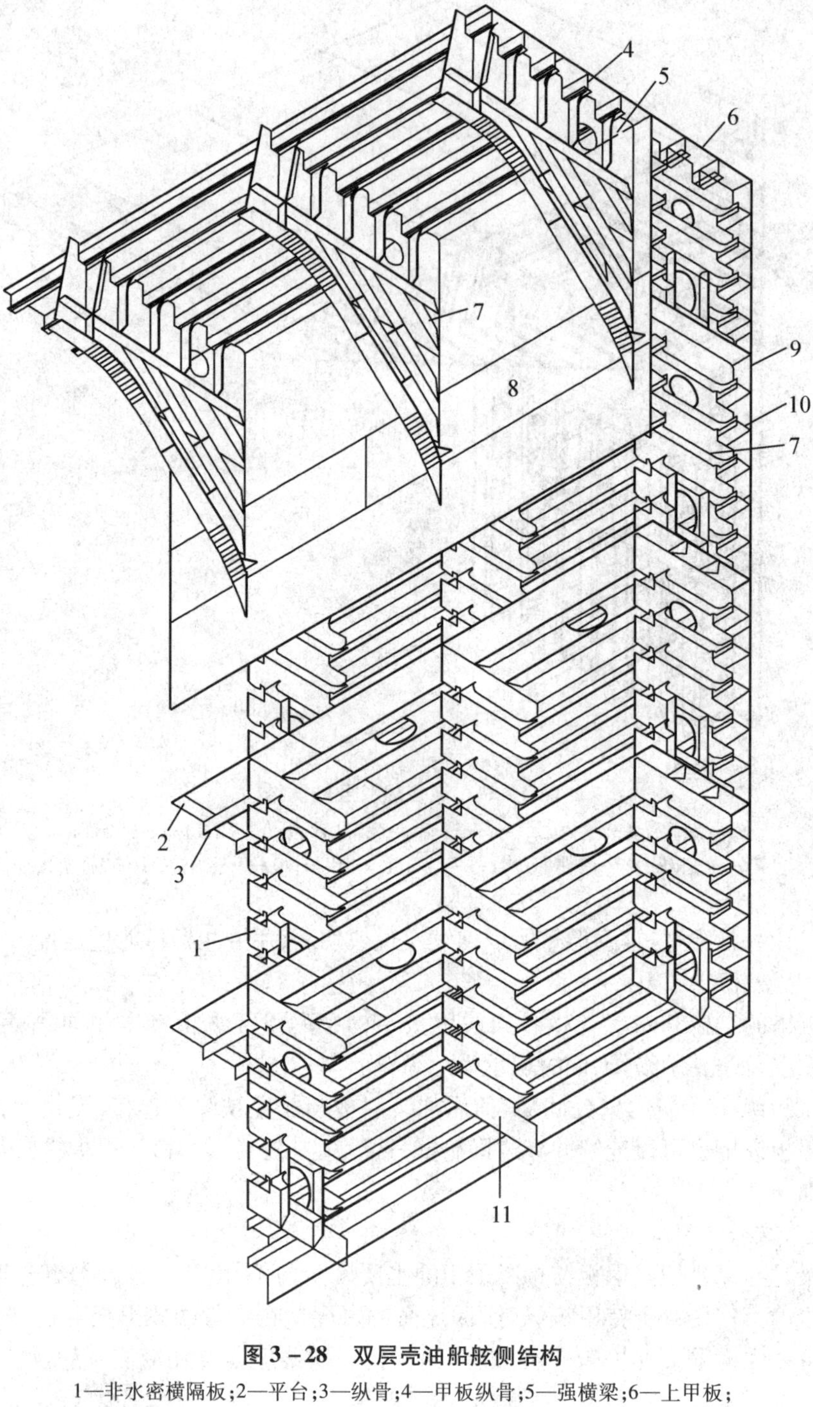

图3-28　双层壳油船舷侧结构

1—非水密横隔板;2—平台;3—纵骨;4—甲板纵骨;5—强横梁;6—上甲板;
7—加强筋;8—内壳板;9—舷侧外板;10—舷侧纵骨;11—水密横隔板

成许多不同用途的舱室,同时满足船舶抗沉性能的要求。横舱壁对船体横向强度和刚性起很大作用,纵舱壁对船体还可以起到纵向强度作用。

舱壁按其结构形式可分为平面舱壁和槽形舱壁。

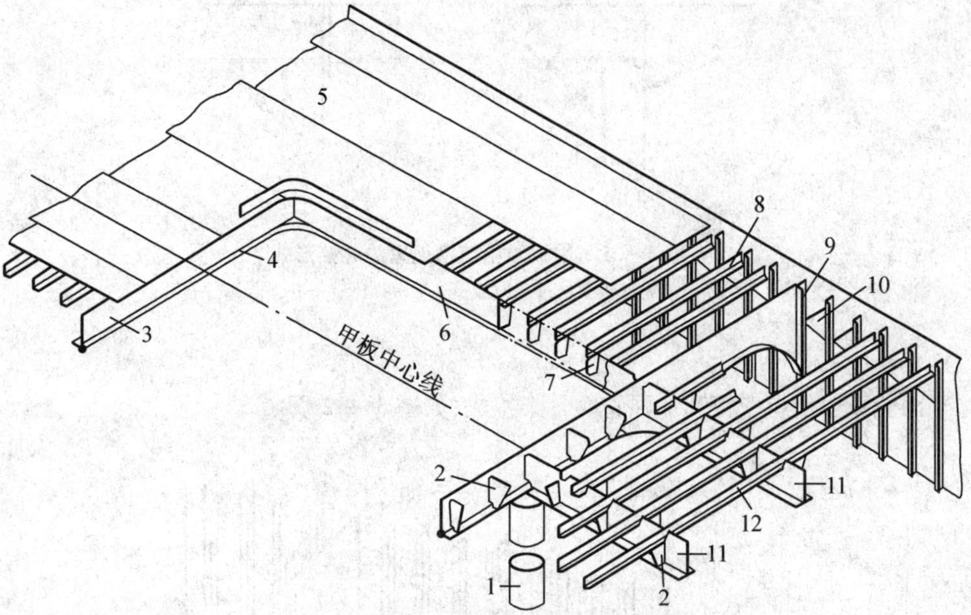

图 3－29　横骨架式甲板结构(下甲板)

1—支柱;2—防倾肘板;3—舱口端横梁;4—圆钢;5—甲板;6—舱口纵桁;
7—肘板;8—半梁;9—主肋骨;10—梁肘板;11—甲板纵桁;12—横梁

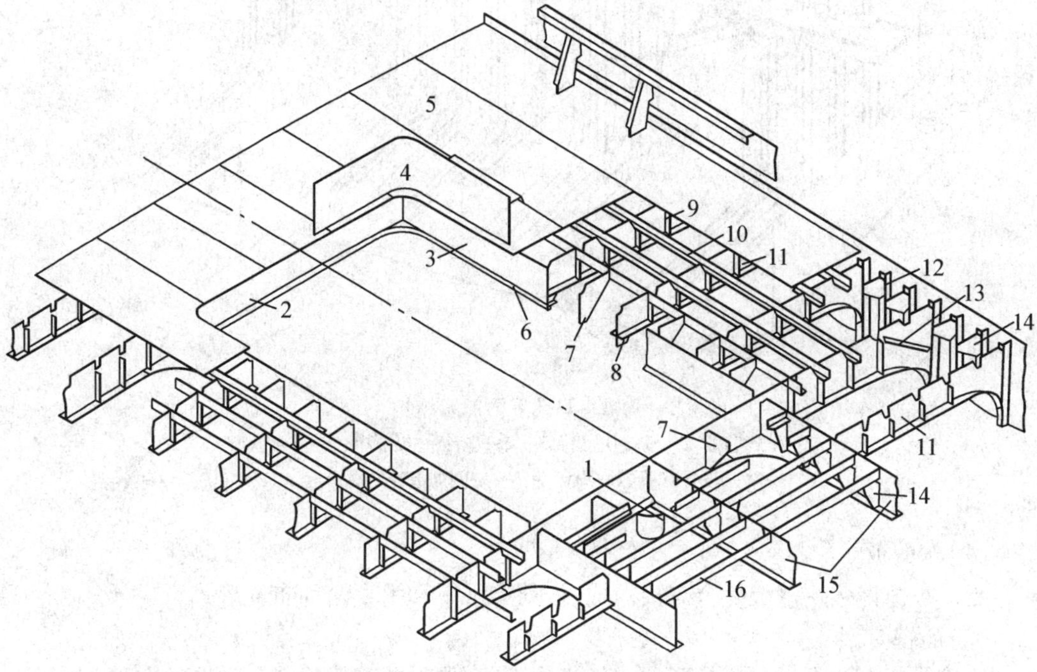

图 3－30　纵骨架式甲板结构(上甲板)

1—管形支柱;2—舱口端横梁;3—舱口纵桁;4—舱口围板;5—上甲板;6—圆钢;7—防倾肘板;8—小肘板;
9—加强筋;10—甲板纵骨;11—强横梁;12—主肋骨;13—斜置加强筋;14—肘板;15—甲板纵桁;16—横梁

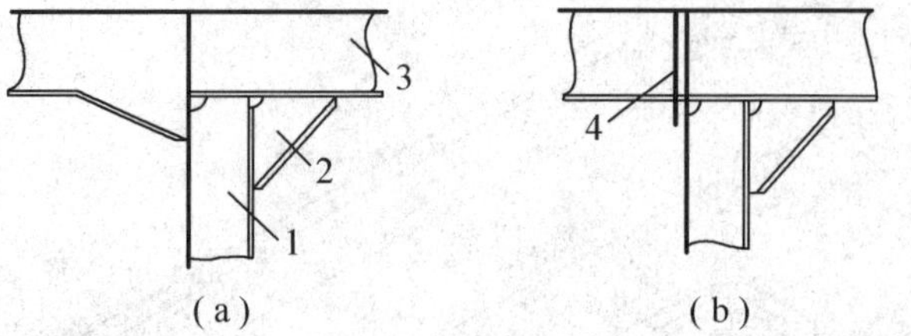

图3-31　甲板纵桁与横舱壁的连接形式

1—舱壁扶强材;2—肘板;3—甲板纵桁;4—补板

1. 平面舱壁

平面舱壁由平舱壁板和加强它的骨架组成,如图3-32所示。

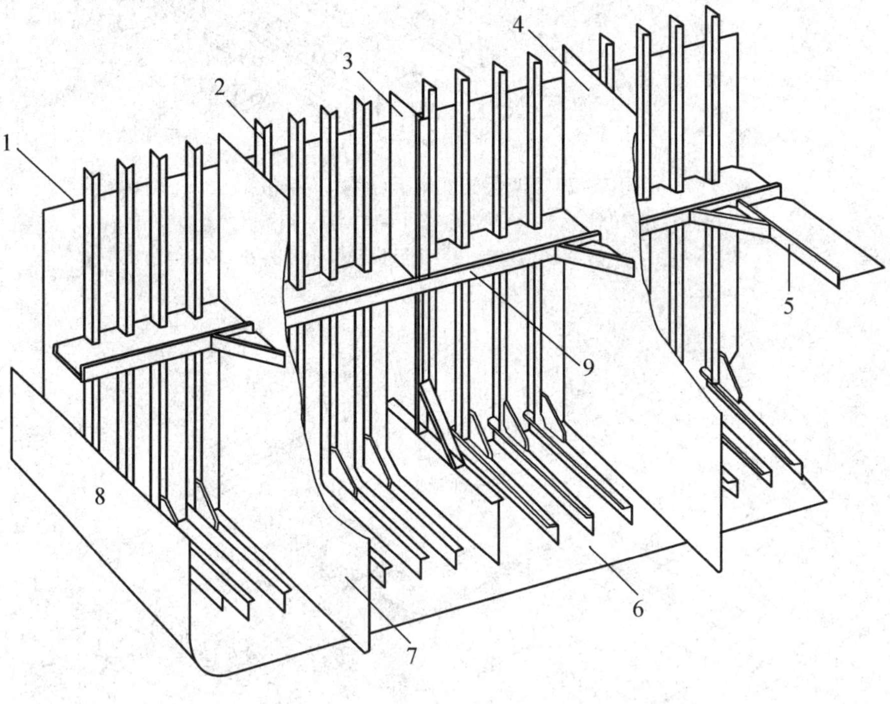

图3-32　平面舱壁结构

1—横舱壁板;2—垂直扶强材;3—垂直桁;4—纵舱壁;5—舷侧纵桁;
6—船底板;7—纵舱壁;8—舷侧列板;9—水平桁

(1)舱壁板

舱壁板由许多块钢板并合焊接而成,板列有水平和垂直两种布置形式。

(2)舱壁骨架

舱壁骨架由扶强材和桁材两种构件组成,起到增加舱壁板强度和刚性的作用。

扶强材一般采用不等边角钢或T型材,是平面舱壁的主要构件。舱壁骨架按其设置方向,可分为垂直扶强材和水平扶强材两种。桁材是较大的骨架,采用组合T型材或折边板。一般仅设在深舱或油船的纵横舱壁上。桁材按其设置方向,可分为水平桁和竖桁。

2. 槽形舱壁

槽形舱壁是将钢板压制成梯形、弧形等形状的舱壁,如图 3－33 所示。

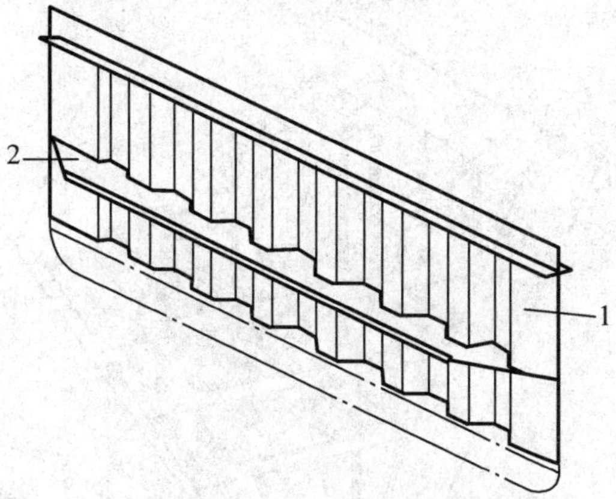

图 3－33 槽形舱壁结构

1—槽形舱壁板;2—水平桁材

槽形能增加刚度起到扶强材的作用。在保证同样强度的条件下,结构重量轻,节省钢材,并减少了装配和焊接的工作量,便于清舱,有利于防止锈蚀。但槽形舱壁占据较大舱容,不利于装载件杂货物。因而槽形舱壁用于油船、散货船等居多。

槽形体有竖直和水平布置两种。槽形舱壁的剖面形状有三角形、矩形、梯形和弧形。图 3－33 所示为较常用的梯形垂直布置的横舱壁。

六、艏艉端结构

艏艉位于船舶的最前端和最后端,线型变化复杂,且主要受局部外力作用,因此结构与船体中部有很大不同。根据船舶的种类、用途、航区及性能等要求不同,艏艉端的结构形式也不相同。按其结构形式,艏艉端结构可分为横骨架式和纵骨架式两种,其中纵骨架式多用于军船。根据其受力特点和施工方便性,艏艉部分的结构必须采取加强措施。

1. 艏端结构

艏端结构由外板、甲板、肋骨、艏尖舱壁、制荡舱壁、舷侧纵桁、强胸横梁(或用开孔平台代替舷侧纵桁和强胸横梁)、升高肋板、艏柱等构件组成。艏端的舱室为艏尖舱,用作压载水舱,在艏尖舱壁前通常设置有锚链舱。图 3－34 所示为横骨架式艏端结构。

艏柱是船首部最前端的构件,由于外板、甲板、平台和舷侧纵桁都结束于艏柱,且艏柱遭受各种碰撞机会较多,因此要求艏柱具有足够的刚性和强度。艏柱形式有钢板焊接艏柱、铸钢艏柱(形状复杂艏柱)和锻钢艏柱(简单艏柱),以及铸钢和钢板混合艏柱。图 3－35 所示为艏柱结构。

2. 艉端结构

艉部结构包括艉尖舱和艉部悬伸体。以巡洋舰艉端为例,主要由外板、甲板、艉尖舱壁、肋骨、斜肋骨、斜横梁、舷侧纵桁、强胸横梁、艉柱等构件组成。在艉尖舱壁后的上甲板下有舵机舱,舵机舱下的舱室是艉尖舱,一般作为艉压载水舱。舵机舱与艉尖舱之间的平台叫舵机平台。图 3－36 所示为巡洋舰型艉端结构。

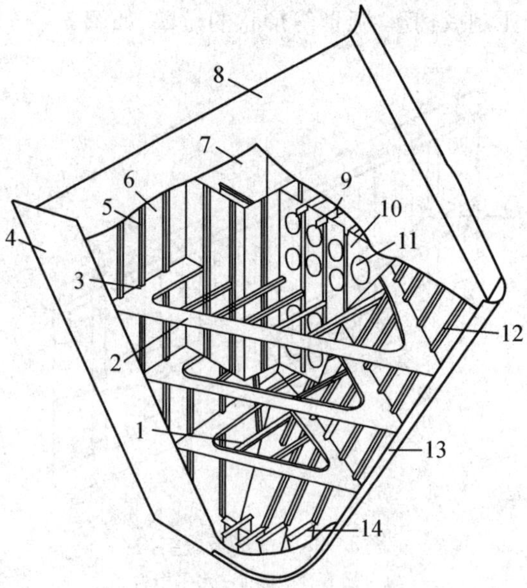

图3-34　横骨架式艏端结构

1—强胸横梁;2—舷侧纵桁;3—水平桁;4—外板;5—扶强材;6—艏尖舱壁;7—锚链舱;
8—甲板;9—横梁;10—制荡舱壁;11—减轻孔;12—肋骨;13—艏柱;14—升高肋板

(a)　　　　　　　　　　　　(b)

图3-35　艏柱结构

(a)钢板焊接艏柱;(b)铸钢、钢板混合艏柱

1—中内龙骨;2—实肋板;3—舷侧纵桁;4—加强筋;5—上甲板;6—艏楼甲板;
7—艏柱板;8—肘板;9—下甲板;10—钢板艏柱;11—铸钢艉柱

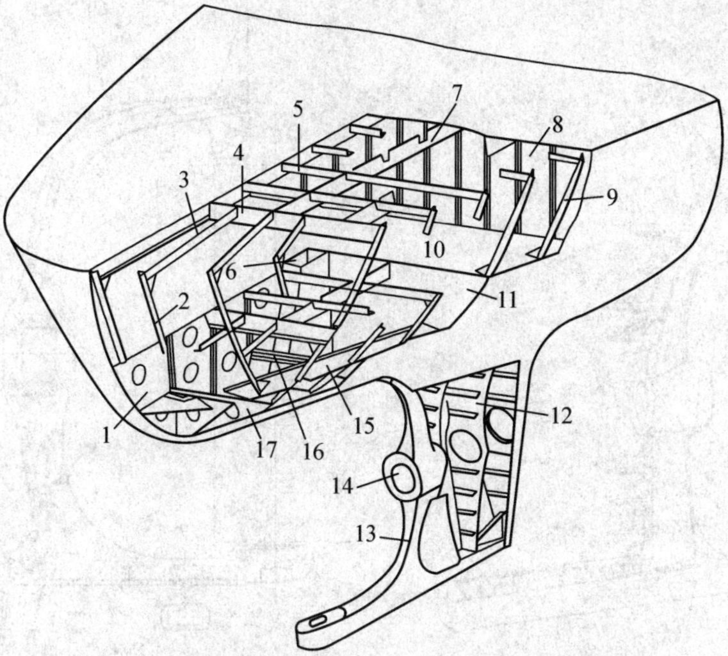

图 3-36 巡洋舰型艉端结构

1—制荡舱壁;2—斜肋骨;3—斜横梁;4—强横梁;5—横梁;6—舵杆管;7—甲板纵桁;8—横舱壁;9—肋骨;10—舵机舱平台;11—艉尖舱壁;12—艉升高肋板;13—艉柱;14—轴毂;15—舷侧纵桁;16—强胸横梁;17—肋板

艉柱是设置在艉端下部中纵剖面上的大型构件。其作用是连接两侧外板和平板龙骨,加强艉部结构,并支持和保护螺旋桨与舵。艉柱主要承受舵和螺旋桨的重量及螺旋桨工作时产生的振动和转舵时的力矩,因此要求有足够的强度和刚性。艉柱有铸钢(形状复杂艉柱)、锻钢(简单艉柱)和钢板焊接艉柱,以及锻造与钢板混合艉柱。图 3-37 分别为钢板焊接艉柱和铸钢艉柱。

七、上层建筑结构

上层建筑是指上甲板以上的各种围蔽建筑物,它有船楼和甲板室两种形式。

1. 船楼及甲板室

船楼是指两侧伸至船的两舷或距舷边的距离小于船宽的 4% 的上层建筑。根据所在的位置分为艏楼、桥楼和艉楼,如图 3-38(a)所示。

甲板室是指宽度较该处的船宽为小,其侧壁位于舷内甲板上的围壁建筑物。甲板室根据所在的位置分为中甲板室和艉甲板室,如图 3-38(b)所示,艏甲板室极少采用。

目前较常见的是具有艏楼、艉楼的上层建筑形式,艉楼上有多层甲板室结构,参见图 2-14。艏楼只有一层空间,其上的甲板称为艏楼甲板。艉楼部分是船员生活及日常活动的场所,它由若干层甲板分隔而成。按自下向上的顺序通常有如下几层:艉楼甲板,其中居住舱所在的甲板也称为起居甲板(accommodation deck);救生艇所在的甲板称为艇甲板(boat deck);驾驶台所在的甲板称为驾驶甲板(navigation deck);标准罗经所在的甲板称为罗经甲板(compass deck),如果是平台,则称为罗经平台(compass platform),它是船楼中最高的一

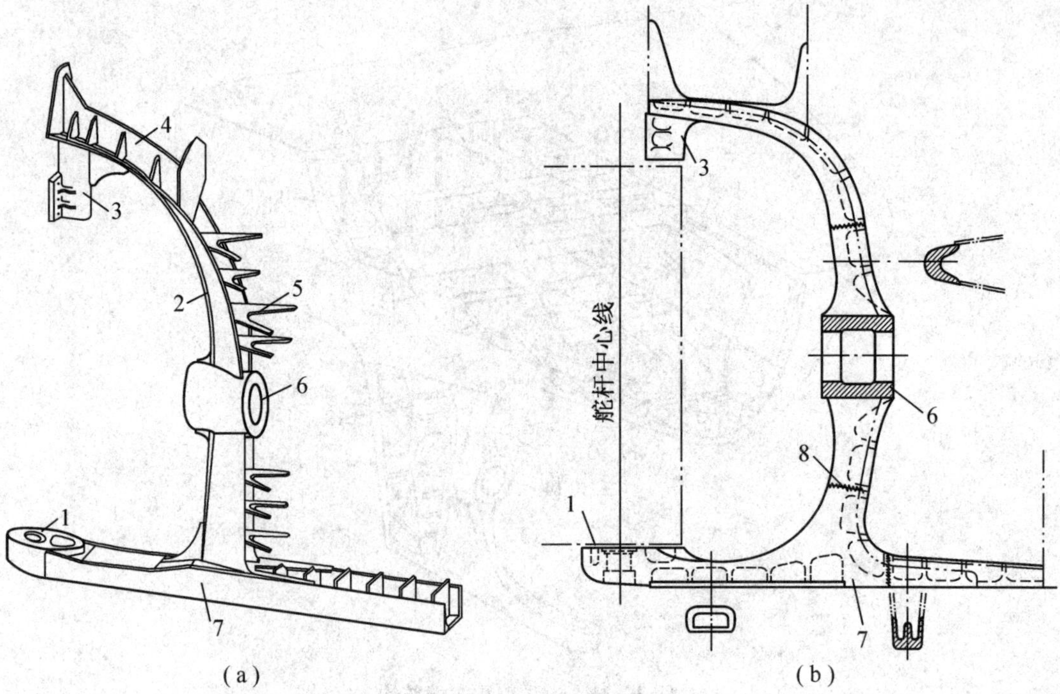

图3-37　艉柱结构

(a)钢板焊接艉柱;(b)铸钢艉柱

1—下支承;2—圆钢;3—舵轴架;4—加强筋;5—肘板;6—轴毂;7—底骨;8—接缝

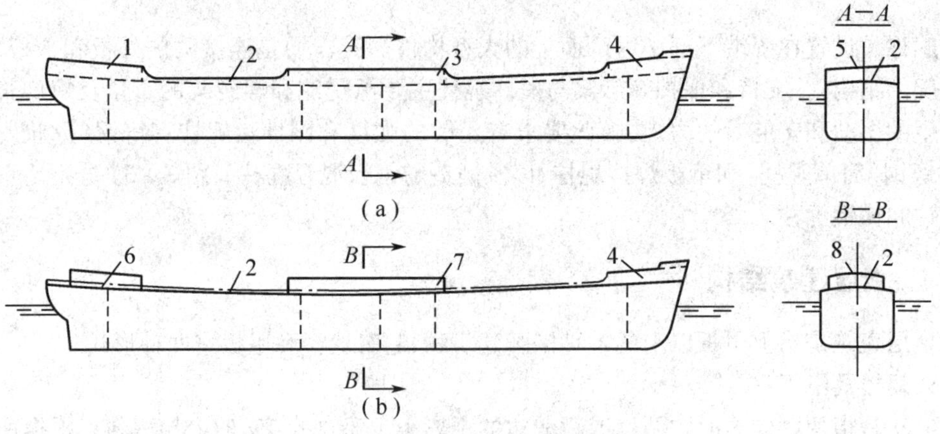

图3-38　船楼和甲板室

(a)船楼;(b)甲板室

1—艉楼;2—上甲板;3—桥楼;4—艏楼;5—桥楼甲板;6—艉甲板室;7—中甲板室;8—甲板室甲板

层。货舱之间设置的甲板室有桅室(或桅屋),它的上面通常布置起货机,称为起货机平台。

2. 船楼及甲板室端部结构特点

船楼端部与主船体连接处应设置弧形延伸板,其长度不小于船楼高度的1.5倍,厚度应增加25%;同时,在伸出弧形延伸板两端各两个肋距的范围内,舷顶列板和甲板边板的厚度也需相应地增加20%。

甲板室侧壁与端壁的连接应做成圆角,其圆弧半径应尽量取大些,以缓和端部应力集中的程度。

为了减小长甲板室的总纵弯曲应力,可将长甲板室分成若干段,各段之间采用伸缩接头连接。常用的伸缩接头有滑动伸缩接头和弹性伸缩接头两种形式。

第三节　船体典型横剖面结构

一、杂货船结构

大型杂货船通常采用混合骨架式船体结构。在货舱区设有两层以上的甲板,底部为双层底结构。通常上甲板和双层底是纵骨架式结构,下甲板和舷侧是横骨架式结构。上甲板和下甲板上开有较大的货舱口,舱口角隅或舱口两端中心线处设有支柱,有的设置半纵舱壁或舱口悬臂梁。图 3-39 所示为杂货船货舱区横剖面结构。

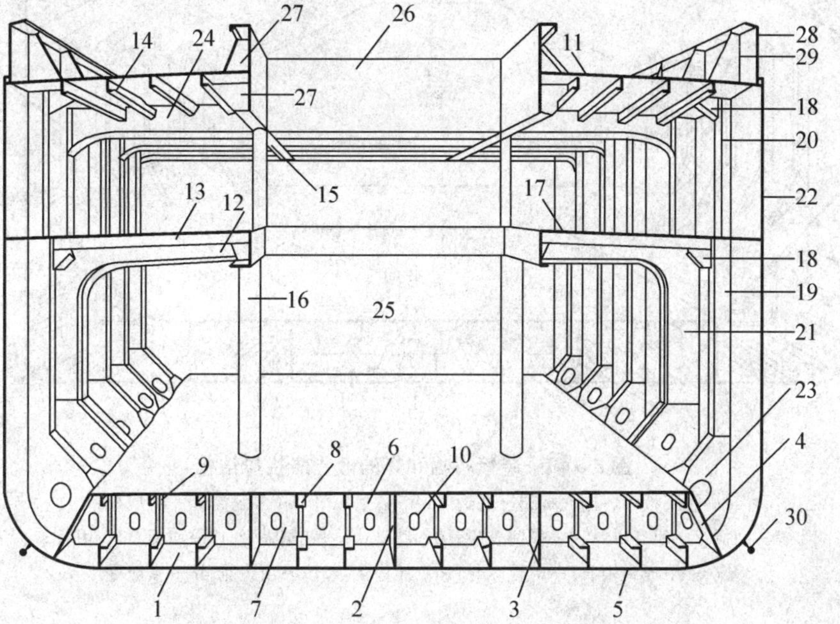

图 3-39　杂货船货舱区横剖面结构图

1—船底板;2—中底桁;3—旁底桁;4—内底边板;5—船底纵骨;6—内底板;7—肋板;8—内底纵骨;9—加强筋;10—减轻孔;11—上甲板;12—强横梁;13—横梁;14—甲板纵骨;15—甲板纵桁;16—支柱;17—下甲板;18—梁肘板;19—舱内肋骨;20—甲板间肋骨;21—强肋骨;22—舷侧外板;23—舭肘板;24—舱口端横梁;25—横舱壁;26—舱口围板;27—肘板;28—舷墙;29—扶强肘板;30—舭龙骨

二、散货船结构

散货船也是混合骨架式船体结构。只有一层全通甲板,底部为双层底,甲板下面靠两舷有两个顶边舱,双层底舭部处有向上倾斜的底边舱。甲板和舷顶部、双层底和舷侧下部是纵骨架式结构,舷侧中部为横骨架式结构。

散货船的舷顶部做成三角形的顶边舱(topside tank)。顶边舱的作用是可防止散货偏向一舷而影响船舶稳性。顶边舱内装压载水可提高船舶的重心,减小摇摆,改善航行性能,同时还能增加结构的强度。顶边舱由甲板、舱口纵桁、斜底板、一部分舷侧外板及纵横骨架组成。

底边舱的内底板向上倾斜,散货能自然地向中央倾注,便于卸货和清理,且有利于改善航行性能。底边舱由斜顶板、旁底桁及舭部外板围成。底边舱的旁底桁通常做成水密的,底边舱在货舱水密横舱壁肋位处设置有水密隔壁或制荡舱壁。底边舱内在肋板位置处设置环形框架或开有减轻孔的板,纵骨连续穿过框架并与腹板焊接。每隔一根纵骨用小肘板与框架腹板焊接,小肘板伸至框架面板。

图3-40所示为装运谷物和煤的散货船货舱结构。

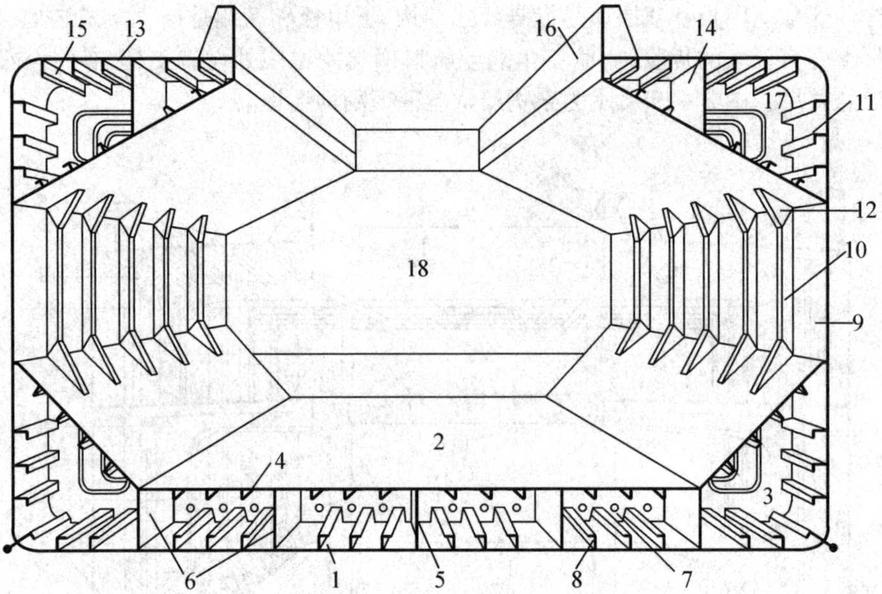

图3-40 装运谷物和煤的散货船货舱结构

1—船底板;2—内底板;3—底边舱;4—内底纵骨;5—中底桁;6—旁底桁;
7—肋板;8—船底纵骨;9—舷侧外板;10—肋骨;11—舷侧纵骨;12—肘板;13—甲板;
14—甲板纵桁;15—甲板纵骨;16—舱口围板;17—顶边舱;18—横舱壁

目前散货船也有采用双层舷侧结构形式的,如图3-27所示。双层舷侧的散货船在上、下端,分别与顶边舱和底边舱的斜顶板、斜底板端部相连,其连接处均设置有舷侧纵桁(平台),在双层舷侧中间也有一道舷侧纵桁,横向每挡肋位设置有强肋骨(开孔横隔板)。

矿砂船也属散货船类型,其结构特点是装矿砂的货舱容积不大,双层底较高,货舱区有两道纵舱壁,开口边线外强力甲板和双层底为纵骨架式。专线航行的矿砂船可利用舷边的空舱装载石油,设计成矿砂-石油两用船。矿砂船横剖面结构如图3-41所示。

三、集装箱船结构

集装箱船结构与一般的货船不同,它的货舱口宽度几乎与货舱宽度一样大,对船体的抗弯、抗扭和横向强度都很不利,在结构上应采取补偿措施。其船体基本结构形式为双层底和双层舷侧结构,舷侧形成舷边舱(wing tank),舷边舱内一般应装设两层平台甲板,可增加横向强度和刚性，风暴天气上层平台甲板还可作为人员的通道，在双层舷侧的顶部设置有效的抗扭箱结构；也可用双层底和具有抗扭箱或其他等效结构的单层壳结构代替。在船的顶部和底部的强力部分均应采用纵骨架式，在其他处所纵骨架式和横骨架式均可采用，两个货舱口之间的舱口端横梁和甲板横梁应予以加强。图3－42为纵骨架式双壳集装箱船货舱的横剖面结构，桁板肋骨上开有人孔或减轻孔，舷边舱内设有平台甲板。

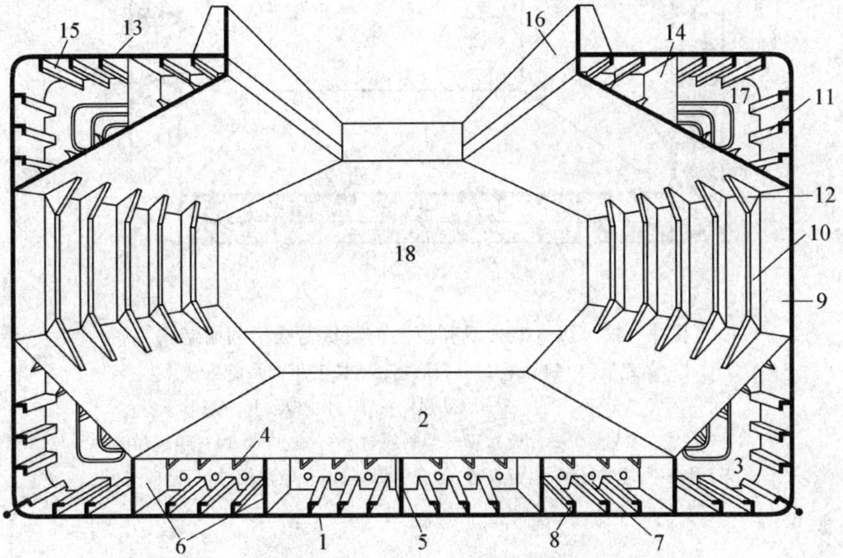

图3－41 矿砂船横剖面结构

1—船底板；2—船底纵骨；3—肋板；4—中底桁；5—旁底桁；6—舷侧外板；7—舷侧纵骨；8—强肋骨；9—撑杆；10—甲板；11—甲板纵骨；12—强横梁；13—舱口围板；14—横舱壁；15—纵舱壁；16—内底板；17—舭龙骨

四、油船结构

油船有单壳结构和双壳结构两种，但从2007年开始，《国际防止船舶造成污染公约》强制要求油船建造为双壳结构。油船结构布置最大的特点是在货油舱内设有纵舱壁，沿海小型油船，中线处设一道纵舱壁，分左右两个货油舱。大型的油船设两三道纵舱壁，分成三四个货油舱。

双壳油船货油舱由双层底、双壳舷侧、甲板和隔离空舱围成，双层底内和双壳舷侧内不允许装货油。双壳油船的几种典型中剖面如图3－43所示。

双壳油船货油舱的甲板骨架、双层底骨架应为纵骨架式，船长大于190 m时，舷侧、内壳和纵舱壁一般也应为纵骨架式。货油舱区域以外的船体结构可为横骨架式或纵骨架式。图3－44所示为双壳油船横剖面结构。槽形中纵舱壁将货油舱分为左右两个舱室，底部为纵骨架式双层底，并设有底边舱，舷侧为纵骨架式双壳结构，甲板则为纵骨架式单层结构。

五、客货船结构

客货船的特点是甲板层数多，房舱多，围壁多，甲板两旁及房舱间设有走廊。旅客和船员舱室大部分设在水线以上的甲板上。图3－45所示为单一横骨架式沿海小型客货船横剖面结构。

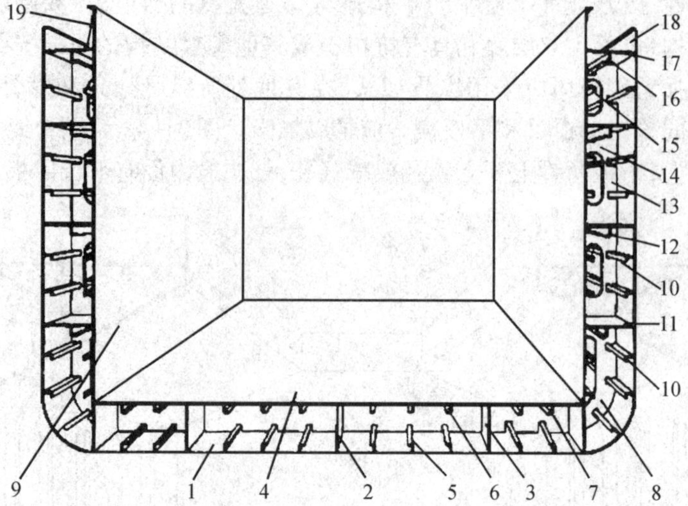

图3-42 纵骨架式双壳集装箱船货舱的横剖面结构

1—船底板;2—中底桁;3—旁底桁;4—内底板;5—船底纵骨;
6—内底纵骨;7—肋板;8—舭部强肘板;9—内舷板;10—舷侧纵骨;
11—双舷水平隔板(平台板);12—隔板纵骨;13—强肋骨;14—隔板强梁;
15—水平扶强材;16—甲板纵骨;17—甲板板;18—舷墙板;19—舱口围板

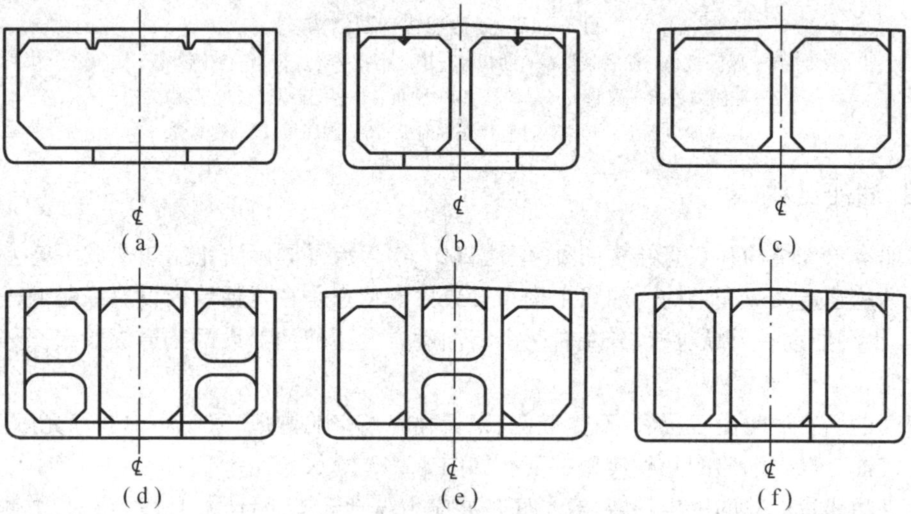

图3-43 双壳油船典型中剖面

六、内河船结构

内河船受航道和吃水的限制,船长较短,船型宽而扁平,吃水浅,因此大多数中小型的内河船舶都采用单一横骨架式结构。图3-46所示为内河小型货船的横剖面结构。其甲板、底部和舷侧均采用横骨架式单层结构,底部略向两舷升高。

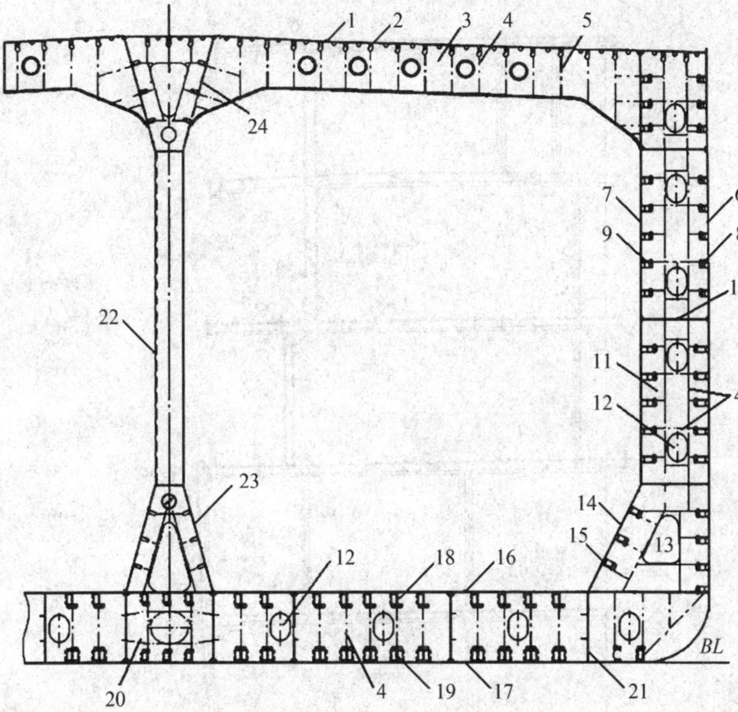

图 3－44　双壳油船横剖面结构

1—甲板板;2—甲板纵骨;3—强横梁;4—加强筋;5—加强肘板;6—舷侧外板;7—内壳板;8—舷侧纵骨;9—内壳板纵骨;10—开孔平台;11—横隔板;12—人孔;13—底边舱;14—斜顶板;15—斜顶板纵骨;16—内底板;17—船底板;18—内底纵骨;19—船底纵骨;20—箱形中底桁;21—旁底桁;22—槽形纵舱壁;23—底凳;24—顶凳

七、滚装船结构

滚装船是装载车辆和以车辆为装卸手段的集装箱和货盘化货物。滚装船结构布置特点是艏艉设有尖舱,机舱位于艉部靠近两舷处,高度很低,近似于封闭式。船体中部是一个大货舱,货物靠车辆从艉部的登岸跳板,通过艉门(stern door)进行装卸。有的船首部也设跳板,并设有艏门(bow door),艏门可采用罩壳式(visor type)或边铰链式(side hinged type)。此外也有设置舷门进行装卸的。为了使车辆进入各层甲板,还设置有斜坡道或采用升降机,上下通道开口设置水密或非水密的盖板。有些专门装运车辆的滚装船,在货舱的局部区域设有活动平台,平时翻起贴在舷侧或升起置于上一层甲板下面,需要装运车辆时才放下。滚装船的上层建筑可设于艉部,也可设于船中或艏部,由布置需要而定。机舱棚设在船尾两舷相应的机舱上方,高度较低。图 3－47 所示为滚装船布置图。

滚装船的结构特点是货舱区内均为水平分隔,设有多层甲板,甲板上无货舱口,只有车辆甲板通向上甲板的斜坡道出口。甲板间舱多数不设或尽量少设横隔壁。但为了保证船体的横向强度,应设置局部舱壁或强肋骨和强横梁。下甲板下方可设置左右边舱。强力甲板和船底一般采用纵骨架式结构,底部为双层底结构。

有的滚装船上设有升降平台,以调整装货高度。升降平台一般都设计成上有平台板

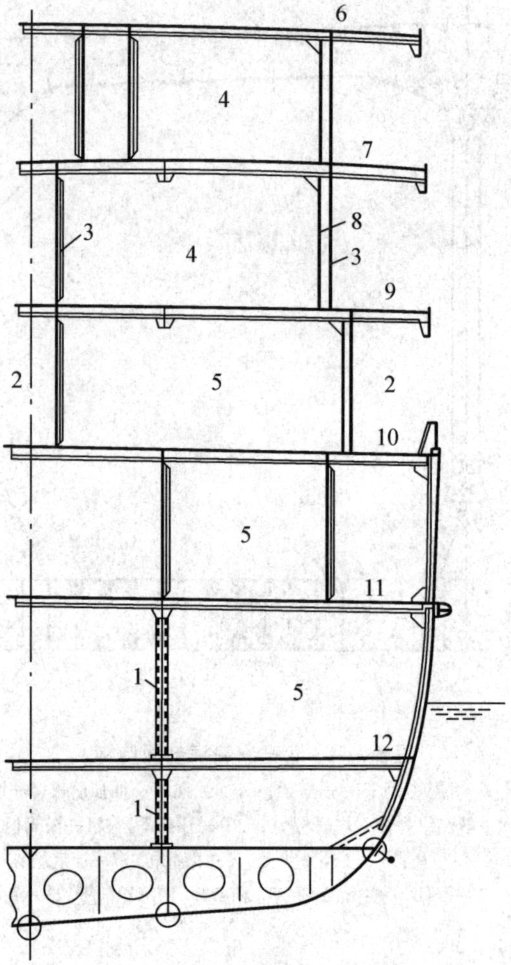

图3-45　单一横骨架式沿海小型客货船横剖面结构

1—支柱;2—走廊;3—围壁;4—船员舱;5—客舱;6—罗经平台;
7—驾驶甲板;8—扶强材;9—艇甲板;10—上甲板;11—下甲板;12—平台甲板

(厚度与车辆甲板相同)、下有强横梁、桁材和扶强材等骨架(应有足够的强度)的箱形结构。

图3-48所示为滚装船横剖面结构。其底部为纵骨架式双层底,并设有箱形中底桁;主船体内有两层甲板,均为纵骨架式结构,横向装有尺度较大的强横梁;下层甲板下方设有舷边舱,内有开孔的横隔板;上、下层甲板之间舷侧为纵骨架式双层壳结构,横向也设有开孔的隔板。

八、液化气船结构

液化气船分液化石油气船(LPG)和液化天然气船(LNG)。液化气船的总布置与油船十分相似,机舱和船员舱都设在艉部,机舱前至艏部为货舱区。图3-49所示为液化气船简图。

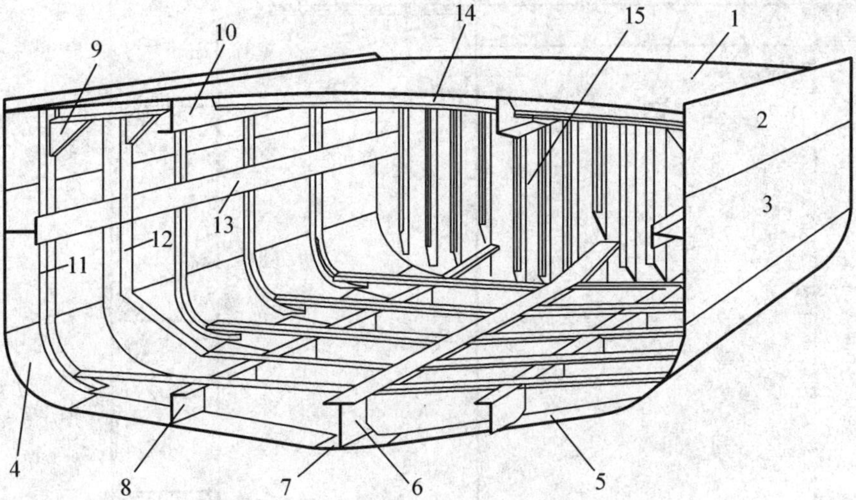

图 3-46　内河小型货船横剖面结构

1—甲板板;2—舷顶列板;3—舷侧板;4—舭列板;5—船底板;
6—中内龙骨;7—平板龙骨;8—旁内龙骨;9—梁肘板;10—甲板纵桁;
11—肋骨;12—强肋骨;13—舷侧纵桁;14—横梁;15—横舱壁板

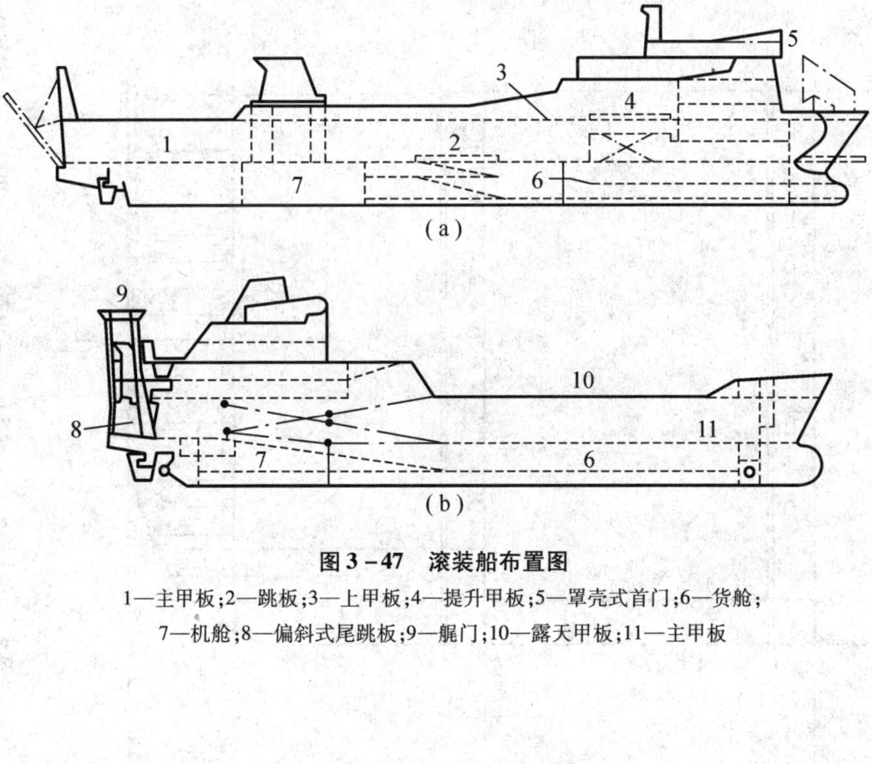

图 3-47　滚装船布置图

1—主甲板;2—跳板;3—上甲板;4—提升甲板;5—罩壳式首门;6—货舱;
7—机舱;8—偏斜式尾跳板;9—艉门;10—露天甲板;11—主甲板

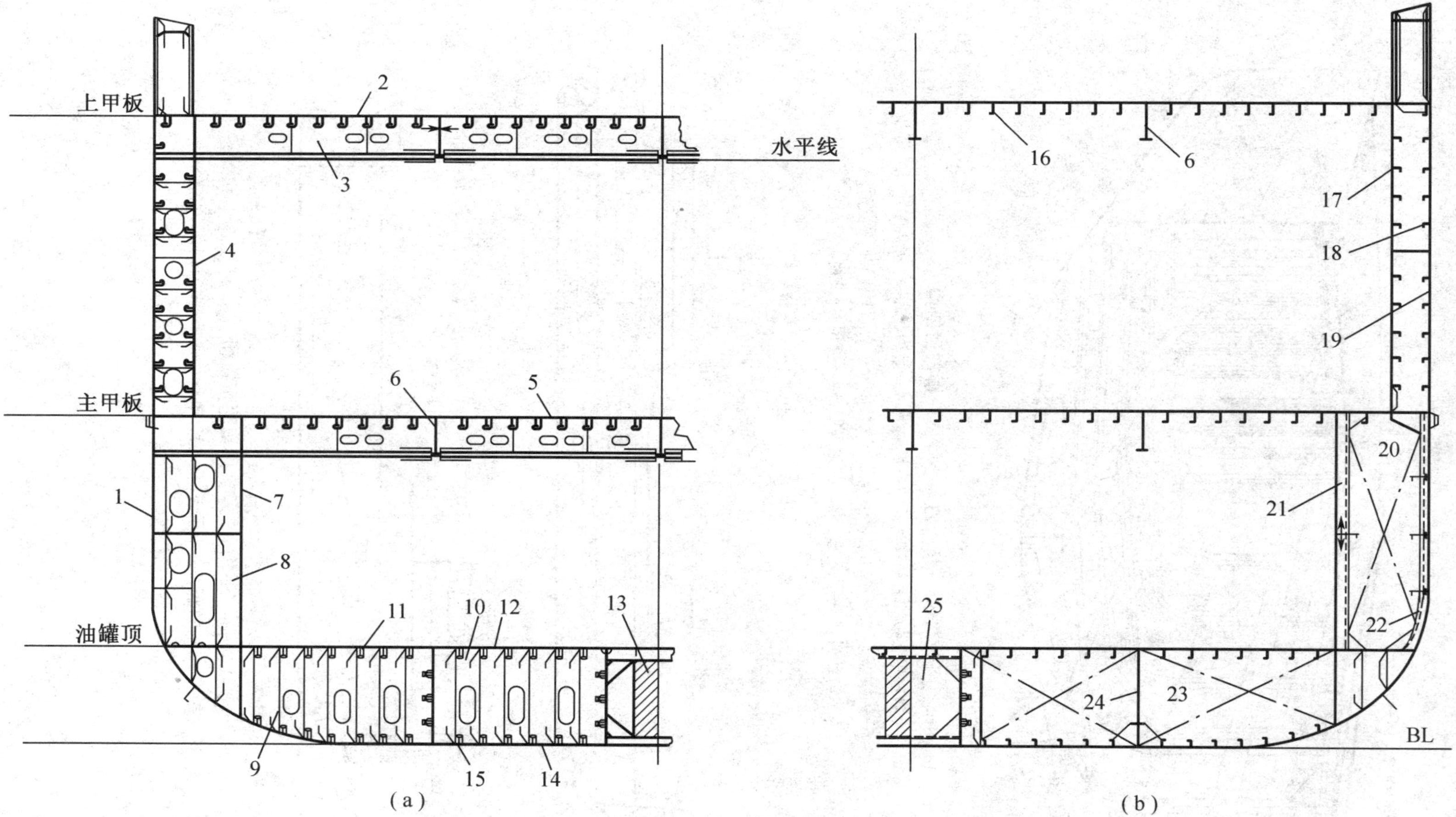

图3-48 滚装船横剖面结构

1—舷侧外板；2—上甲板；3—强横梁；4—内壳板；5—主甲板；6—甲板纵桁；7—舷侧纵舱壁；8—开孔横隔板；9—加强筋；10—实肋板；11—内底纵骨；12—内底板；13—通道；14—船底板；15—船底纵骨；16—甲板纵骨；17—内壳板纵骨；18—舷侧纵骨；19—舷侧外板；20—舷边舱；21—扶强板；22—肋骨；23—双层底液舱；24—旁底桁；25—箱形中底桁

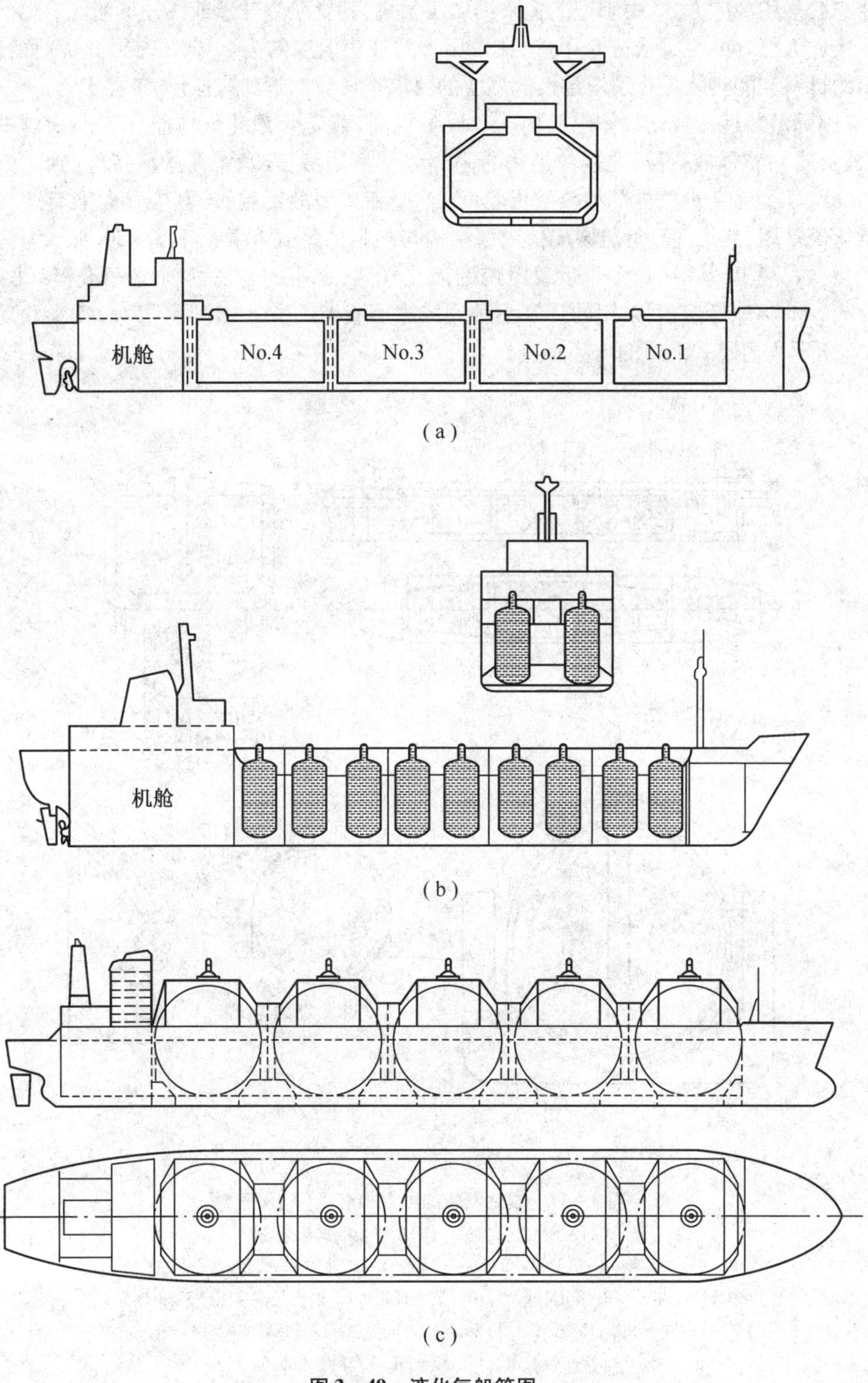

图 3－49　液化气船简图

(a)73 200 m^3 全冷藏式 LPG 船；(b)4 000 m^3 全压式 LPG 船；(c)液化天然气船

液化石油气的主要成分是丙烷,可以在常温下加压液化,也可在常压下冷冻液化。大型船一般采用冷冻方式,中小型船多采用加压方式,其货舱为球形或圆柱形耐压容器。

液化天然气的主要成分是甲烷,在常压下的液化温度约为 -160 ℃,因此货舱的结构、采用的材料和隔热装置必须满足极低温度的要求。货舱的形状有球形、棱柱形等。

《国际散装运输液化气体船舶构造和设备规则》规定了液化气体船有五种货物围护系统(液货舱):整体液货舱(是船体结构的一部分)、薄膜液货舱、半薄膜液货舱、独立液货舱(分A、B、C型独立舱)、内部绝热液货舱(分1型和2型液货舱)。其中独立液货舱和薄膜液货舱最常用,液化气船货舱区船体内部结构与液柜的形式有关。图3-50所示为液化气船的独立式液柜,其中(a)图为运载甲烷的液化气船,采用的是A型独立式液柜;(b)图为Kvaerner-Moss球形液柜,采用的是B型独立式球形液柜。图3-51所示为C型独立舱。图3-52所示为内膜式液柜的内膜构造。

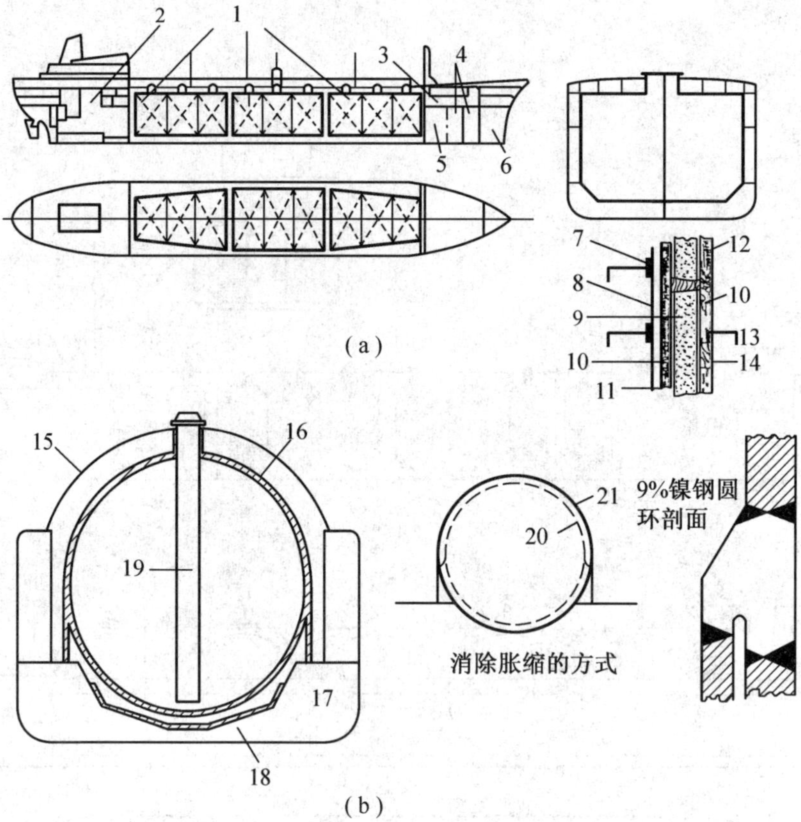

图3-50 液化气船的独立式液柜(A、B型)

(a)A型独立式液柜;(b)B型独立式球形液柜

1—液货舱;2—机舱;3—氮舱;4—水舱;5—燃油舱;6—尖舱;7—格栅;8—铝质液柜;9—PVC泡沫塑料;10—玻璃纤维;11—惰性气体空间;12—钢内壳;13—角钢;14—木条;15—露天保护罩;16—外隔热层;17—压载水舱;18—滴漏液盆;19—管系出入口;20—冷状态;21—热状态

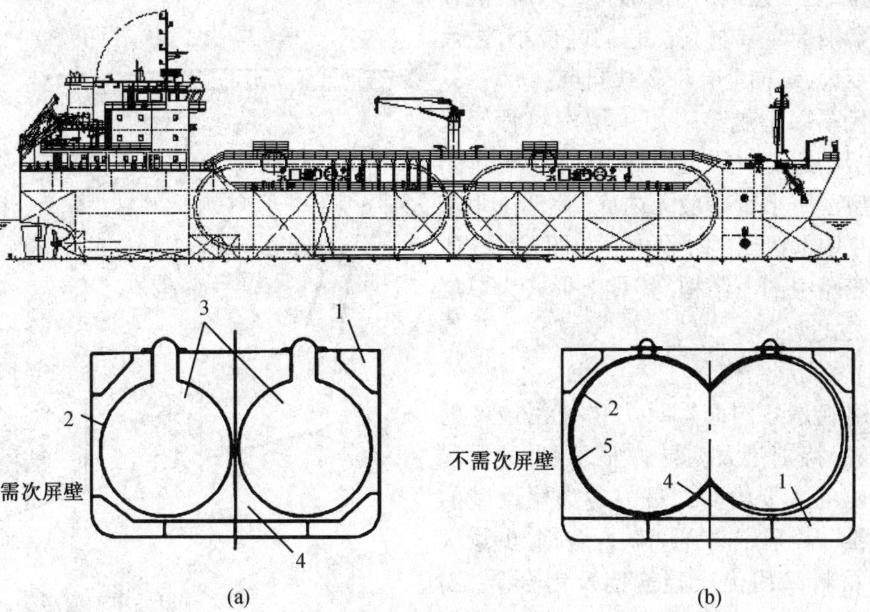

图 3－51　C 型独立舱

(a)常温压力式液化气船的 C 型独立舱;(b)半冷冻加压式液化气船的 C 型独立舱

1—压载水;2—压力罐;3—横置罐;4—船舱;5—绝热物

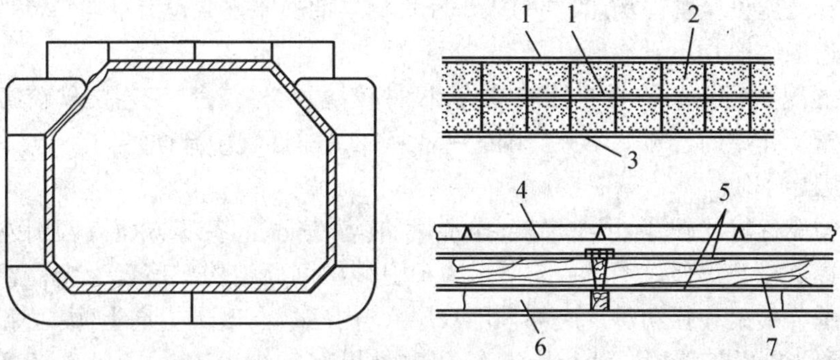

图 3－52　内模式液柜的内膜构造

1—“Invar”隔层板;2—夹板内珍珠岩填料;3—内壳;

4—槽形不锈钢板;5—夹板;6—玻璃纤维;7—软木

九、军船几种典型船体横剖面结构

1. 水面战斗舰艇结构特点

水面战斗舰艇的种类较多,由于其担负的战斗使命各不相同,其结构形式也各有特点。军用小艇可采用纵骨架式或横骨架式结构,大型军舰均采用纵骨架式结构。

(1)军用小艇结构

炮艇、鱼雷艇、护卫艇、猎潜艇都是军用小艇。一般采用优质船用碳素钢为船体结构的主要材料,上层建筑结构以铝合金和性能较低的碳素钢为主要材料。它们吨位小,主尺度相差不大,结构上有许多共同点。

现代军用小艇多采用单层底纵骨架式结构,主尺度较小的也可采用横骨架式结构。小型军用小艇一般无内底,大型军用小艇也仅在中部机舱区域设内底。图3-53所示为快艇船中剖面结构,其骨架形式为单层底纵骨架式。

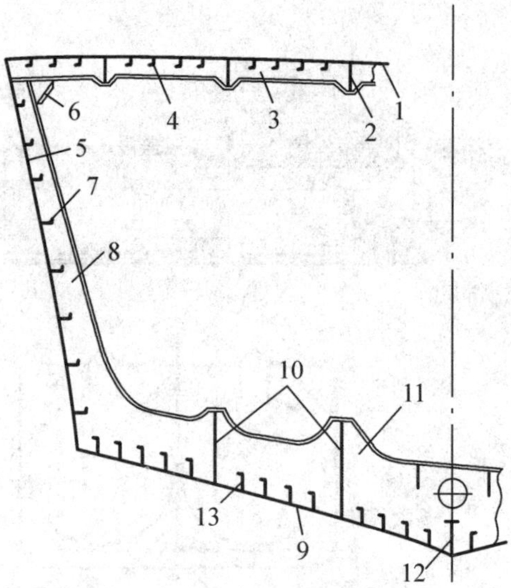

图3-53 快艇船中剖面结构

1—甲板;2—甲板纵桁;3—强横梁;4—甲板纵骨;5—舷侧外板;6—梁肘板;7—舷侧纵骨;8—强肋骨;9—船底板;10—基座纵桁;11—肋板;12—中内龙骨;13—船底纵骨

(2)驱逐舰结构

驱逐舰是各国海军兵力中使用最广的一种军舰,特别是大型导弹驱逐舰,是远洋作战舰艇的主要力量。目前各类驱逐舰的结构材料一般采用高强度低合金钢,少量次要结构材料采用优质碳素钢及铝合金,或钢-铝混合结构。

由于驱逐舰对船体的总纵强度要求较高,主体部分一般采用纵骨架式,局部区域根据具体情况可采用纵骨架式或横骨架式,骨架间距一般为500~1 100 mm。驱逐舰的双层底由艏弹药舱设至艉弹药舱,约为2/3舰长。早期的驱逐舰设有舷舱(side tank),新设计建造的驱逐舰一般均不设舷舱。

现代驱逐舰主船体结构材料性能较优,板材较薄,骨材较密,工艺要求较高,其结构组成与前面各章所介绍内容相差不大。图3-54所示为驱逐舰中剖面结构。

(3)护卫舰结构

护卫舰与驱逐舰比较,除了主尺度、排水量、航海性能、武备等方面有区别外,在船体结构方面与驱逐舰极其类似。图3-55所示为护卫舰中剖面结构。该舰为纵骨架式结构,并有尺寸较大的强横梁和强肋骨。底部采用双层底,内底板向舭部方向上倾。底部除了纵骨外,还有数量较多的旁底桁。肋板上减轻孔内缘焊有环绕扁钢,人孔上下有两根加强筋加强。

2. 潜艇结构特点

潜艇由于任务、战术要求及主要受力与水面舰艇不同,因此其结构与水面舰艇结构有很大差别。潜艇潜入深海时艇体受到很大的深水压力,所以潜艇有一层以高强度的厚钢板做成的耐压壳体。

潜艇(submarine)结构形式有单舰体(只有一个耐压舰体)、个半舰体(耐压体外包覆部分非耐压舰体)与双舰体(耐压体外有一层非耐压舰体)。图3-56所示为潜艇基本结构形式。

潜艇结构包括耐压结构(pressure structure)和非耐压结构(non pressure structure)。耐压结构承受深水静压力,它包括耐压壳体、耐压指挥台(pressure conning tower)、耐压水舱(pressure tank)、耐压舱壁(pressure bulkhead)等。由于球体和圆柱壳体耐压性能最好,所以

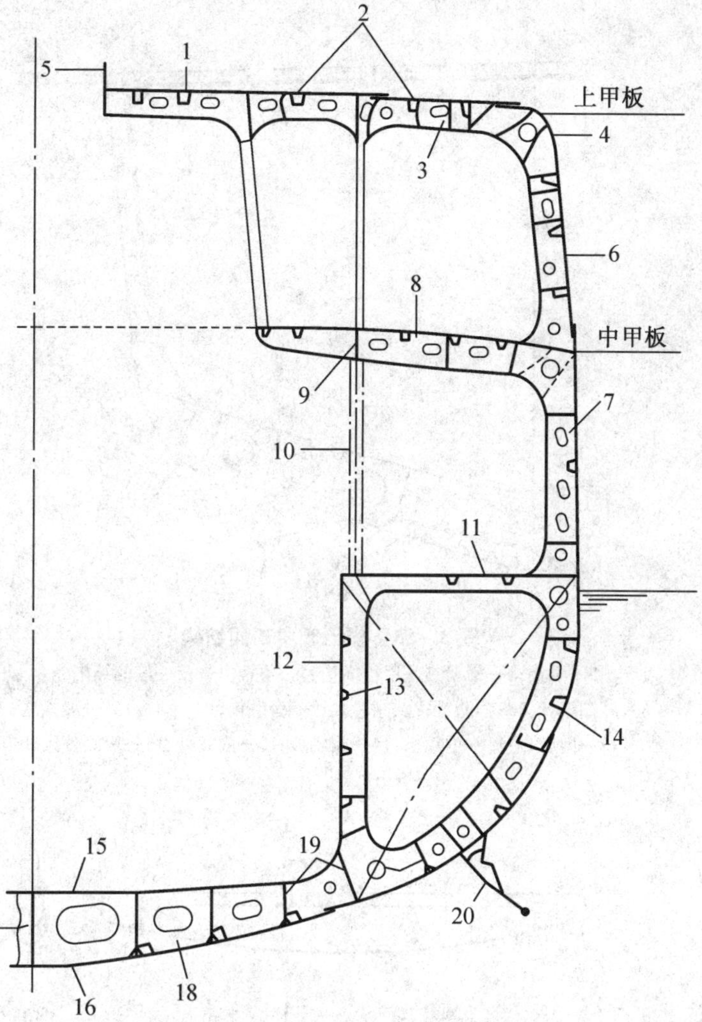

图 3－54　驱逐舰中剖面结构

1—甲板;2—甲板纵骨;3—强横梁;4—舷顶列板;5—舱口纵桁;6—舷侧外板;7—强肋骨;8—中甲板;9—甲板纵桁;10—支柱;11—平台;12—液舱纵壁;13—纵骨;14—舷侧纵骨;15—内底板;16—外底板;17—中底桁;18—肋板;19—旁底桁;20—舭龙骨

潜艇的耐压壳体在中间部分是圆柱体,艏艉两端为了适应外舰体的变化需要做成截顶圆锥体,两端是球形端面。耐压壳体由壳板及骨架组成。壳体上的骨架主要是环向肋骨,包括内肋骨和外肋骨。骨架多采用球扁钢,也可采用双球扁钢或组合 T 型材。在较长的舱段还可设置特大肋骨,一般采用组合工字钢。有时壳体上还需加设纵骨,以加强纵向刚性。

非耐压结构不承受深水压力,它包括水密结构与非水密结构。水密结构主要包括艏艉端及舷间的压载水舱(ballast water tank)、燃油舱、燃油压载水舱(oil ballast tank)及耐压体内的非耐压液舱结构。非水密结构主要有上层建筑、指挥台围壳(conning tower sail)及艏艉端结构。图 3－57 所示为潜艇结构分布。

图 3－58 所示为潜艇中部结构。里层是耐压壳,外层是非耐压壳,它们之间的空间是水舱。甲板和上层建筑上都开有排水孔,艇底有坚固的坞龙骨。

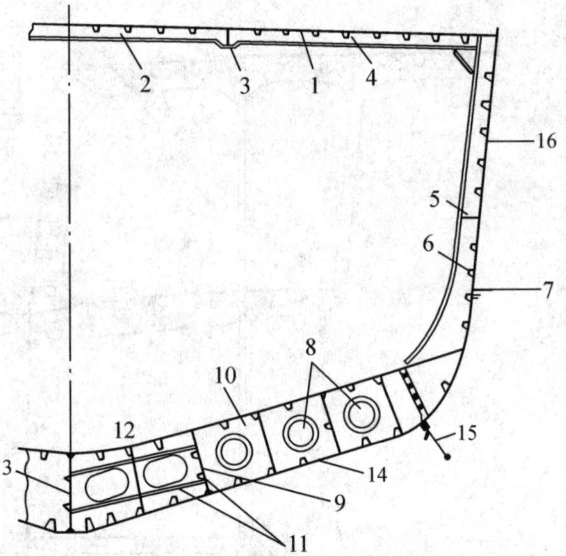

图 3-55　护卫舰中剖面结构

1—甲板;2—横梁;3—甲板纵桁;4—甲板纵骨;5—舷侧纵桁;6—舷侧纵骨;7—强肋骨;8—减轻孔;9—旁底桁;10—肋板;11—加强筋;12—内底板;13—中底桁;14—船底板;15—舭龙骨;16—舷侧外板

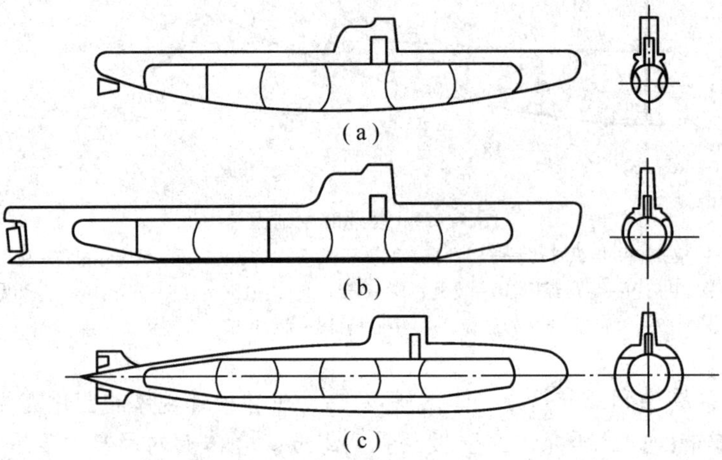

图 3-56　潜艇基本结构形式

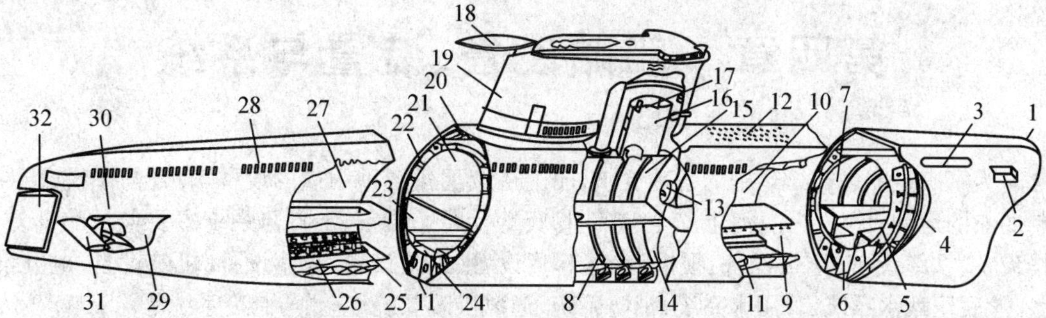

图 3－57　潜艇结构分布图

1—拖船孔；2—锚孔；3—艏升降舵；4—外壳板；5—耐压壳板；6—龙骨立板；7—艏鱼雷舱；8—主压载水舱；9—艏蓄电池舱；10—居住舱；11—肋骨；12—上甲板；13—圆形水密门；14—耐压舱壁；15—中央舱；16—耐压指挥室；17—升降口；18—柴油机水下排气管；19—指挥室围壳；20—上层建筑；21—艉蓄电池舱；22—主压载水舱；23—居住舱；24—燃油舱；25—柴油机基座；26—主压载水舱；27 柴油机舱；28—上层建筑流水孔；29—稳定翼；30—螺旋桨；31—艉升降舵；32—方向舵

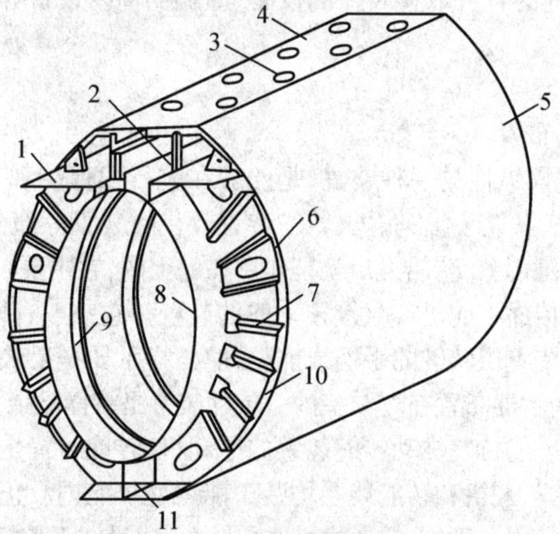

图 3－58　潜艇中部结构

1—上桁板；2—上层建筑；3—排水孔；4—甲板；5—非耐压壳；6—肘板；7—撑杆；8—耐压壳；9—肋骨；10—非耐压壳肋骨；11—坞龙骨

第四章　船舶设备、装置与系统

为了满足船舶在营运中的各项要求，船上还应配备各种用途的设备、装置与系统，以控制船舶的运动、保证停泊、海上安全、装卸物资等。船舶设备、装置与系统主要包括舵设备、锚设备、系缆设备、拖带设备、顶推设备、起货设备、关闭设备、救生设备、机舱设备、电气设备、舱底压载水系统、日用水系统、消防系统、通风供暖系统、空调与制冷系统等。

第一节　船舶设备

船舶设备是指为了满足航行、停泊、作业和安全等方面的需要而配置在船上的各种设备。就运输船舶来说，船舶设备主要包括舵设备、锚设备、系缆设备、救生设备、起货设备和机舱设备等。某些特殊用途的船舶还有其专用设备，如拖船和推船的推拖设备、钻井平台的钻探设备、科学考察船的各种取样及探测设备、渔船的渔捞设备等。

一、舵设备

1. 舵设备的组成及布置

舵设备是保证船舶操纵性的一种装置，是船舶在航行中保持和改变航向及旋回运动的主要工具。它主要由舵、操舵装置、舵机、转舵装置及止舵装置等部分组成。

舵是舵设备中的关键部分，转船力矩就是作用在舵上的，它主要布置在螺旋桨后面。操舵装置是将操舵指令及时传递给舵机或直接转动舵的装置。它一般有操舵器、舵角指示器和传动装置等部分。操舵器是专供转舵的手柄或舵轮，舵角指示器是反映舵叶转动多少舵角的仪表，通常操舵器和舵角指示器布置在驾驶室内。传动装置是将操舵指令传递给舵机的装置，布置在驾驶室和舵机之间。舵机是推动转舵装置的原动机，转舵装置是将舵机提供的原动力传递到舵柱及舵叶上的装置，舵机和转舵装置均装于船尾舵机舱内。止舵装置是防止超过最大舵角以致损坏有关设备的安全设施，它通常设在舵叶上，或设在下舵杆与舵柱的上部。

目前，绝大多数船舶装有自动操舵仪，使船舶在开敞、安全的水域中航行时取代了人工操舵。另外，目前最先进的自动航迹舵操舵仪，不但具备一般自动舵的航向保持功能，还能设置使船舶位置保持在预定航迹上的自动功能。图 4 – 1 所示为舵设备的组成及布置。

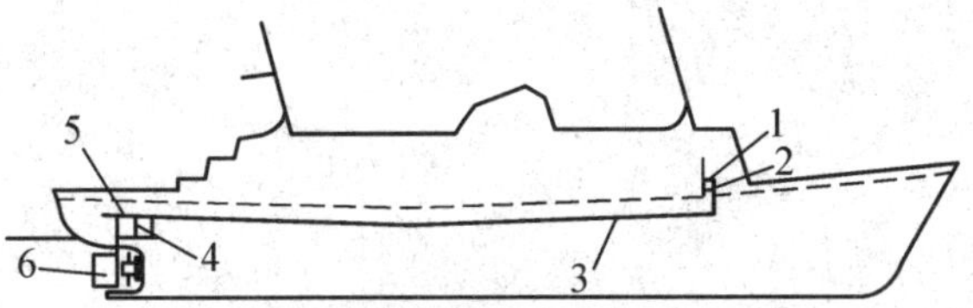

图 4 – 1　舵设备的组成及布置

1—舵角指示器；2—操舵器；3—传动装置；4—舵机；5—转舵机构；6—舵

2. 舵及其各种形式

在舵设备的各部分中，起关键作用的是舵。舵的种类有很多，如图4－2所示。常见的舵一般按下述几种方法来分类：

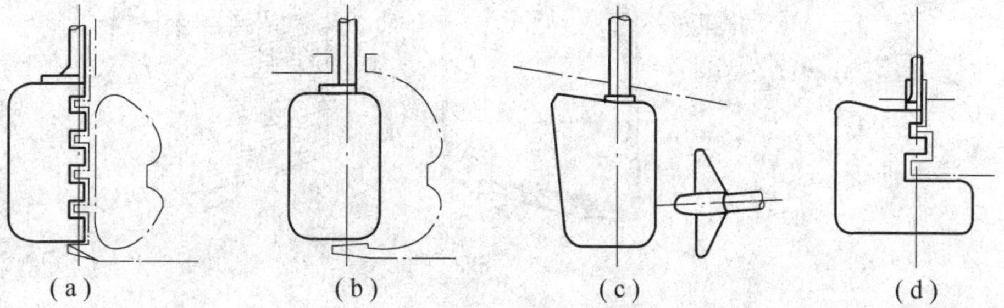

图4－2　舵的各种形式

(a)不平衡舵；(b)(c)平衡舵；(d)半平衡舵

(1)按舵杆轴线的位置，舵可分为不平衡舵、平衡舵、半平衡舵。

(2)按舵叶剖面的形状，舵可分为平板舵(也称单板舵)、流线型舵。

平板舵舵叶由一块钢板或在钢板上两面交替安装的横向加强筋等构成，其水平剖面为矩形，现在仅用于小船上或驳船上，如图4－3所示。

流线型舵的舵叶水平剖面呈流线型，其结构较平板舵复杂，但水动力性能好，由于它的阻力小，舵所产生的水动压力大、强度高、推进效率高等优点，广泛被船舶采用，如图4－4所示。

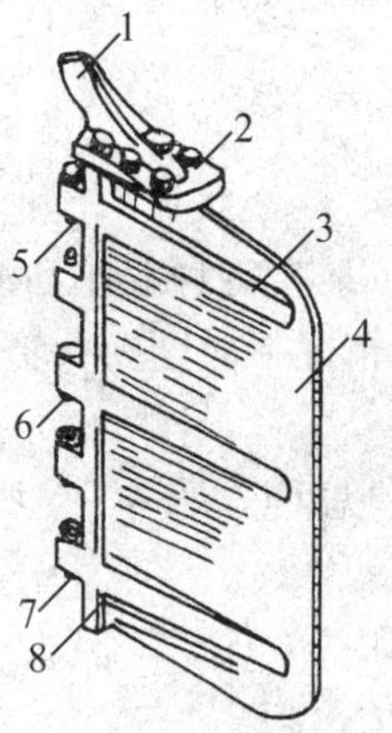

图4－3　平板舵

1—上舵杆；2—连接法兰；3—舵臂；4—舵板；5—上舵杆；6—中间舵销；7—下舵销；8—下舵杆

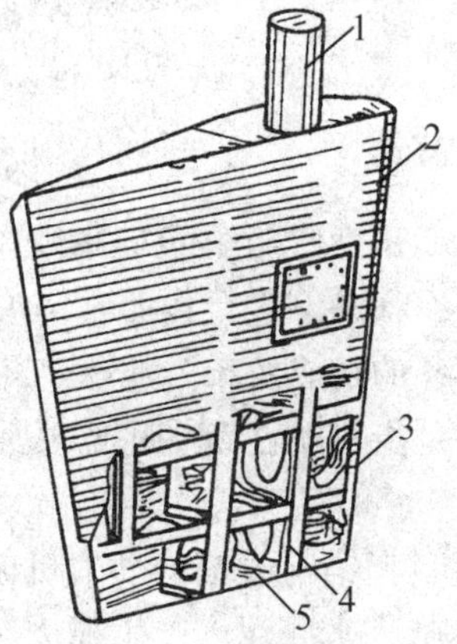

图4－4　流线型舵

1—舵杆；2—舵板；3—水平加强筋；4—焊接衬板；5—垂直加强筋

3. 特种舵

为了提高舵的效能和螺旋桨的效率，人们在长期的实践中，还创造出各种不同形式的特种舵，其中较为常见的有整流帽舵(也称导流罩舵)、襟翼舵(也称可变异舵)、反应舵(也称迎流舵)、主动舵、带上下制流板的组合舵,如图4－5所示为特种舱。

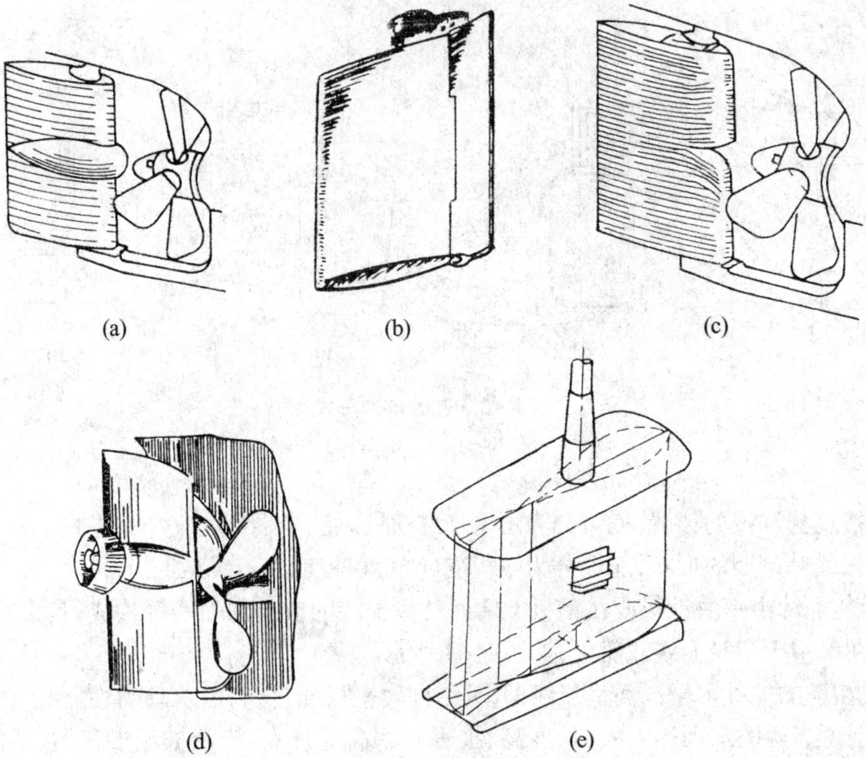

图4－5　特种舵

(a)整流帽舵;(b)襟翼舵;(c)反应舵;(d)主动舵;(e)组合舵

二、锚设备

锚设备就是为使船舶能牢固地抛锚停泊而设置的。某些特种船舶和海上浮动结构物需在抛锚停泊状态下进行作业。锚泊设备还可以在特殊情况下协助操纵船舶。

1.锚设备的组成及布置

锚设备是指船舶在起、抛锚时所用的设备和机械的总称。图4－6所示为锚设备的组成。

(1)锚机:抛锚与收锚的动力机械,同时也可作绞缆用。

(2)锚:啮入水底泥土产生抓力,平衡船舶所受的外力。

(3)锚索(链):连接锚与船体的绳索,用于系锚并传递锚的抓力。

(4)止链器:止住锚链并将力传递给船体,使锚机不处于受力状态。

(5)导链滚轮:导引锚链,减少锚链与锚链筒之间的摩擦,防止锚链翻滚。

(6)弃链器:平时固结锚链的末端链环,紧急时打开以抛弃锚和锚链。

(7)锚链管:是引导锚链进出锚链舱的孔道,穿过锚机甲板通至锚链舱。

(8)锚链筒:从舷外引导锚链至甲板,收锚后贮存锚干及部分锚链。

(9)锚链舱:在锚机的下方用来贮存锚链的舱室。

锚设备的布置取决于锚的形式、收放方法、锚机的类型及锚在船上的位置，同时应注意与系泊设备相互配合，避免相互干扰，图 4 -7 所示为中小型船舶锚设备布置。

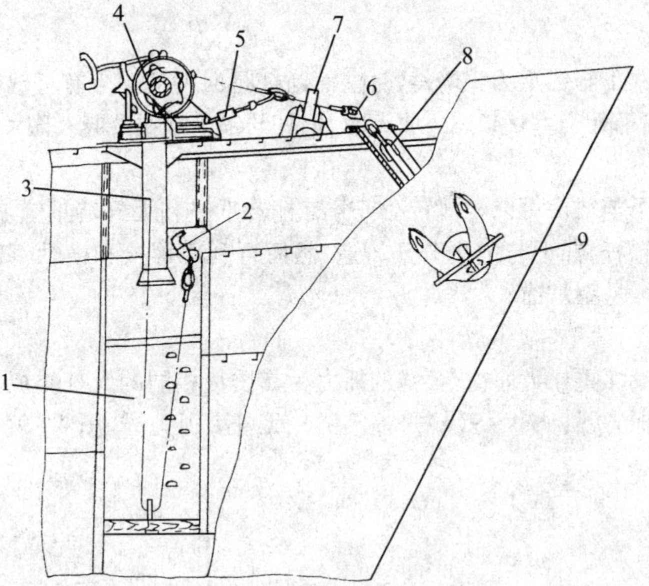

图 4 -6　锚设备的组成

1—锚链舱；2—弃链器；3—锚链管；4—起锚机；5—掣链钩；6—锚链；7—止链器；8—锚链筒；9—锚

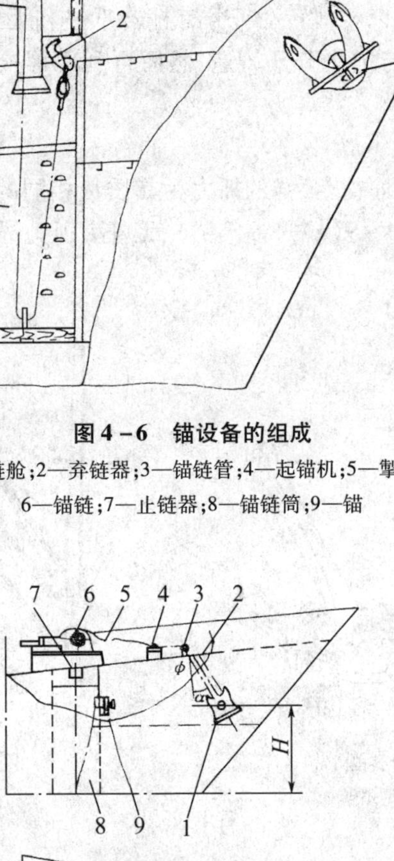

图 4 -7　中小型船舶锚设备布置

1—斯贝克锚；2—锚链筒；3—导链滚轮；4—止链器；5—锚链；6—锚机；7—锚链管；8—锚链舱；9—弃链器

2. 锚的种类

锚的种类繁多,一般按有无横杆、锚爪可否转动、抓重比大小和锚的用途进行分类。通常划分为下列四类:

(1)固定爪锚

固定爪锚的锚干与锚爪为一浇铸整体,而锚杆是活动的。分有杆锚和无杆锚。有杆锚抛锚时,锚杆与锚干处于垂直状态。收藏时,锚杆与锚干贴在一起。图4-8(a)是海军锚。

(2)转爪锚

转爪锚的锚干与锚头可以相对转动。分有杆转爪锚和无杆转爪锚。无杆转爪锚最多,其特点是省去了锚杆,锚干与锚头分开铸造,然后再利用螺栓和横轴将锚干与锚头连接成整体。图4-8(b)是霍尔锚。

(3)大抓力锚

大抓力锚因其抓重比大而得名,锚的抓力为其质量相同的无杆锚抓力的两倍以上。大抓力锚分有杆大抓力锚(图4-9(a)丹福氏锚)、无杆大抓力锚(图4-9(b)波尔锚)。

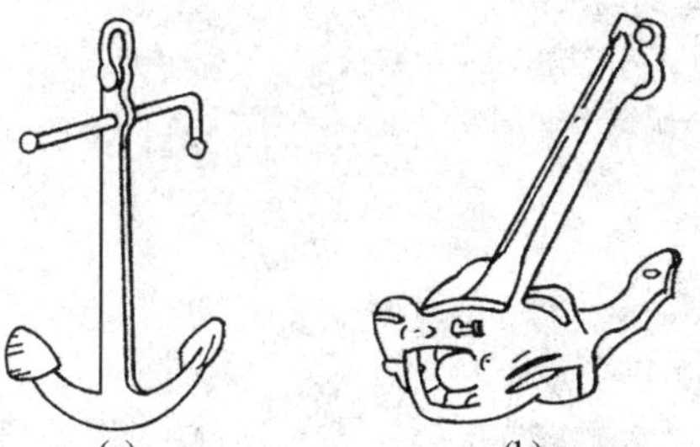

图4-8　锚的类型

(a)海军锚;(b)霍尔锚

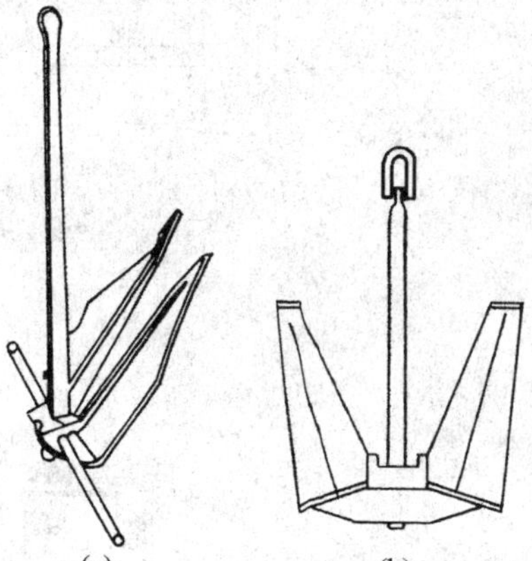

图4-9　大抓力锚

(a)丹福氏锚;(b)波尔锚

(4)特种锚

特种锚形状比较特殊,以适应特种用途。通常所指的是浮筒、灯船、航标船和浮标等永久性系泊用的锚,有伞形锚、螺旋锚、单爪锚等。

三、系泊设备

锚泊和系泊是船舶停泊的两种方式。系缆停泊就是利用系缆设备将船舶安全牢固地系结于码头、浮筒、船坞或他船。凡能保证船舶安全可靠地进行系缆作业的所有装置和机械,统称为系缆设备。

1. 系缆设备的组成

(1)系缆

系泊时使用的柔韧的绳索,有钢索、白棕绳、油麻绳、合成纤维素等多种,后者以锦纶、丙纶缆绳最常用。

(2)系缆器

固定在甲板或外板上,用以系结缆绳的桩柱;主要有带缆桩(图 4－10(a))、带缆羊角(图 4－10(b))、系缆穴和制索眼环(图 4－10(c))等。

(3)导缆器

供引导缆索通过、变换方向或限制其导出位置并减少缆绳磨损的器具,主要有导缆钳(图 4－11(a))、导向滚筒(图 4－11(b))、导向滚轮(图 4－11(c))和导缆孔(图 4－11(d))等。

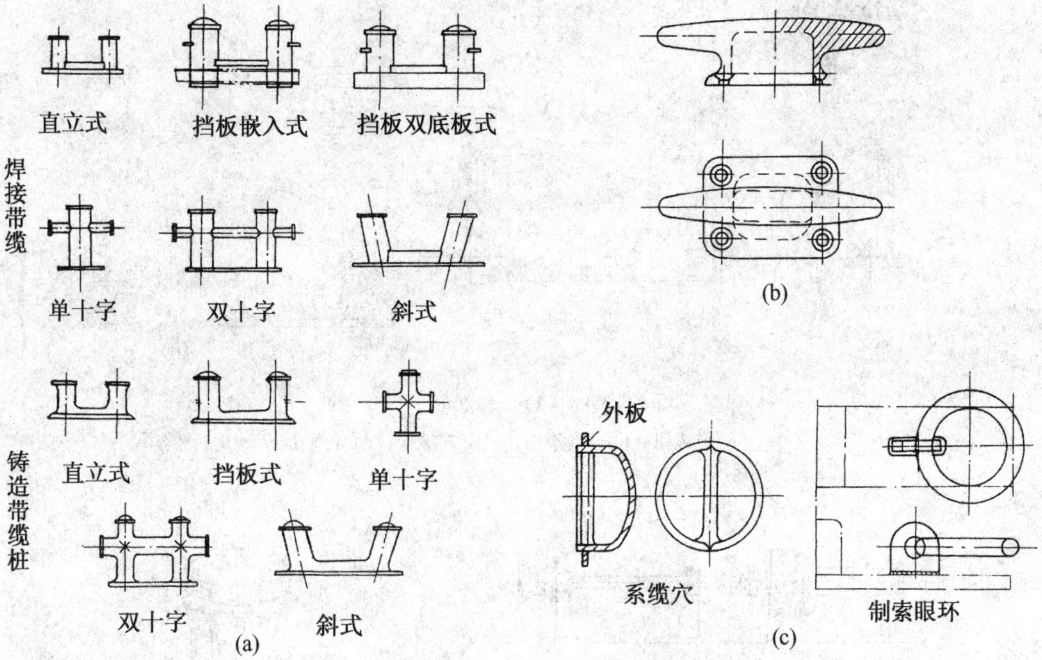

图 4－10　系缆器

(a)带缆桩;(b)带缆羊角;(c)系缆穴和制索眼环

(4)系缆机械

系缆机械用以收紧缆绳,使船舶进行系靠作业的机械,主要有系缆绞车(图 4－12(a))和系缆绞盘(图 4－12(b))。

(5)系缆卷车

系缆卷车是收藏缆绳用的卷车,也叫绳车,见图 4－13。

2. 系缆设备的布置

布置系缆设备应根据船的大小、用途、带缆方式,并与锚设备、起货设备的布置综合考虑,全面规划。根据使用要求,系缆操作总是在船首尾两端和船的两舷进行的,故其设备一般布置在露天甲板的艏艉端及船的两舷,系缆设备在布置上一般都是对称的。图 4－14 所示为大型船舶系缆设备布置。

四、救生设备

救生设备是船上人员在水域救助落水人员,或在海难事故中供乘员自救而设置在船上的专门设备及其附属装置的总称。

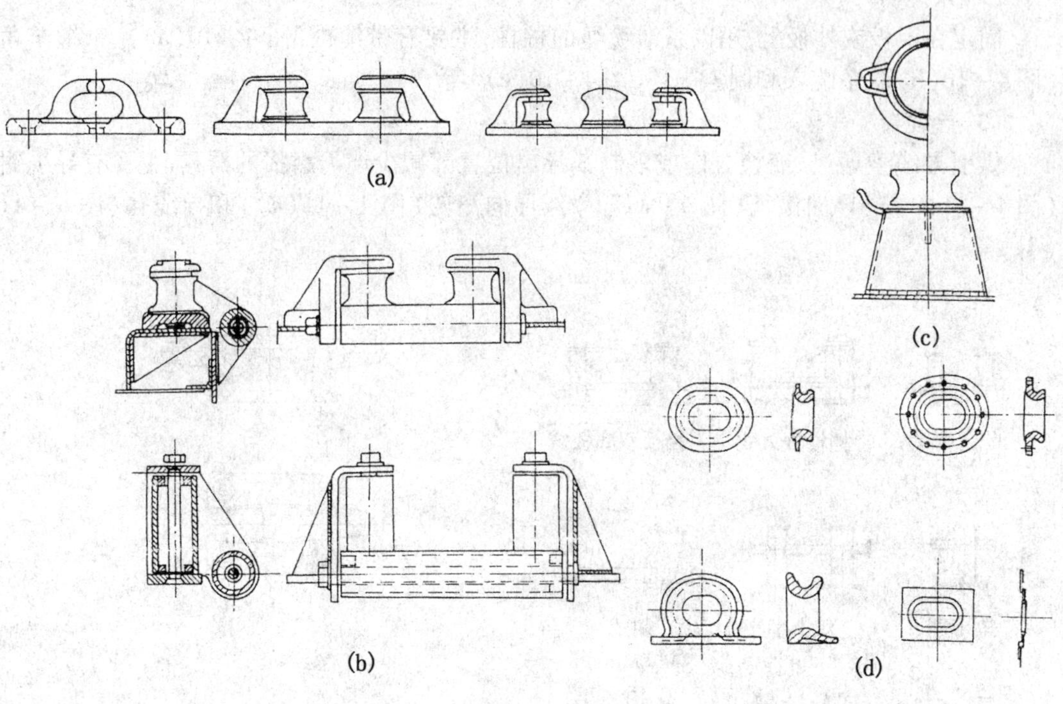

图4-11 导缆器

(a)导缆钳;(b)导向滚筒;(c)导向滚轮;(d)导缆孔

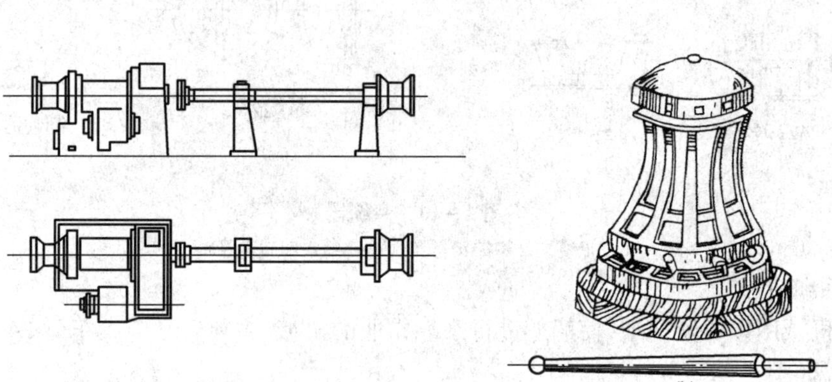

图4-12 系缆绞车与系缆绞盘

(a)系缆绞车;(b)系缆绞盘

船舶救生设备包括救助艇、救生艇、救生筏、救生浮具、个人救生设备、弹抛器具、通信设备(无线电台、无线电对讲机、无线示位标)、烟光信号,以及艇筏的登乘及降落装置,如图4-15所示为全封闭式救生艇和气胀式救生筏。

救生艇应合理选择放置位置以保证紧急情况下能安全迅速地释放。应靠近起居及服务处所,以便于操作和人员的集合登乘。除自由抛落式救生艇外,一般救生艇应远离螺旋桨和船尾突出部位,以免降落水面时受艉流影响。在船宽方向应尽量靠近船舷而又不突出舷外。在高度方向最好布置在同一层甲板。若艇分置在几层甲板上时,应能互不妨碍地同

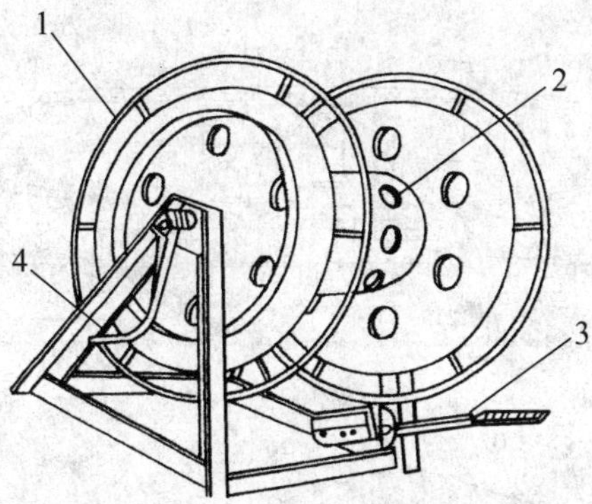

图 4-13　系缆卷车

1—扶手;2—圆筒;3—脚踏刹车;4—手摇柄

时放艇。艇离满载水线应有一定高度,避开排水孔或采取相应的措施。

救助艇或应急救生艇应位于驾驶室附近的便于降落和回收的处所。

救生筏应存放在紧急时能即刻取用的处所。可吊式救生筏应成组配置于吊筏架附近。

救生浮具、救生圈应存放在能迅速抛落的处所,一般放在船舶两舷人员容易到达的处所。

救生衣应存放于人员居留或易于到达之处。值班人员使用的救生衣应存放在值班处附近。救生抛绳器及烟雾信号应放在驾驶室或其附近,并能随时迅速取用。

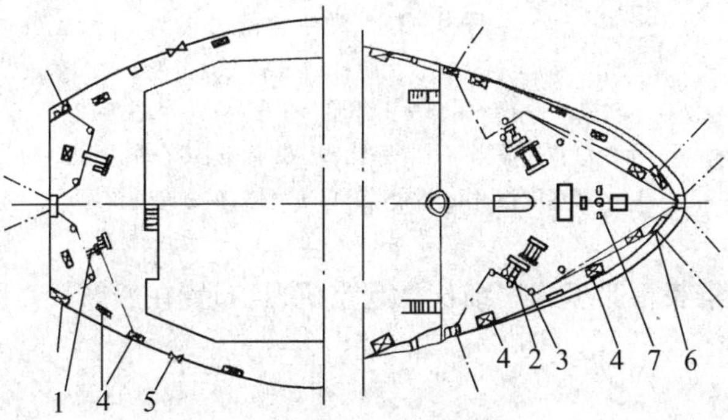

图 4-14　大型船舶系缆设备布置

1—系缆绞车;2—起锚机;3—导向滚轮;4—带缆桩;

5—导缆孔;6—导缆钳;7—电动缆索卷

五、起货设备

起货设备是指船舶进行装卸货物时所用装置和机械的总称。起货设备的类型取决于船舶运载的货物。装卸液体货物用船上的输送泵,散装货物可用特殊的传送带、船用起重机或吊杆式起货设备,而对成包、成箱或大件货物的装卸,则都用吊杆式起货设备或起重机。集装箱船则大部分是由集装箱码头的专用设备装卸。起货设备有吊杆起货设备和船用起重机。目前常用的是船用起重机。船用起重机一般布置在露天甲板上货舱口之间便

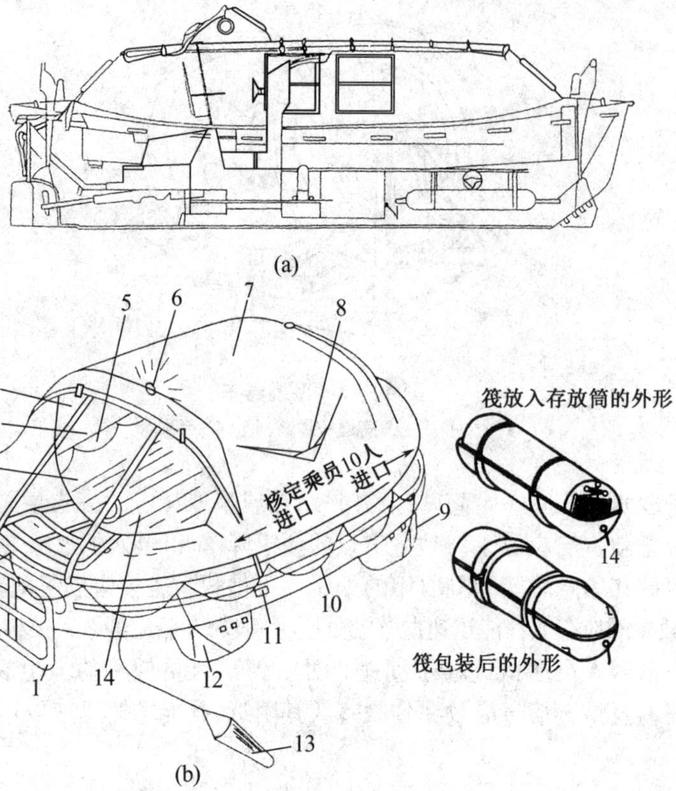

图4-15　救生设备

(a)全封闭式救生艇;(b)气胀式救生筏

1—软梯;2—下浮胎;3—上浮胎;4—蓬柱;5—内扶手索;

6—示位灯;7—蓬帐;8—雨水沟;9—提拎带;10—外扶手索;

11—海水电池;12—平衡袋;13—海锚;14—充气拉绳

于装卸货物的地方,集装箱船多选用细长型起重机,且布置在船舷片。图4-16所示为起重机布置图。

六、关闭设备

船舶由于装卸货物、人员进出、通风采光等需要,在船体结构、上层建筑、甲板室设有大小不等、形式各异的开口。为了保证船舶的密闭性,确保安全,同时也为了人员、货物的分隔和遮蔽,在这些开口上应设置各种形式的门、窗、盖。所有这些盖蔽部件及控制和操纵盖蔽部件的装置、附件,统称为关闭设备。

1. 大舱盖

大舱盖指装于尺度较大的舱口上,由若干块盖板组成,并具有专门封舱装置的舱口盖,多指货舱盖。

舱口盖的种类很多,按制造材料分木质的和金属的两种;按开启舱口盖的机械程度分传统拼装式舱口盖、过渡型(半机械)舱口盖和机械化舱口盖。船舶应根据起货方式和舱口布置特点来选择货舱盖的形式,同时还应结合它的工作条件,统一考虑。

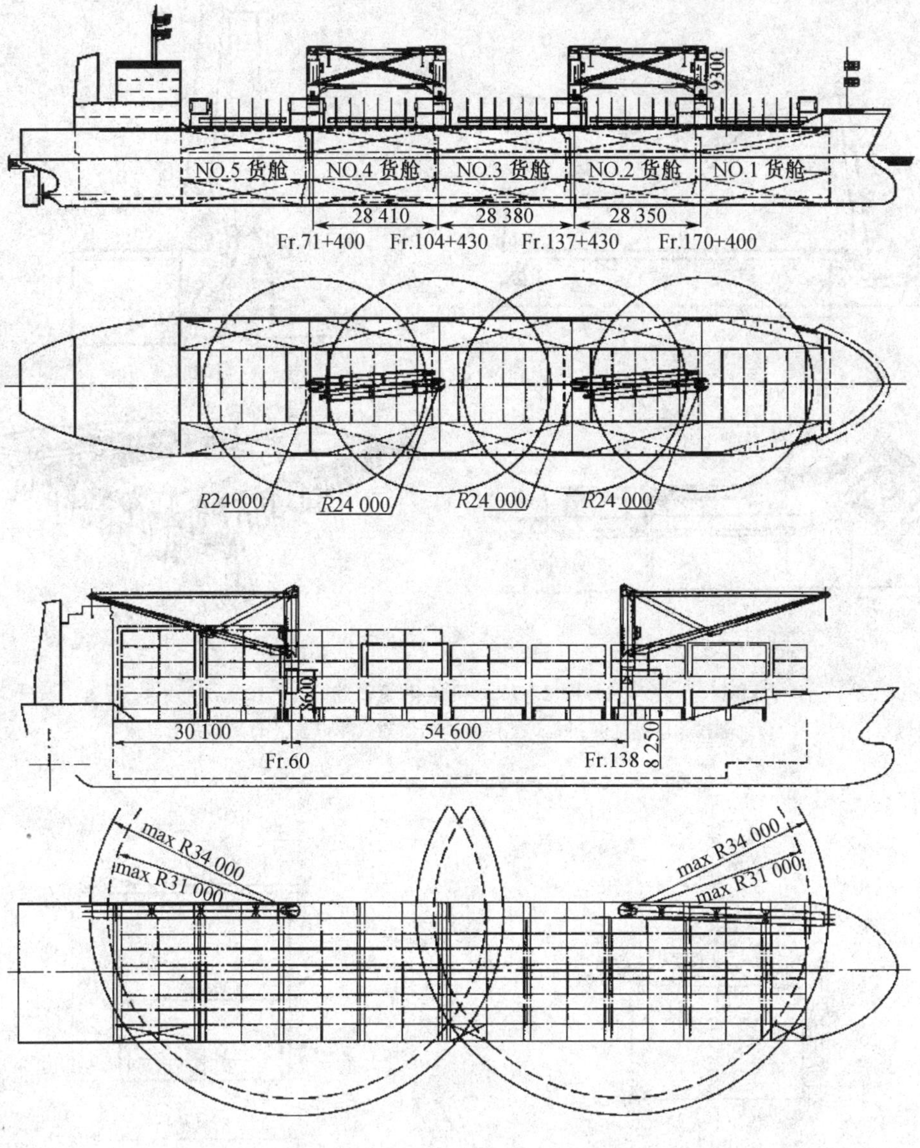

图 4－16　起重机布置图

(a)运木船起重机布置;(b)集装箱船舷边起重机布置

机械化舱口盖按其开闭的方式不同,大致可分为绞翻式舱口盖、折叠式舱口盖、滚卷式舱口盖、滚移式舱口盖四种,如图 4－17 所示。

2. 小舱盖和人孔盖

小舱盖多装于尺寸较小的舱口上,舱盖多为整体。小舱盖有水密、非水密和油密之分。设于露天甲板和水密隔壁上的舱口盖要求为水密型,且在任何一面均能启闭;在上层建筑内的舱口盖一般为非水密型;油船油舱上的舱盖不仅为油密,而且是气密型,其上设有观察孔,并要求在启闭舱盖时不会产生碰击火花。就外形而论,则有方形、圆形或椭圆形之分。图 4－18 所示为油船采用的小舱口盖结构。图 4－19 所示为 A 型小舱口盖结构。

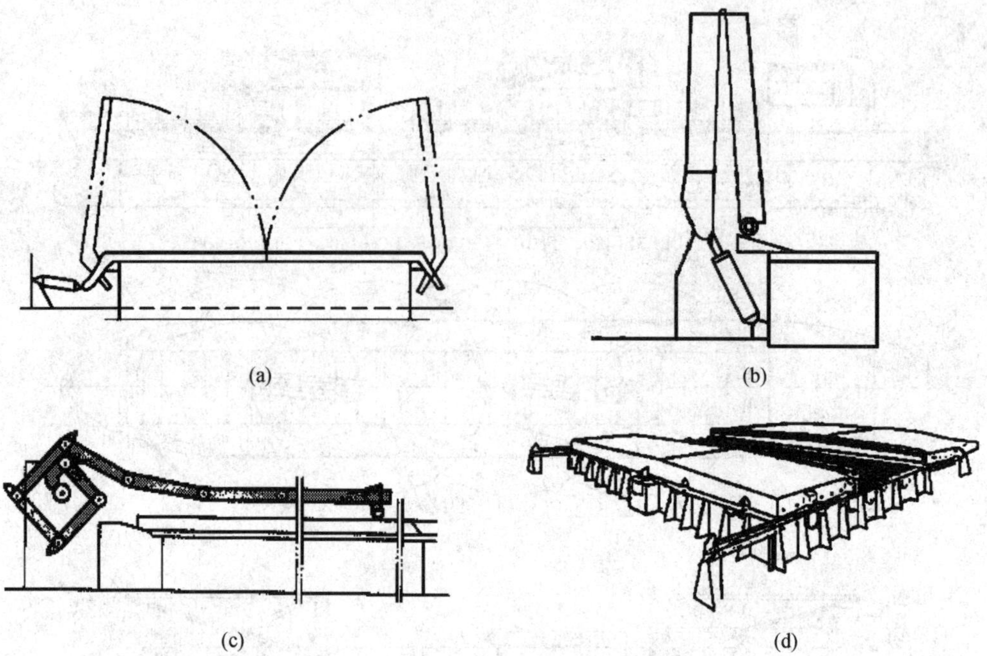

图4-17　机械化舱口盖

(a)绞翻式舱口盖;(b)折叠式舱口盖;(c)滚卷式舱口盖;(d)滚移式舱口盖

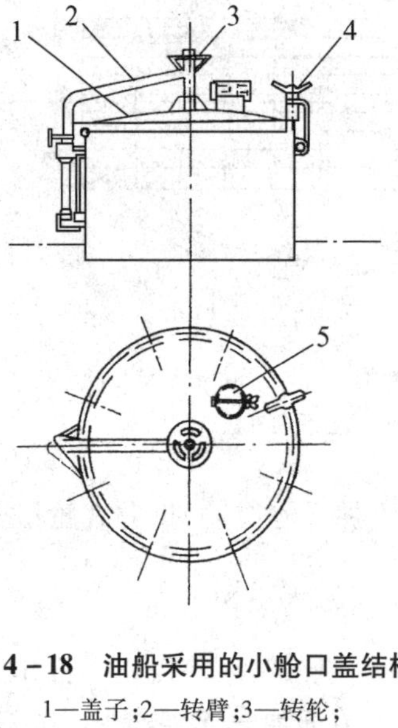

图4-18　油船采用的小舱口盖结构

1—盖子;2—转臂;3—转轮;

4—翼形螺母;5—观察孔盖

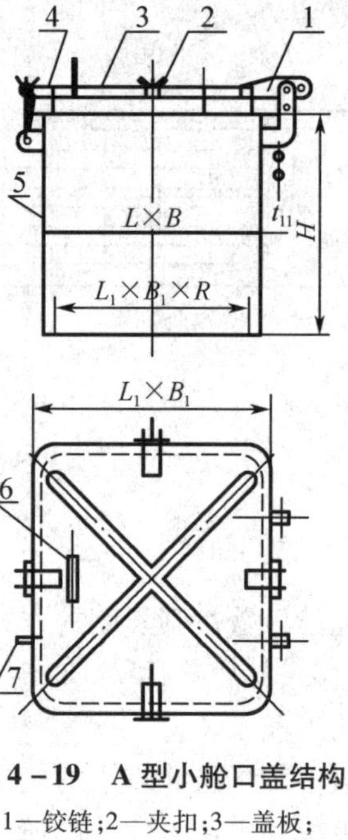

图4-19　A型小舱口盖结构

1—铰链;2—夹扣;3—盖板;

4—密封件;5—围板;6—拉手;

7—锁扣

凡是不经常出入，但在一定时间内需进行检查的处所如燃油舱、淡水舱、双层底、艏尖舱等，都应设有供人员进出的人孔，并配置人孔盖。人孔盖有椭圆形和圆形两种，一般皆为油密或水密；按其周缘围板的形式可分为升高型、平置型和埋置型多种，如图 4－20 和图 4－21 所示。

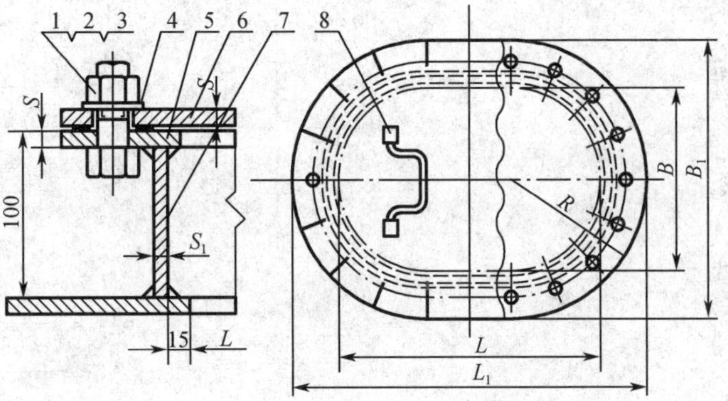

图 4－20　升高式人孔盖（A 型）

1—螺栓；2—螺母；3—垫圈；4—橡胶垫圈；5—座圈；6—盖板；7—围板；8—拉手

3. 船用门、窗

船用门有水密和非水密两大类，根据实际需要选用。从关闭形式来看，有铰链式和滑移式两种。一般多用铰链式拉门，因为开闭简便而且安全。只在特殊要求或受位置限制时才用移门。有些船上还设有特制的防火门，以控制火灾蔓延。图 4－22 所示为铰链式水密门。

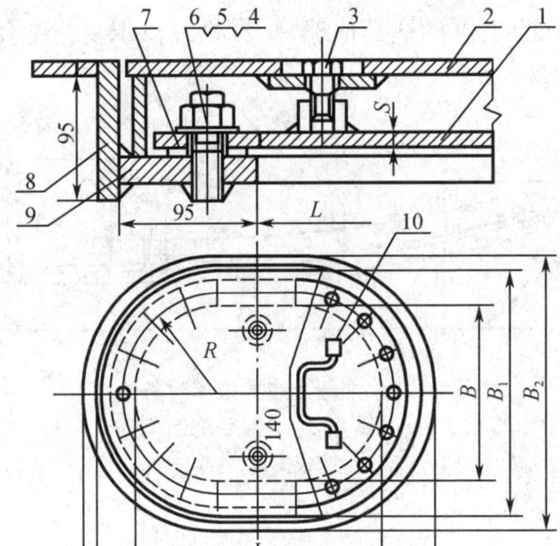

图 4－21　埋入式人孔盖

1—盖板；2—上盖板；3—螺栓；4—螺柱；5—螺母；6—垫圈；7—橡胶垫圈；8—围板；9—座圈；10—拉手

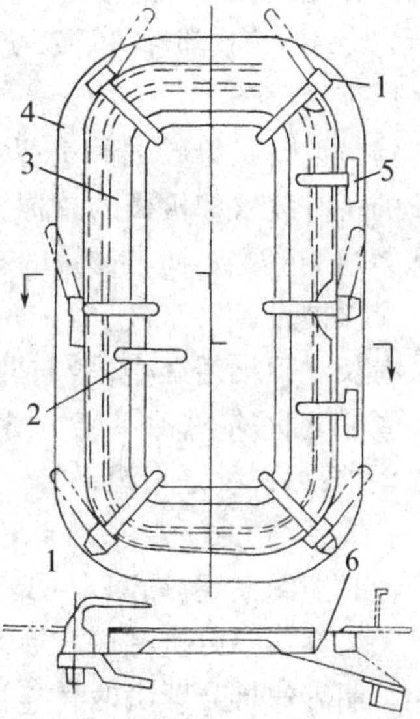

图 4－22　铰链式水密门

1—楔形把手；2—把手；3—门板；4—门框；5—铰链；6—橡皮

船用窗是作为船上各舱室的自然通风和采光的装置。其形式很多,有舷窗(设置在船体两舷的窗,通常都是圆形,如图 4-23(a)所示)、天窗(设置在甲板或机舱顶棚上,用以通风和透光的,如图 4-23(b)所示)及普通的矩形窗(如图 4-23(c)所示)或圆形窗等。

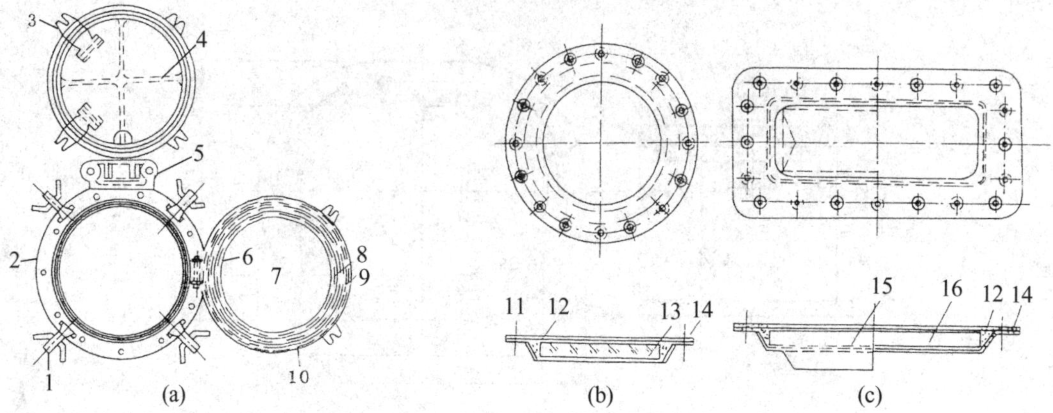

图 4-23　船用窗

(a)舷窗;(b)天窗;(c)矩形窗

1—蝶形螺母;2—舷窗窗框;3—铰链耳;4—背面的加强筋;5—舷窗盖铰链;6—橡皮;7—玻璃片;8—铜条;9—铜钉固定;10—玻璃窗框;11—紧固件;12—搭板;13—玻璃;14—窗框;15—棱形玻璃;16—矩形玻璃

七、拖带和顶推设备

船队运输、港口内大型船只的调头或靠离码头、海难船只的救助等作业都需要打捞船、港湾工作船及推拖船等专业船舶来完成。凡船上供推拖其他船只、浮物或供承受推拖作业的所有专用机构、部件、机械,统称为推拖设备。

1. 拖带设备

拖带设备是船舶之间进行安全拖带作业的所有装置和机械的总称,图 4-24 所示为拖船上主要拖带设备的布置。

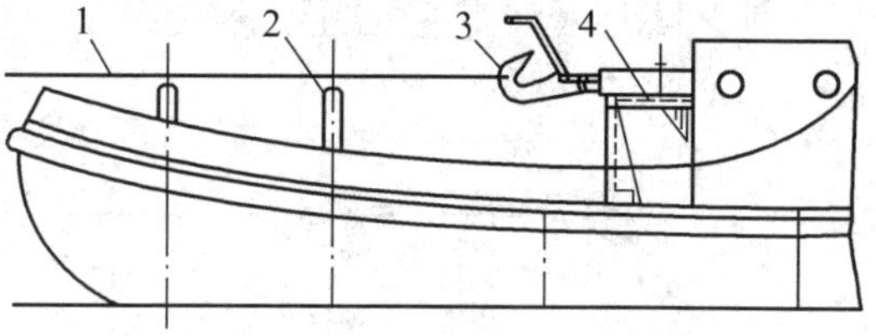

图 4-24　拖船上主要拖带设备的布置

1—拖缆;2—拖缆承梁;3—拖钩;4—拖钩平台

2. 顶推设备

在长江顶推船队中,驳与驳之间,推船与驳船之间有两种系结方式:一种是有缆系结;另一种是无缆系结。

有缆系结方式中,一种是长缆系结,另一种是短缆系结,如图 4-25 所示为有缆系结设备。

无缆系结是以机械代替缆索来系绑顶推船队的装置,由艏艉连接装置和旁挂连接装置组成。艏艉连接装置由两套连接柱和连接锁组成,与船舶纵中心线平行对称地安装;旁挂装置则是由钩柱和挂钩组成的。图 4-26 所示为无缆系结装置的布置。

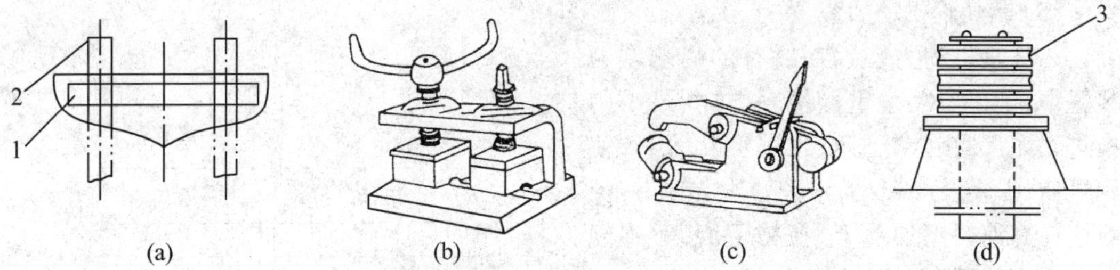

图 4-25 有缆系结设备

(a)顶推柱和承推梁;(b)制缆器;(c)脱钩;(d)滑轮带缆桩

1—承推梁;2—顶推柱;3—滑轮

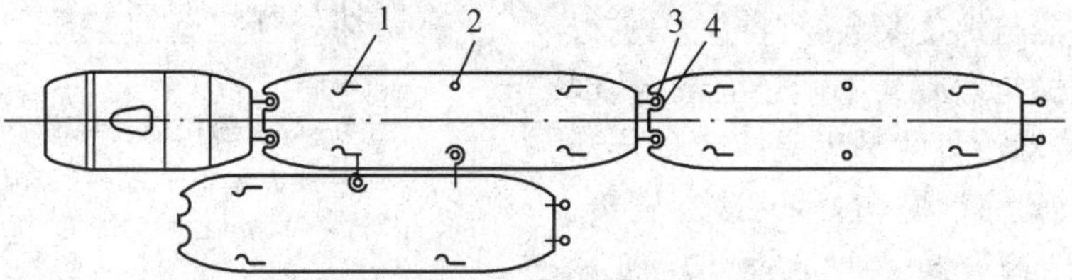

图 4-26 无缆系结装置的布置

1—挂钩;2—钩柱;3—连接柱;4—连接锁

第二节 船舶动力装置

机舱是船舶最重要的部位,船舶动力装置及机械设备安置在机舱内,这样便于操作管理和确保可靠地运行。机舱设备主要包括推进装置和机舱辅助机械。

一、推进装置

推进装置是用以保证船舶以一定的航速航行的各种机械设备,包括:船舶主机、传动设备(离合器、减速齿轮箱等)、船舶轴系、推进器等。图 4-27 所示为船舶推进装置示意图。

1. 船舶主机

船舶主机是推进船舶航行的动力机,有柴油机、蒸汽轮机和燃气轮机等。船舶动力装置的类型就是以主机的形式来定义的。

(1)柴油机动力装置

柴油机是内燃机的一种,它的热效率高,功率范围宽广,具有起动迅速、维修方便、运行安全、使用寿命长等特点。因此柴油机动力装置应用最为广泛,是目前船舶推进动力中最重要的形式。柴油机工作时的一个循环必须经过进气、压缩、燃烧膨胀(做功)、排气四个过程。柴油机分为四冲程柴油机和二冲程柴油机,船舶采用的柴油机以二冲程柴油机为主。

(2)蒸汽轮机动力装置

蒸汽轮机主要由蒸汽锅炉及汽轮机组成。蒸汽轮机由锅炉产生的过热蒸汽推动汽轮机,再经过减速齿轮带动螺旋桨工作。

(3)燃气轮机动力装置

燃气轮机动力装置在所有的船舶动力装置中,是单位功率重量最轻、体积最小的推进动力。它起动迅速,工况变化容易,使用可靠,振动及磨损小,维护管理方便,广泛应用在高速轻型快艇上,在护卫舰、驱逐舰上的应用也逐渐广泛。

此外,有些军船上还采用联合动力装置及核动力装置。

2. 传动设备

船舶的主机除低速柴油机外,转速一般都比较高,不能与螺旋桨直接连接,需进行减速,此外主机与螺旋桨中间还有离合、倒车等问题。传动设备就是为完成各种传动功能而设置的设备。它包括:减速齿轮箱、倒顺车齿轮箱、离合器、弹性联轴节、可变螺距螺旋桨等。图4-28所示为几种常用的船舶传动装置形式简图。

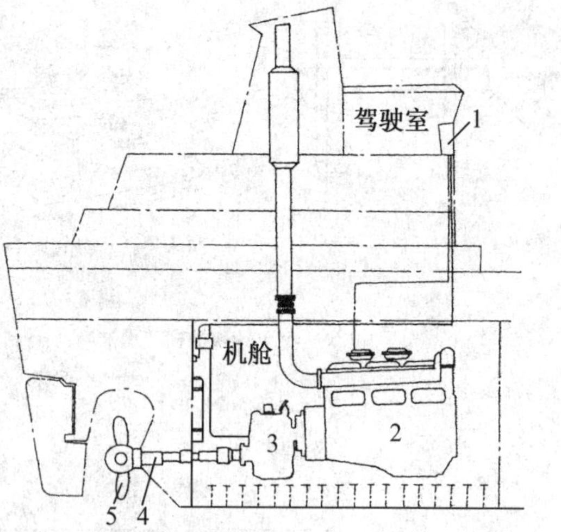

图4-27 船舶推进装置示意图

1—遥控操纵台;2—主机;3—传动设备;4—轴系;5—螺旋桨

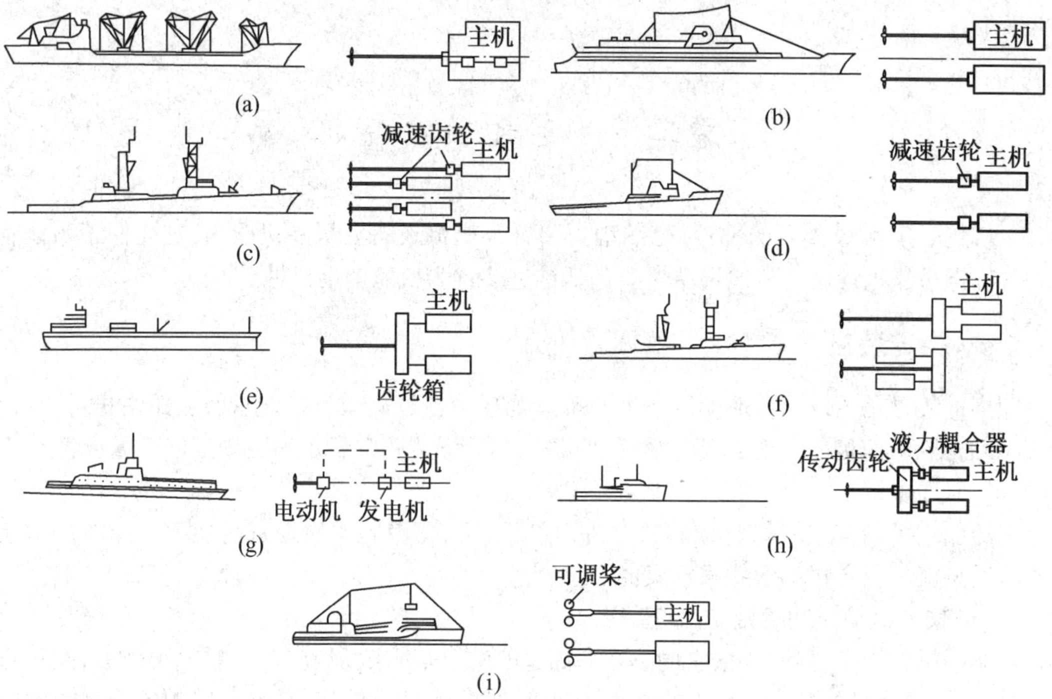

图4-28 几种常用的船舶传动装置形式简图

3. 船舶轴系

船舶轴系的任务是将主机的功率传递给螺旋桨推进器。同时,又将螺旋桨所产生的轴向推力传给船体,以推动船舶运动。轴系具体包括以下部件:传动轴(推力轴、中间轴及艉轴)和支承部件(中间轴承、推力轴承及艉管装置)。有的轴系中还带有传动设备,如离合器、弹性联轴节和减速齿轮箱等部件。船舶轴系的一部分位于机舱内。图 4-29 所示为单轴系结构图。

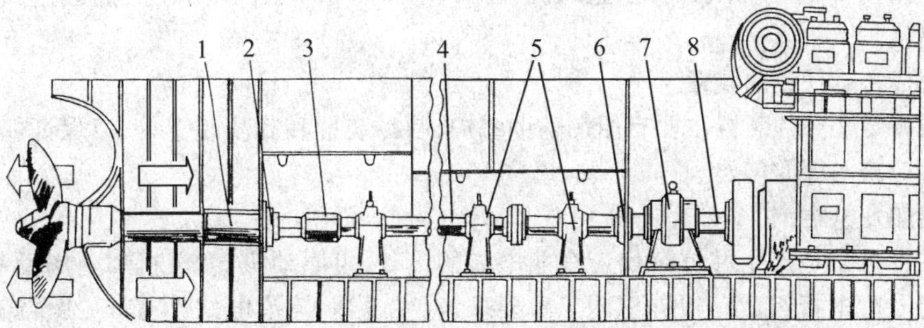

图 4-29　单轴系结构图

1—螺旋桨轴;2,6 隔舱填料;3—半弹性联轴节;4—中间轴;
5—中间轴承;7—推力轴承;8—推力轴

4. 推进器

船舶推进器就是将主机发出的功率转化为推船前进的推力设备。现代推进器以螺旋桨为主,螺旋桨由若干桨叶组成,桨叶的数目通常为三叶、四叶或五叶。

还有一些其他形式的推进器,如导管螺旋桨、可调螺距螺旋桨、串列螺旋桨、对旋螺旋桨、明轮、平旋轮、喷水器。图 4-30 所示为螺旋桨。

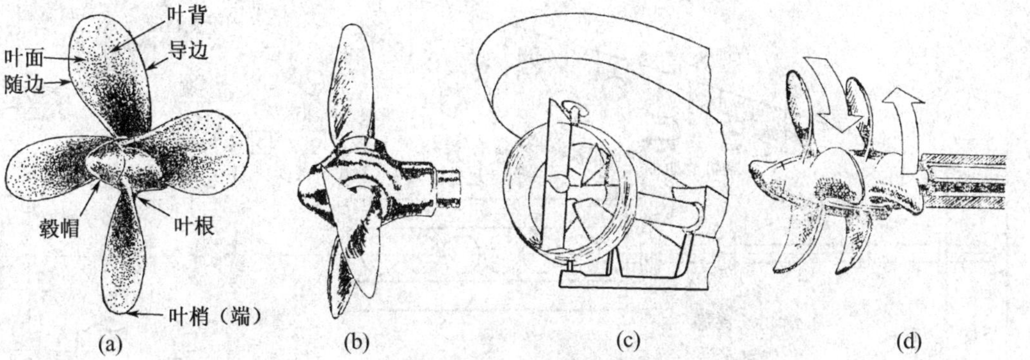

图 4-30　螺旋桨

(a)常规螺旋桨;(b)可调螺距螺旋桨;(c)导管螺旋桨;(d)对旋螺旋桨

二、机舱辅助机械

为了保证管路系统及时有效地输送工作,为了保证船舶的正常航行及满足旅客工作与生活的需要,机舱里设置了为数众多、类型各异、任务不同的辅机。机舱辅机按其工作的性质不同,可分为:

1. 船用泵

船用泵是船上应用极为广泛的一种水力机械,在船上泵送的液体主要是水和油。船用泵有以下几种:活塞泵、离心泵、回转泵和喷射泵。

2. 气体压送机械

气体压送机械根据所产生的气体压力可分为压缩机(压力在294 Pa以上)、鼓风机(压力在294 Pa至1 500 mm水柱)及通风机(压力在1 500 mm水柱以下)。船上主要使用压缩机和通风机。

3. 完成特定任务的装置

完成特定任务的装置主要有船舶辅助锅炉、制冷装置和制淡装置等,以保证船上供热、冷藏和供应淡水等的需要。

4. 船舶发电站

船舶发电站是产生并连续供应全船电能的设备,由原动机、发电机和附属设备组合的发电机组及配电板组成。根据不同工况要求,有主电站、停泊电站、应急电站、特殊电站和专用电站。详见船舶电气部分。

三、机舱设备的布置

机舱设备的布置是指主机、辅机及各辅助机械设备在机舱中的相对位置关系。机舱布置的合理与否,直接关系到船舶的建造、管理、维修、安全、造价等一系列问题。图4-31、图4-32所示分别为某20 000 t货船机舱底层布置图、某20 000 t货船机舱下平面布置图。该船的机舱长度为24.96 m,机舱从主甲板以下分为三层:底层、下平面、上平面。

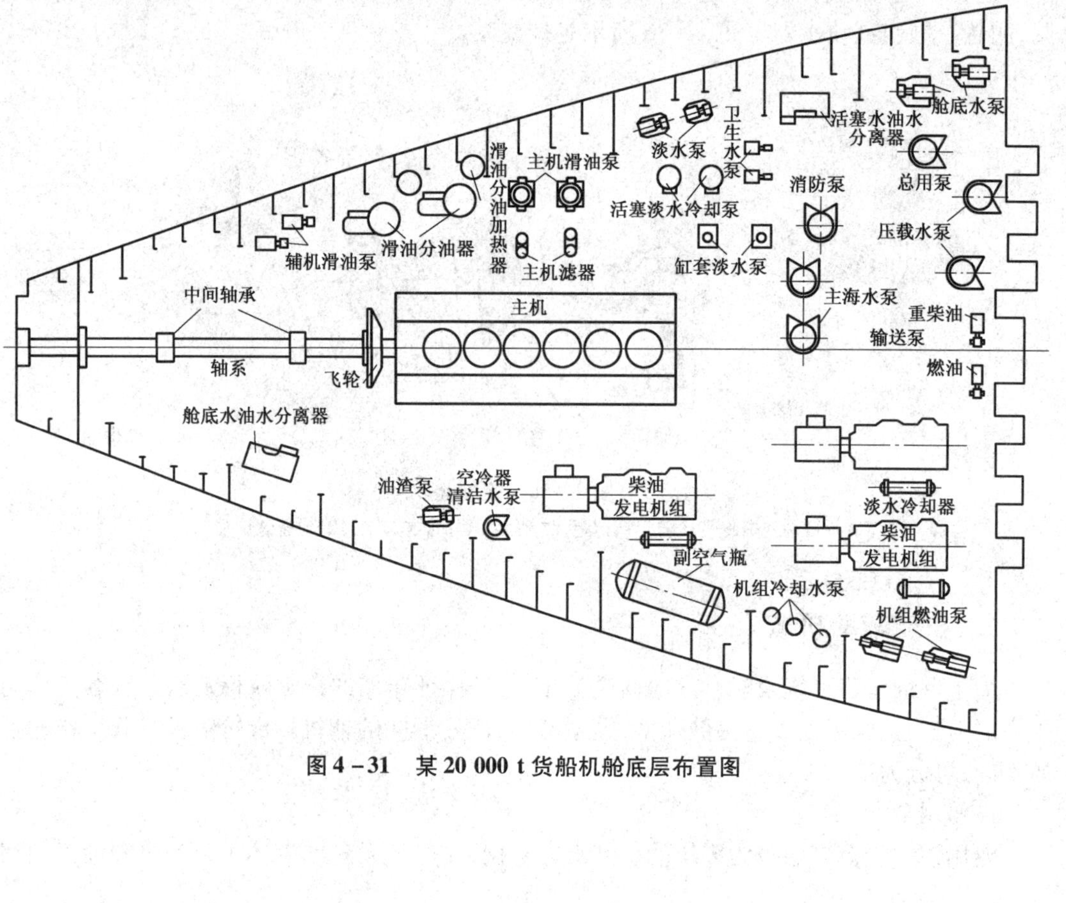

图4-31　某20 000 t货船机舱底层布置图

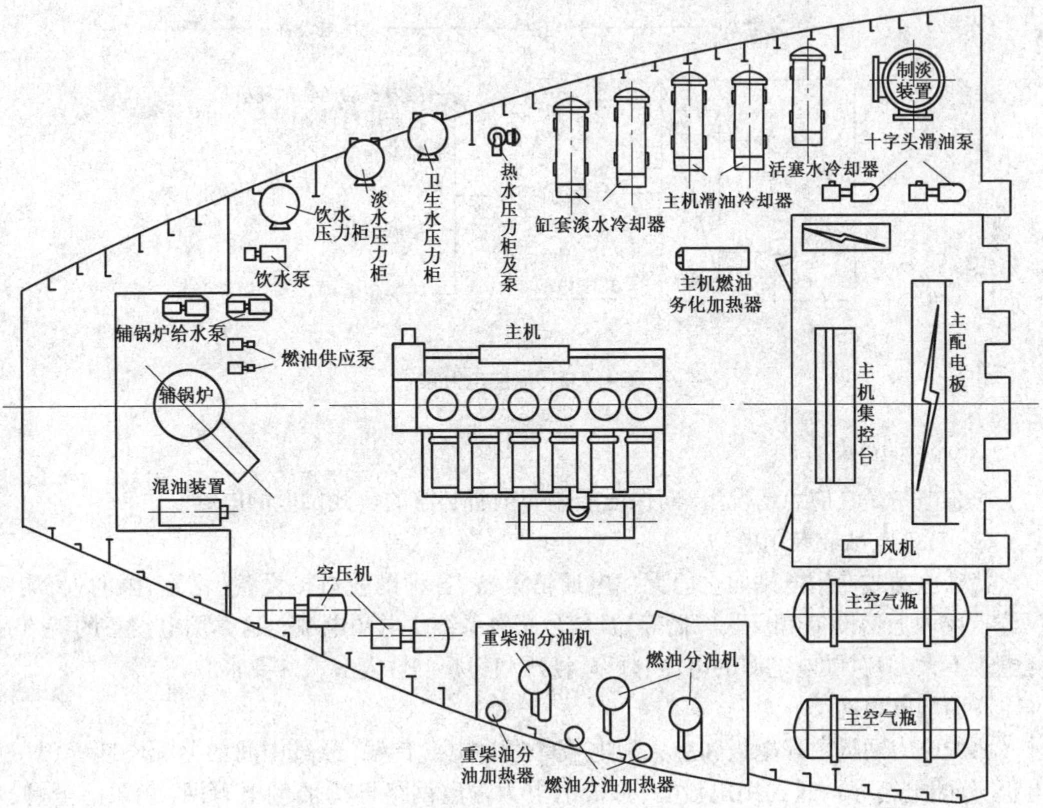

图 4-32 某 20 000 t 货船机舱下平面布置图

第三节 船舶电气

一、船舶电力系统

船舶电力系统包括船舶电站和船舶电力网两大部分，主要任务是把其他形式的能量转换成电能，并将电能输送、分配给各处船舶用电电气设备，保证船舶安全可靠地供电，如图 4-33 所示。

1. 船舶电站

船舶电站是产生并连续供应全船电能的设备，因此是船舶电力系统的核心部分。

为使船舶在不同工况下，如航行、作业、停泊、战斗、应急等情况，能连续、可靠、经济、合理地进行供电，舰船上常配置多种电站。船舶电站的种类有：

(1) 主电站

主电站是正常情况下向全船供电的电站。

(2) 停泊电站

停泊电站是单在停泊状态又无岸电供应时，向停泊船舶的用电负载供电的电站，它容量较小。

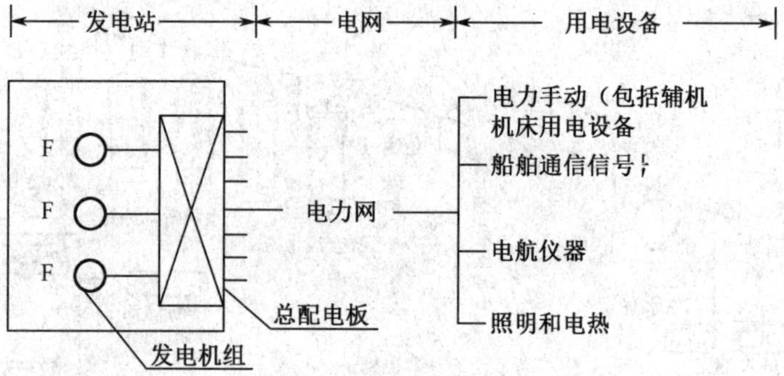

图4-33　船舶电力系统

(3)应急电站

应急电站是在应急情况下,向保证船舶安全所必需的负载供电的电站。

(4)特殊电站或专用电站

特殊电站或专用电站向全船无线电通信设备、各种助航机械设备(雷达、测向仪、测深仪等)、船内通信设备(电话、广播等)及信号报警系统供电的电源。这类用电设备的特点是耗电量不大,但对供电电源的电压、频率、稳压和稳频的性能有特殊要求。

2.船舶电力网

船舶电力网从主配电板和应急配电板等通过电缆传输,经过中间的分配电装置(区配电板、分配电箱等),送到用电设备,形成的电力输电网络即为船舶电力网(船舶输电网)。依船舶负载性质和数量不同,可直接从主配电板或应急配电板供电,也可由区配电板、分配电板供电。

二、船舶电力拖动

为保证船舶的正常航行、正常作业、船员日常工作和生活的需要,船舶上应设有各种辅助机械,这些机械有的用蒸汽作为驱动力,有的用液体作为驱动力,有的用电动机作为驱动力。现代化船舶上大都是由电动机拖动的,电力拖动控制装置在船舶自动化控制中占有重要地位。

1.采用电力拖动的船舶辅助机械设备

(1)船舶动力装置和船舶系统的辅助机械:泵、风机、空压机、冷藏机和空调装置等;

(2)起锚系缆装置:锚机或起锚系缆绞盘等;

(3)起重装置:起货机、起重机、起艇机等;

(4)舵机装置:电动机械舵机或液压舵机等;

(5)特种装置。

2.采用电力拖动的优点

(1)电动机的起动容易,投入运行快速;

(2)与液压控制系统相比,无须复杂管道,连接方便,振动和噪声小;

(3)便于能量分配,可用多台电动机拖动,能灵活地满足各种机械转速特性要求;

(4)操作控制方便灵活,可远距离操作;

(5)有利于实现自动化控制。

液压拖动系统传递功率大，传动平衡，能达到较高的控制要求。但管路复杂，液压油纯度要好，管道密封性要好，噪音大，维护、维修麻烦。现代船舶采用液压、电气结合的方式，即电动液压拖动系统，这种系统在舵机、武备系统、起重机等设备中都有应用。

三、船舶电力推进

船舶电力推进就是采用电动机驱动螺旋桨来推进船舶运行的一种推进方式。

1. 电力推进装置分类

(1)独立电力推进装置

螺旋桨由推进电动机带动，是常用的电力推进方式。主发电机除供电给推进电动机外，有时电能供给船舶电网使用，如图 4－34 所示。

(2)联合电力推进装置

螺旋桨由电动机和柴油机联合推进，如图 4－35 所示。它有四种工况：

①螺旋桨由推进电动机带动(主机螺旋桨脱开)，做低速运行；

②螺旋桨由主机带动(电动机脱开)；

③螺旋桨由主机与推进电动机共同带动，做高速航行；

④在航行时推进电动机由主轴带动，做发电机运行，发电给电网。

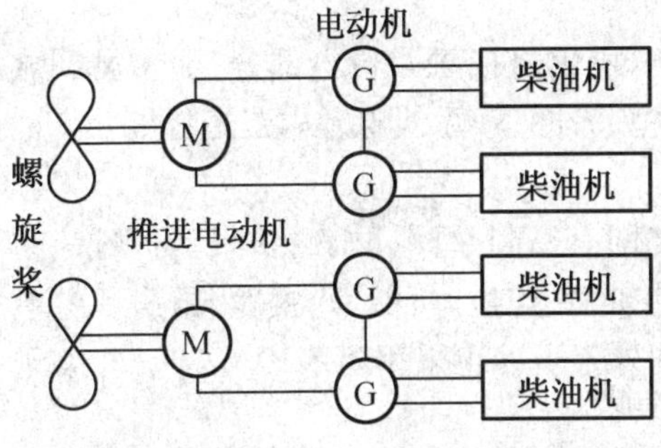

图 4－34　独立电力推进装置

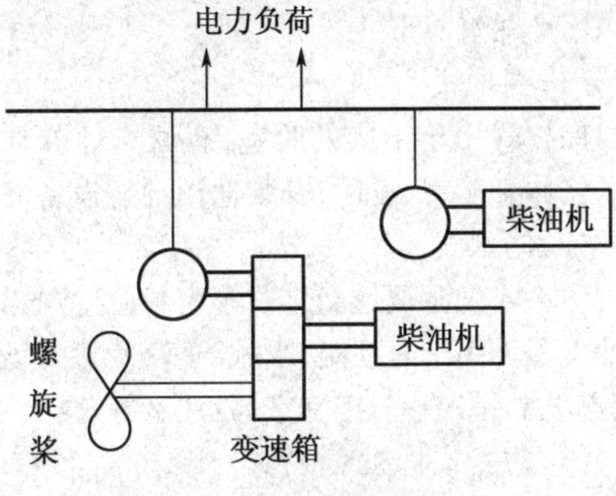

图 4－35　联合电力推进装置

(3)辅助电力推进装置

主发电机用来供电给主要工作机械，而在航行时，主要工作机械不工作，主发电机供电给推进电动机，推进船舶。这种装置用在自航式起重船、挖泥船、水上各种工程船舶等。

(4)特殊电力推进装置

主机工作时，除带动螺旋桨外，还带动推进电动机，推进电动机实际上用作轴带发电机，供电给蓄电池充电；主机不工作时，由蓄电池供电给推进电动机。

(5)主动舵电力推进装置

为了获得良好的船舶低速回转性能，可在舵板内装设潜水电动机，由电网供电后带动一小螺旋桨，即成主动舵。

2. 电力推进的应用

电力推进的应用应视条件、情况而定：

对一般运输船舶，操纵性能要求不高，电站容量不大，采用电力推进的优点不突出。

对于有冷藏加工的拖网渔船,船舶电网容量大,同时渔船吨位小,采用电力推进好,可改善操纵性,利于作业。

破冰船在工作时,负载是变化的,甚至螺旋桨不转,如果采用电力推进装置,可快速自动调节工作特性,适应不同的工作负载,不损坏机组。

挖泥船采用电力推进装置,功率分配合理,减少原动机组数量,经济性好,效率高,成本小。

布缆船、航标工作船、消防船等采用电力推进装置能在较宽的转速范围下航行。

潜艇在水下作业采用电力推进装置更为有利,一般采用蓄电池-电动机电力推进。

此外,水下各种测量装置等也都采用电力推进装置。

四、船舶电气照明

船舶是一座现代化移动城市,由于它是一个封闭整体(特别是潜艇),大多数舱室是没有阳光照射的,因此离不开电气照明。

1. 船舶照明电光源

(1)热辐射光源,如白炽灯、卤钨灯;

(2)气体放电光源,如荧光灯、高压汞灯、高压钠灯、金属卤化物灯和汞氙灯等,这种光源需高压点燃装置和限制放电电流装置。

2. 船舶灯具形式

(1)保护式

保护式用于干燥的舱室,有透光灯罩,可防尘,避免直接触及带电部分,如船员和旅客的居住休息舱室、餐厅、安装通信导航设备的驾驶室、海图室、无线电及内走道等处。

(2)防水式

防水式光源被透光灯罩等密封,灯体与灯罩之间有密封垫圈,防滴、防溅、防水汽、防海浪冲击等。用于有潮湿、水溅、蒸汽侵害的场所,如机舱、炉舱、货舱、冷藏舱、厨房、浴室、厕所、盥洗室、修理室、控制室、贮藏室等,露天甲板和外走道处也采用防水式。

(3)防爆式

防爆式透明灯罩与灯座间用法兰连接,法兰间有隔爆间隙,气体在灯内发生爆炸时,由间隙外泄的气体经法兰隔爆面的充分冷却,不会引起外部混合气体的爆炸。用于装有易燃性物体和有爆炸气体产生的舱室,如蓄电池室、煤舱、油柜舱、灯间、油漆间及油轮上第二类舱室,如油泵舱、油舱上面空间等。

3. 船舶航行灯与信号灯

船舶航行灯与信号灯是船舶照明系统中的一个独立部分,是保证船舶安全航行的重要设备之一。这些灯的光源均为白炽灯,有单丝的、双丝的,其功率依照明规定有60 W、40 W、25 W等,不同类别的航行灯,其照明器的数量、安装位置、安装高度、颜色、可见的光弧角度和可见距离等都有一定的要求。

五、船舶通信与导航设备

1. 船舶通信设备

船舶通信包括内部通信和外部通信,内部通信主要通过有线通信手段,外部通信主要通过无线电通信手段。

(1)内部电话通信系统

①航行电话通信系统

航行电话通信系统是驾驶室与航行有关部位间进行指挥通话使用的，是保证船舶安全航行的联络通信。一般采用共电式电话设备，总机安装在驾驶室内，分机电话安装在各有关部位，如主机舱、辅机舱、应急发电机舱、广播室、报务室、船长室、轮机长室等。

②对讲电话通信系统

对讲电话通信系统是两个重要工作部位之间的专用电话，是保证快速通话联络的通信。一般采用共电式电话设备。需要装设对讲电话通信的有驾驶室—机舱、驾驶室—舵机舱、驾驶室或海图室—二氧化碳站、机舱—轮机长室等。

③日用电话通信系统

日用电话通信系统是为了舱室日常工作和生活联络通话而设置的。一般采用自动电话系统，用户可与任何一个用户通话。通常电话总机安装在总机室或通道内，分机电话安装在各工作舱室(如海图室、医务室、广播室、报务室等)和生活居住室(如船长室、轮机长室、大副室、二副室、大管轮室、二管轮室、事务员室、理货员室等)。船长室、政委室必须保证优先通话。

④对岸电话通信系统

对岸电话通信系统是为了船舶停靠码头时，能与岸上用户进行联络通话而设置的。对岸电话安装在值班室或理货员办公室，与岸上接线用的插座安装在上甲板左右舷。

(2)船舶无线电通信系统

《国际无线电规则》对通信方法做了具体规定，岸台和船舶电台都有自己特定的呼号。常用业务方式有电报、电话两种。常用的通信设备有如下几种：

①中、短波发射机和接收机，气象传真接收机等。

②高频无线电设备。

③选择呼叫设备。

④自动直接印字终端机。

⑤海事卫星通信船站，包括抛物面天线、低噪声放大器、跟踪装置及稳定平台、操纵台、接收机、电传机等，可开展自动电话、传真电报、数据传输、遇险呼叫等多种业务。

⑥遇险、安全和应急通信设备。包括应急发射机、应急接收机、报警和遇险信号自动拍发器、无线电报警设备、遇险频率值班接收机、救生艇收发报机等。

(3)船舶卫星通信系统

卫星通信也广泛应用于船舶通信。当陆地和船舶上都装有卫星通信终端时，可通过通信卫星把不同地方的通信信号联系起来。

2. 导航设备

船舶通过导航设备能够了解、观察外部环境，保证船舶准确安全航行，导航设备主要有磁罗经、陀螺罗经、雷达、测深仪、无线电测向仪、自动操舵仪、计程仪、无线电定位系统、卫星导航接收机、自动避碰装置等。

磁罗经是利用地球磁场，取得向位基准，测出船舶航向或目标方位的一种仪器。按构造来分有台式、桌式、移动式、反映式四种。磁罗经使用时必须进行修正。误差随时间、地点、航向而变化，误差修正比较复杂，但磁罗经结构简单、不依赖电源、不易损坏、价格低廉。

陀螺罗经是一种以陀螺仪为核心元件，指示船舶航向的导航仪器。作用与磁罗经相同,但精度高,不受地球磁场和铁磁物质的影响,是船舶指示航向基准的主要设备。

船舶在水面或水下航行,主要是依靠方向舵和水平舵来控制航向和深度。自动操舵仪能代替舵手操舵,保证船舶自动跟踪指令、航向和深度,达到自动保持与改变航向或深度的目的。自动操舵仪不仅可以减轻舵手的劳动,而且在远航时,在相同的航行条件下可以减少偏航次数,减少偏航值和偏舵角,因而可提高实际航速,缩短航程和航行时间,节省燃料,提高航行的经济效益。

回声测深仪用于测量船舶所处位置的水深和发现水中障碍物,以保证船舶安全航行。当船舶在沿岸航行时,如果不可能用比较准确的方法来测定船位,也可利用观测某一物标的方位和根据当时所测得的水深,求出近似船位。回声测深仪除助航外,还可用来进行水底地形的调查,如航道测绘、海图测绘。海洋调查中水深数据都是由精密回声测深仪提供。

无线电测向仪是最早的无线电导航设备,它以岸上两个以上全方向发射的无线电指向标台或无线电广播台的来波方向,来决定船位,也可用于测定发射无线电波的目标所在方位。无线电测向仪虽然在作用距离和定位精度等方面远不如其他一些无线电导航设备,但其测定无线电发射台方位的能力仍是独一无二的。

第四节　船舶系统

船舶系统是指船上除动力系统以外,为输送各种液体和气体所需的一切构件的总称。船舶系统的功能不仅关系到船舶的航行性能、营运性能和安全,也关系到全船的旅客和船员的工作及生活的方便与舒适。因此,每艘船舶必须根据本船的用途、航区,合理地装备各种系统。船舶系统按用途可分为:舱底水系统、压载系统、消防系统、通风系统、货油系统、日用水系统等。

一、舱底水、压载及日用水系统

1. 舱底水系统

船舶在运输过程中,由于外板渗漏,舱口盖不够水密,管路渗漏,艉轴套筒和舵杆套筒填料箱的渗漏及温差引起的湿气冷凝,都会在舱底形成积水,俗称舱底水。舱底水必须得到及时的排除,否则会使货物受潮变质,使船体结构锈蚀,甚至会危及船舶的安全。排除的方法是在各舱舱底设置集水井,使污水沿污水沟流至集水井内聚集,在集水井处装上吸水过滤器,并与吸水管路相通,当舱底水泵开动时,通过吸水管将舱底水抽出并排至船外。

舱底水系统不但起着排日常舱底水的作用,当船体因海损破舱进水时,还担负着紧急排除进水的任务。因此,舱底水系统除包括舱底泵、舱底水总管、支管、吸口滤器、分配阀箱、泥箱、污水分油器等设备外,还应备有应急的排水接管,以便在机舱浸水紧急情况下,通过应急排水支管由压载水泵、消防水泵或主海水冷却泵排水。图4-36所示为舱底水系统和压载系统。

2. 压载系统

船舶在营运过程中,需要随时调整船舶的浮态、改善船舶的稳性、速航性、操纵性和耐波性。压载系统的作用,就是通过对各压载舱中液体的调拨和吸排完成上述的调整任务的。

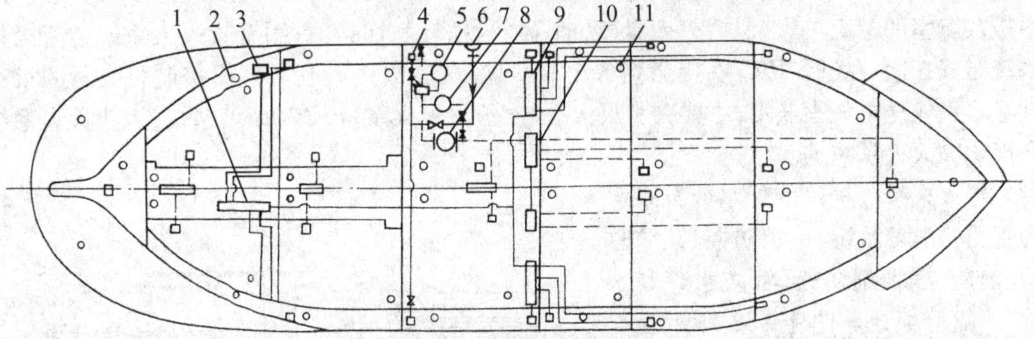

图 4－36　舱底水系统和压载系统

1—舱底水阀箱;2—测量管;3—舱底水系统吸口;4—压载管系吸口;5—油水分离器;6—通海阀;7—舱底水泵;8—压载水泵;10—调拨阀箱;11—空气管

压载系统包括:压载管路、压载水泵、调拨阀箱、测深管、空气管等,如图 4－36 所示。

3. 日用水系统

日用水系统是保证船舶管理和船上人员生活所必需的上、下水道系统。

上水道系统是供水系统,其任务是供给船上饮用水、洗涤水、冲洗用的清水和舷外水。

下水道系统是排水系统,其作用是将厕所的粪便水,浴室、洗脸间、厨房等污水,甲板的冲洗水、雨水等排泄至舷外。

(1)供水系统

日用水供水系统的特点是用水量不均匀,使用量变化幅度较大,为此船舶必须根据本船的特点,选用不同的供水形式。目前,船上有重力式、循环水泵和压力式三种供水方法。图 4－37 所示为日用水供水系统。

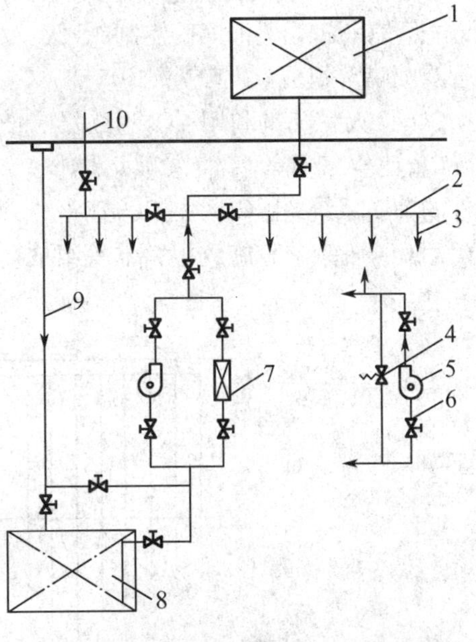

图 4－37　日用水供水系统

1—重力水柜;2—干管;3—分支管;4—保险阀;5—离心式泵;6—截止阀;7—手动泵;8—备用水柜;9—灌水管;10—从岸上或供水船供水的管路

(2)排水系统

船上供水经过使用后,必须及时而有效地排除,排水的基本方式有两种:对位置高者,多通过自流方式将污水排出舷外;对位置低者,则往往先将污水排至舱底的专用舱,再利用机械方法将其排出舷外。排水系统除了排除洗涤后的污水、粪便水外,还需排除甲板落水。因此船上应设置卫生水系统、污水系统和甲板落水系统。

二、消防系统

船舶是水上建筑物,由于建筑、设备、人员集中,每艘船舶都必须配备消防设备和系统,以便在无外援的情况下能够自救。

船上常用的消防系统可分为固定式和手提式两种。手提式灭火系统主要布置在各层甲板及舱室的指定位置,包括灭火器、水桶、砂箱、铁杆和铁钩等;固定式灭火系统是将灭火系统布置在固定场所,用管系接通到各个保护舱室,在灭火时利用阀门控制将大量的灭火剂经管系输送至失火舱室,主要有水灭火系统、蒸汽灭火系统、CO_2灭火系统、泡沫灭火系统和卤化物灭火系统等。

水灭火系统是以舷外水或自来水为工质的消防系统,由消防泵、消防总管、消防支管、消防栓、消防水带和水枪、喷嘴等组成。图4-38所示为自动喷水系统。

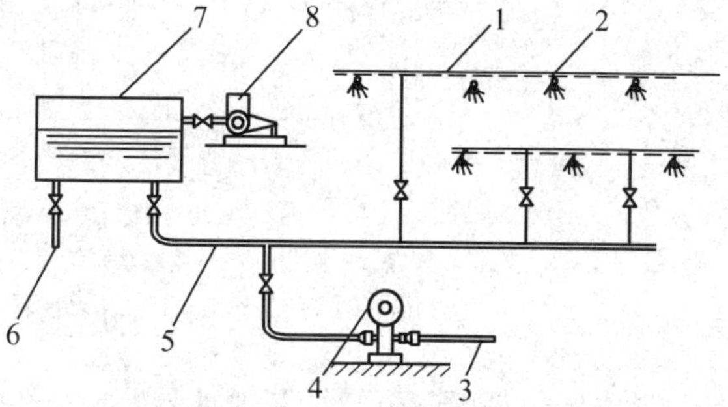

图4-38 自动喷水系统

1—支管;2—喷水器;3—接自通海阀的水管;4—海水泵;5—总管;6—淡水供应管;7—压力水柜;8—空气压缩机

蒸汽灭火系统是利用低压饱和蒸汽充满燃烧的空间,使舱内的含氧量下降至不可燃烧的比例,从而限制外界气体进入舱内以使火窒息的消防系统,由蒸汽锅炉、分配阀箱、控制阀、灭火管及喷嘴等组成。

CO_2灭火系统是利用CO_2不助燃、不导电、比空气重等特性来破坏燃烧条件的消防系统,由CO_2站、CO_2管路、CO_2瓶、CO_2瓶头阀和施放报警器等组成。图4-39所示为CO_2手动操纵装置。

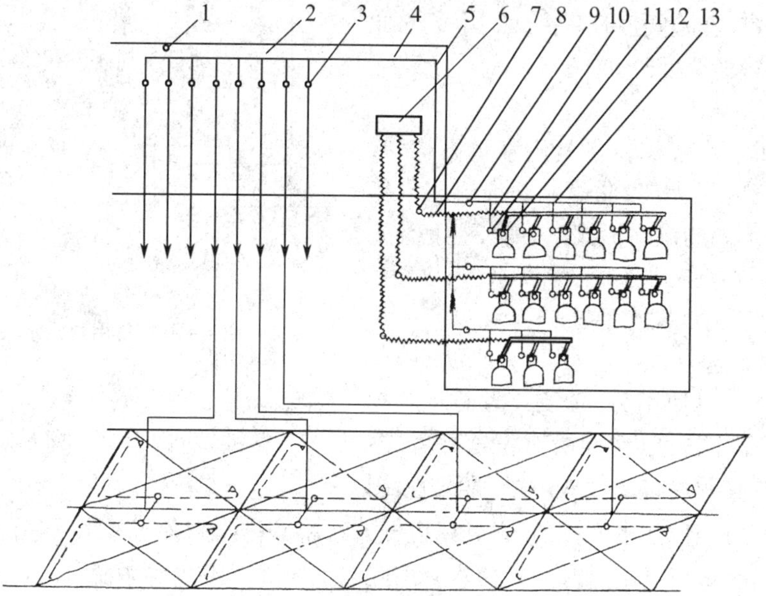

图4-39 CO_2手动操纵装置

1—压力表;2—分配阀箱;3—控制阀;4—截止阀;5—连接总管;6—拉环;7—滑轮;8—钢丝绳拉环;9—控制阀;10—连接管;11—止回阀;12—瓶头阀;13—集合管

泡沫灭火系统是利用窒息和冷却破坏燃烧条件达到消防目的的,由泡沫液贮存柜、泡沫混合器、泡沫发射器、管路和阀件等组成。图 4－40 所示为空气泡沫灭火系统。

卤化物灭火系统是利用其化合物的惰性、稳定性和不燃性来达到灭火的消防系统，由灭火器容器、灭火管路、驱动设备、操纵阀件和喷嘴等组成。

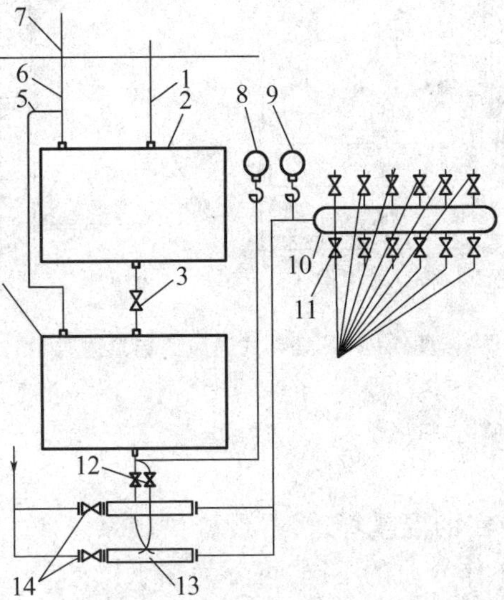

图 4－40　空气泡沫灭火系统

1—注入管；2，4—泡沫液贮存器；3—截止阀；5，6—空气管；
7—空气总管；8—真空压力表；9—压力表；10—泡沫混合液分配阀；
11—截止阀；12—泡沫液阀；13—泡沫混合器；14—海底阀

三、船舶通风系统

船舶通风系统用以排除舱室内的混浊和高温空气，输进外界的新鲜空气，保证船员的工作和生活条件，提供设备正常运转的环境。通风的方式按动力源可分为：自然通风、机械通风；按空气流向可分为：送气通风、抽气通风和送、抽综合通风；按通风的范围可分为：全面和局部通风；按系统的布置情况可分为：独立的、分组的和集中的三种。

自然通风是依靠自然界风速和因舱室内外温差而引起的空气密度差，促使舱内空气获得更换的一种通风方式。它主要依靠开孔（门、窗、舱口）和通风筒来完成，常见的通风筒有烟斗式、流吸式、扇形和菌形等形式，通常布置在露天甲板上。图 4－41 所示为货舱烟斗式通风筒自然通风的情况。

机械通风则是利用通风机、通风管道将舱外新鲜空气送入舱内，或将舱内的污浊空气排出舱外而获得新鲜空气的人工通风方式。图 4－42 所示为机械通风。不论是自然通风还是机械通风，都有送气和抽气之别。前者适用于起居、工作等舱室，后者则适用于厨房、厕所、浴室等处。对于换气率要求较高的机、炉舱、餐厅等处，可二者结合布置。机械通风的通风机多采用离心式或轴流式风机，一般布置在甲板、舱面等易于到达的舱室；通风管道截面通常做成圆形、正方形或矩形，布置通风管道应尽量直畅，避免急弯，一般机械进风总管多沿舱室的天花板布置，而机械抽风总管则安装在舱室的下部。

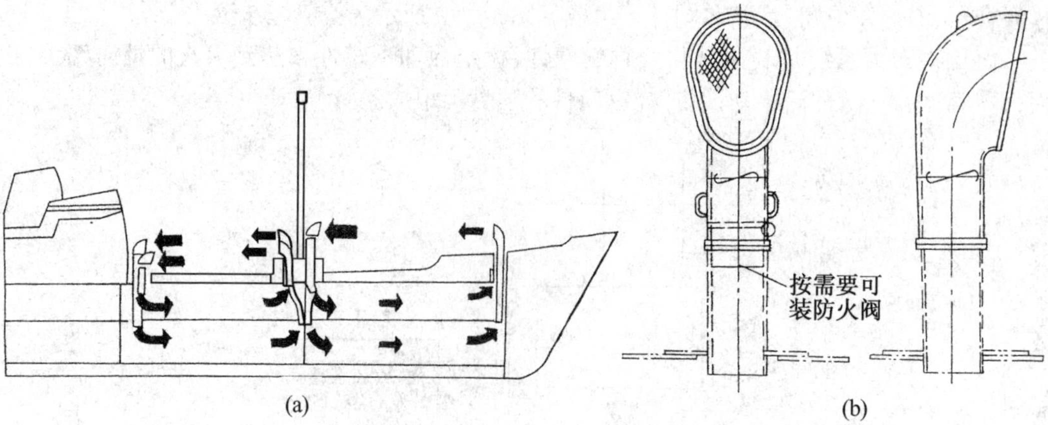

图4-41　烟斗式通风筒自然通风

四、供暖系统

为了保证冬季航行舱室的温暖舒适,需设置供暖系统。船上的供暖系统,按工作介质的不同,可分为热水供暖系统、蒸汽供暖系统,以及电热和热风的供暖系统。

热水供暖系统由于管路笨重,热水温度低又不适用于间断供应场所,因此已极少采用。

电热取暖耗电量大,费用昂贵,多作为辅助取暖用具。

蒸汽供暖系统分单管式(蒸汽供给和冷凝水排除在一根管上)和双管式(蒸汽和冷凝水管路)。蒸汽管路需用绝热材料包扎,管路上应按一定长度加设弯管式膨胀弯头,以免管路接头处损坏渗漏。图4-43所示为双管式蒸汽供暖系统。

热风供暖系统是将暖气和通风系统结合起来的取暖系统。除了原有的通风系统外还需加设空气加热站(多采用蒸汽加热)和温度调节阀等设施。其按被加工的空气初态分为无空气再循环系统和空气再循环系统。

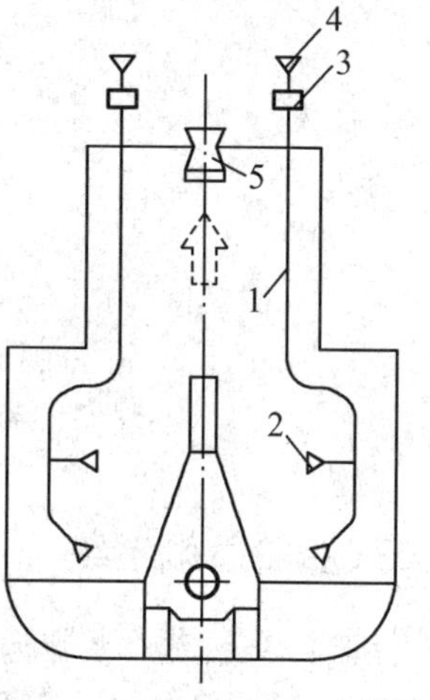

图4-42　机械通风示意图

1—通风管;2—出风头;3—通风机;4—通风筒;5—抽风机

五、空调与制冷系统

1. 空调系统

空调系统主要作用是将外界空气进行滤尘、加热(冷却)、加湿(干燥)后,再把经过加工处理后的空气送至各舱室,使舱室内的空气具有适宜的温度、湿度、纯度和速度,以改善船员和旅客的生活和工作条件及货舱的运输条件。

船舶空调系统由空气调节器、冷热源系统、泄水管道、空气管道、布风器、自动控制设备等组成。空气调节器是空调系统中的主要设备。

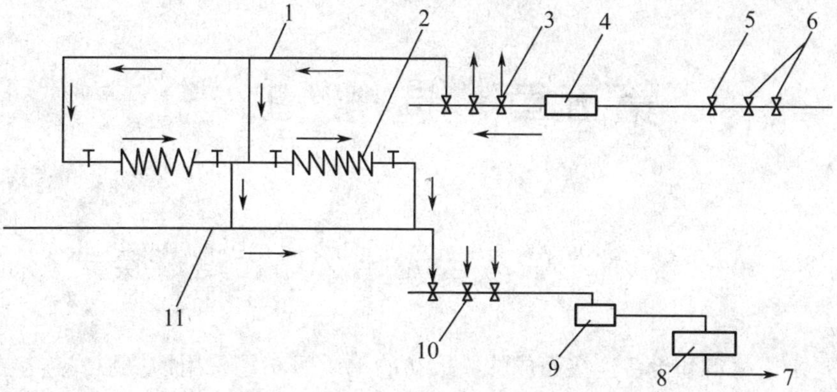

图 4-43　双管式蒸汽供暖系统

1—通至各舱室的蒸汽支管;2—暖气片;3—蒸汽阀箱;4—除水器;5—安全阀;6—减压阀;
7—通给水泵管路;8—温水箱;9—凝水阻汽器;10—凝水总管;11—凝水支管

空调系统按其布置方式可分为三类:

(1)集中空调系统

集中空调系统多适用于货船和油船的船员集中舱室区。通常将空气在一个至三个空气调节器中处理后,送至各舱室。

(2)分组集中式空调系统

由于客船的客舱多,各类舱室的调节要求不同,因此通常把邻近的、调节要求相同的房间进行分组,用较多的空气调节器分组进行空气处理后,送至各对应的舱室。

(3)独立空调系统

独立空调系统是某个舱室的小型空调系统。独立空调系统投资大,管理分散,但可满足个别舱室的特殊要求,如电子计算机室、机舱集中控制室和集中空调不能满足要求的舱室均常采用。

2. 制冷系统

一般船舶安装制冷系统的目的是储藏食物和改善航行中的生活条件,对专用的冷藏船,还为了冷藏运输的需要。

船用制冷的方法有两大类,一是天然冰制冷,二是机械制冷。由于天然冰制冷制冷量和冷藏室温难以控制,货物也易受潮,因此仅用于某些特殊场合,如水产船的冷库。目前大多数船均采用机械制冷。

为实现制冷的目的全部机械、设备、管路、附件和仪表组成了制冷装置。在制冷装置中制冷剂完成制冷循环所流经的机械、设备、管路及其附件,构成了完整的回路,称为制冷系统。根据其工作原理可分为:空气压缩制冷系统、压缩蒸发制冷系统、吸收制冷系统、蒸汽喷射制冷系统等几类。由于制冷剂的不同,主要有氨制冷系统和氟利昂制冷系统两类。

第五章 造船工艺

第一节 造船工艺流程及现代造船模式

船舶是由原材料和设备连接而成的。最初的钢质船舶是采用铆接形式连接的，随着焊接技术的应用和发展，焊接工艺取代了铆接工艺，从而使船体建造工艺有了很大的发展。特别是近年来在船体建造中还采用了电子计算机和数控技术，并应用了精度控制理论和成组技术原理，使船舶生产进一步向机械化、自动化、智能化和高效优质的方向发展。

一、造船工艺流程

船舶建造包括船体建造、舾装和涂装三种不同类型的作业。现代造船方法已发展为以区域为基础的区域造船法。即将船体建造、舾装和涂装三种不同类型的作业划分成区域，在每个区域内使各部分内容相互协调、有机结合地组织生产，形成壳、舾、涂一体化建造技术。

船舶建造的主要过程包括：船体放样和样板制作、钢材预处理和号料、零件加工（船体构件加工和舾装件的加工）、中间产品制造（部件装配焊接→分段装配焊接→总段装配焊接）、船舶总装（或称船台装配）、船舶下水、船舶试验、交船与验收。造船工艺流程如图5-1所示。

二、现代造船模式

1. 造船模式的类型及其特征

随着科学的进步和造船需求量的急剧增长，造船模式是不断发展、变化的。但相对于一段时期内又是稳定不变的。从铆接造船年代至今，已经形成四种有代表性的造船模式。

第一阶段：按功能/系统组织生产的造船模式。

第二阶段：按区域/系统组织生产的造船模式。

第三阶段：按区域/阶段/类型组织生产的造船模式。

第四阶段：按区域/阶段/类型一体化组织生产的造船模式。

上述四种造船模式虽在不同的历史阶段中形成且有其不同的特点，但深入对其分析，这四种模式实际上可分为有本质差异的两大类别。

(1)系统导向型造船模式（传统造船模式）

系统导向型造船模式实质上就是按功能/系统对产品作业任务进行分解和组合，并按船、机、电专业划分的工艺阶段，再细分为各个工艺项目作为船舶建造过程中的一个工艺环节，以工艺过程形式组织生产的一种造船模式。

(2)产品导向型造船模式（现代造船模式）

产品导向型造船模式实质上就是从船体建造、舾装、涂装一体化角度，按区域对产品作

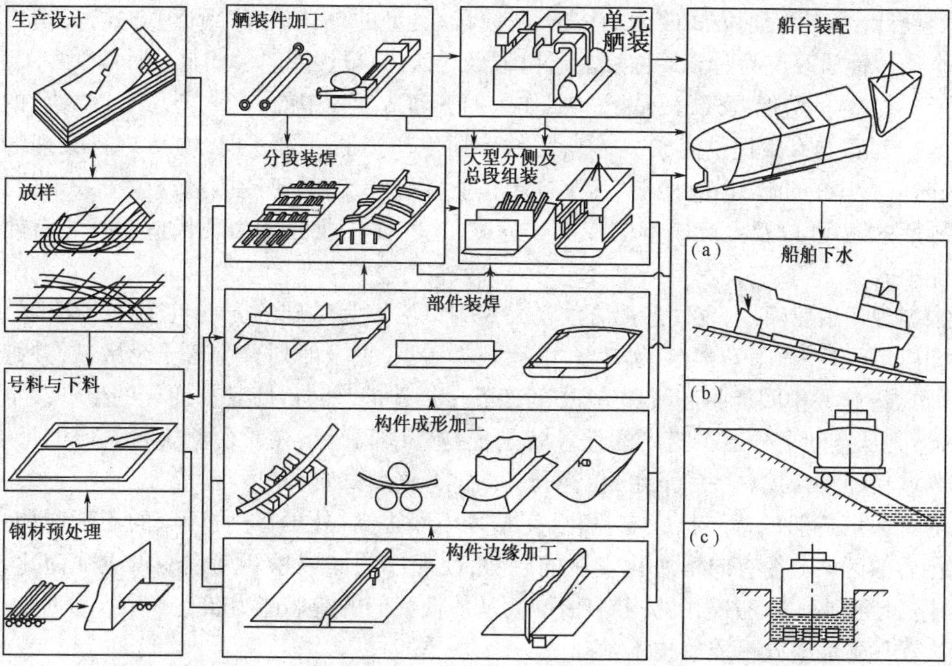

图 5-1 造船工艺流程示意图

业任务进行分解和组合,并按区域划分各类作业任务,形成船体以分段、舾装以托盘(或单元)作为组织生产的基本作业单元,进行船舶建造的一种造船模式。

上述截然不同的两类造船模式,不仅在组织造船生产的基本原则和基本方式上完全不同,而且在设计方式、生产方式和管理方式,以及船厂性质等方面也完全不同,其特征与差异可简要归纳如表 5-1 所示。

表 5-1 两类不同造船模式的比较表

对比项目	传统造船模式	现代造船模式
建模特征	系统导向型 (按功能/系统/专业)	产品导向型 (按区域/阶段/类型)
设计方式	按施工设计,分别由工艺、计划、生产等部门分专业,按系统进行工艺性设计; 设计、工艺、管理三者分离	按详细设计由生产设计部门集中进行区域性设计; 设计、工艺、管理融为一体
生产方式	按工艺路线以工艺项目分专业工种组织生产,先船体,后舾装	按设计编码,以区域划分的中间产品由混合工种、复合工种组织生产,壳舾涂作业同步、分道与一体化作业
管理方式	按专业分系统管理,管理方式属调度型	按区域综合管理、自主管理和托盘管理,管理方式属计划型
船厂性质	全能型	总装型

比较以上两类模式可以看出,现代造船模式的主要特征是,把传统造船按功能/系统/专业的设计、生产、管理方式改变为按区域/阶段/类型的设计、生产、管理方式,又把传统造船的全能厂性质改变为总装厂性质。可以形象地认为,现代造船模式是一种以“块”(区域)代“条”(系统)的造船模式,又是把“块”作为船舶建造过程中的一个“产品”,以“块”的合格质量的“产品”与有效提供完成“块”所需的一切生产资源(含人、财、物),进行合理的空间分道、时间有序的船体建造、舾装、涂装同步作业,以确保船舶建造质量与生产效率的提高,建造周期的缩短,以及生产成本的控制。为此,这种模式业已成为现代造船行之有效的一种造船模式。

根据现代造船模式,现代造船方法已发展为以区域为基础的壳、舾、涂一体化区域造船法。即以船壳为基础,以舾装为中心,以涂装为重点,把全船划分为若干个区域,并把这些区域(分段)作为中间产品进行建造,中间产品尽量外扩、外协,使其从船厂的生产线上分离出去,做到从空间上分道。船厂的任务就是把这些中间产品在船台上实行区域的吊装,所有的区域在经大合拢总装后下水,再经码头调试合格后试航交船。

随着区域造船的逐步扩大与深化,完整性不断提高,外扩、外协区域的不断增加,生产专业化后的区域造船有向模块化发展的趋势,使船舶的区域总装工作变得更加简化,效率将会成倍地提高。造船模式的不断现代化,就能使我们的造船能力跃上一个大台阶。

2. 现代造船模式形成的技术基础

现代造船模式,可理解为以统筹优化理论为指导,应用成组技术原理,以中间产品为导向,按区域组织生产,壳(船体建造)、舾、涂作业在空间上分道,时间上有序,实现设计、生产、管理一体化,均衡、连续地总装造船。现代造船模式形成的技术基础是成组技术与系统工程技术。

现代造船模式的形成,除应用成组技术和系统工程技术作为其建模的主要技术基础之外,还需有当代其他新技术的应用作支撑,如电子计算机技术、管理科学等新技术的应用。其中电子计算机技术的应用尤为重要,如若没有电子计算机技术的应用作支撑,而仅靠人工收集和处理信息数据,将会使船舶设计工作增加难度,而影响造船生产技术准备的周期。因此,现代造船模式的形成与电子计算机技术应用的扩大是分不开的。

总之,现代造船模式的形成是当代新技术在造船中应用的综合体现,是推进现代化的船舶设计、造船生产和生产管理的动力。

三、船舶制造装备的新发展

新技术、新船型和标准国际化程度的加深推动了船舶建造工艺的发展。船舶工业也引进了许多柔性、智能和信息方面的科学成果,不断创造出新的船舶建造技术,如船舶柔性制造技术、船舶敏捷制造技术、计算机集成制造技术、船舶绿色制造技术、船舶精益制造技术、船舶超大型总段制造技术、船舶平地建造技术和船舶虚拟制造技术等。

造船装备也向自动化和智能化方向发展,现代造船正逐步采用自动化设备代替人操纵各种机械,采用智能化设备替代人脑劳动,从而向工厂无人化方向发展。

1. 造船装备发展现状

各国在船舶制造中都先后不同程度地采用了自动化装备和机器人。应用最多的是机器人切割、装配、焊接和涂装。主要有:

(1)钢材预处理流水线

钢材预处理流水线功能有预热、抛丸除锈、喷漆、烘干等,是由CNC控制的自动化全封闭系统。

(2)钢板切割生产线

钢板切割生产线包括可进行零件切割、画线、坡口直线及变截面切割的CNC控制的等离子切割机和激光切割机。

(3)型材加工流水线

型材加工流水线包括可进行型材切割、开孔、端头处理的由CNC控制的全自动化封闭系统。

(4)T型材加工线

T型材加工线有装配、焊接、校直等功能。

(5)小构件加工流水线

经钢板生产线及型材加工流水线处理的钢材,配套后进入小构件流水线进行装配焊接。该系统配有小型门式CNC控制机器人。

(6)平面分段流水线

平面分段流水线功能包括拼板、型材装配和构件装配。配有大型门架拼板焊接机器人、型材焊接机器人和CNC构件箱形结构焊接机器人等。

(7)曲面分段流水线

曲面分段流水线由TTS公司研制成功的第一条流水线安装在丹麦的欧登赛船厂。该系统的单面焊接工作站能全方位倾斜,使其能在水平位置进行SAW单面焊作业。

(8)管子加工生产线

半自动和全自动管子加工生产线主要设备有管子料架、管子送料机、数控切管机、法兰供料机、法兰装配机、自动法兰焊接机和数控弯管机等设备。

国外先进船厂在总装及船台(船坞)合拢生产线上,已开发和成功应用的自动化装备还有供外板焊接的垂直焊、小平焊、仰焊及供潜艇合拢用的环形全方位自动焊接机器人。在涂装方面除钢材预处理外,日本、韩国及欧洲一些先进船厂都拥有功能完善的可全天候自动化喷涂作业的大型喷砂和涂装房。有的船厂还配置了可在特殊环境进行打磨和喷漆的机器人。

2.造船装备的发展趋势

造船装备的发展趋势是智能化。综合起来分为三个阶段:

(1)单机自动化

造船技术先进国家或企业基本上都已实现了单机自动化,如型钢切割自动化、肋骨自动弯曲机,以及数按弯管机等。这些单机主要是充分采用数控技术、计算机技术和机器人技术,其目的是使造船过程中某一工位实现自动化加工,以此减轻人工劳动强度,提高生产效率和加工质量。

(2)柔性自动化生产线

柔性自动化生产线的基础是单机自动化。它在国外的先进船厂也较普遍,如平面分段流水线、预处理流水线、型钢加工流水线、管子柔性生产线等。它是采用自动化单机,充分运用传感和检测技术、监控自诊断和自维修技术、自动物流技术及机器人等高新技术,使造船生产过程某一流程和某一制造阶段实现自动化。对于船舶及其设备,由于有多品种、小批量的特点,有的自动化生产线建成柔性生产线或柔性制造系统(FMS),以适应产品多样的需求。

(3)智能化造船

该阶段是造船生产的最高阶段。它是以企业为对象,在系统学的指导下将企业的全部生产经营过程(包括市场研究、经营决策、产品设计、加工制造、生产管理、销售及服务等)采用软硬件综合集成为一个集成系统。它由智能计算机、自动化装备和智能机器人组成。

第二节　船体放样与号料

船体放样与号料,就是将设计部门设计的船体型线图、结构图,按1:1或其他一定比例进行放样展开,以求得船体构件的真实形状和实际尺寸,然后再将这些已经展开的零件,在钢板或型材上进行实尺号料。船体放样是船体建造的首道工序,而且为船体建造的其他后续工序提供各种确切可靠的施工依据。所以,从根本上说,船体的建造质量在很大程度上取决于放样与号料的工作质量。

一、船体放样方法及内容

船体放样的目的是在保证设计型值的前提下,将设计图上因比例限制而隐匿的型值误差和曲线(面)不光顺因素予以消除,即对型线进行光顺;此外,还要补充进设计图中尚未完全表示出的内容;并依据放大光顺的图样求取船体构件的真实形状和几何尺寸,为后续工序提供施工资料(样杆、样板和草图等)。由此可知,放样既是设计意图的体现与完善的过程,又是产生后续施工依据的重要环节。

船体放样常用的方法有手工放样和数学放样之分。手工放样包括按1:1比例绘图的实尺放样和按1:10或1:5比例绘图的比例放样,比例放样的优点在于能减小放样台面积,降低放样工作劳动强度,其放样方法与实尺放样一样,只是所用的绘图比例、放样工具和技术要求有所不同。数学放样则是用数学方程定义船体型线或船体型表面,建立数学模型,借助于电子计算机完成船体放样。目前,手工放样基本上已被数学放样取代。

船体放样的主要内容包括:船体理论型线放样、肋骨型线放样、船体结构线放样、船体构件展开(包括外板展开和纵向构件展开)和为后续工序提供资料(包括样板、样箱的订制和草图的绘制等)。

二、船体型线放样

1.船体理论型线放样

船体理论型线放样,就是以设计部门的船体理论型线图(参见图2-7)上给出的理论型值为依据,以实尺或一定的比例在放样间地板上或放样台上进行型线图的绘制,使各投影面上各个对应的投影点完全一致,然后进行型线的校核工作,使每一根型线都光顺。通过这样的修正达到光顺船体外形的目的。数学放样时,是在计算机上进行船体线型的三向光顺。

对理论型线进行手工放样时,三视图布置形式,主要根据船舶尺度大小和线型变化情况及放样场地的大小而定。通常尺度小或线型变化大的可采用分离布置,尺度大并带有平行中体的可采用重叠布置。

2. 肋骨型线放样

肋板、肋骨、横梁、舭肘板等横向骨架和横舱壁等横向结构都是平行于横向剖面的横向构件，肋骨型线图直接为船体横向构件提供型线，反映它们的真实形状和大小。

肋骨型线放样是根据船体理论型线图的纵剖线图和半宽水线图来进行的，在横剖线图上画出各肋骨剖面与外板型表面（通常为内表面）的交线（即肋骨型线）。肋骨型线手工放样的步骤：在纵剖线图和半宽水线图上，根据设计规定的肋骨位置，作各肋骨剖面的投影直线。用两根样棒分别在纵剖线图和半宽水线图上录取同一肋骨的高度和半宽型值。将这两根样棒的型值转录到横剖线图上，用样条光顺连接各型值点，就是所求肋骨型线。图5－2所示为肋骨型线图的船中至船首部分。数学放样时肋骨型线在计算机上进行线型光顺。

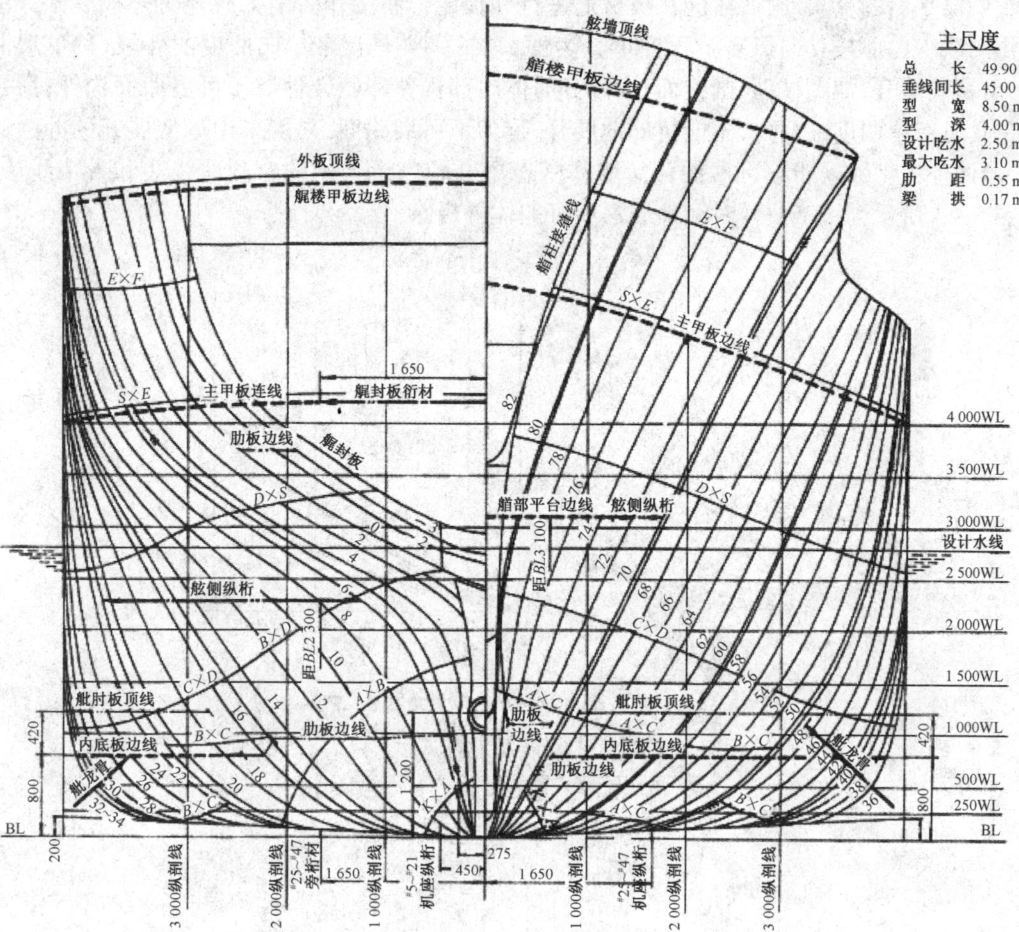

图5－2　肋骨型线图

在推进器穿出船体的地方，船体表面的光顺性和某些内部构件受到破坏，为了弥补这一缺陷，应对该处的肋骨型线进行修正，即对艉轴出口处进行放样，使其形成一个凸起的和缓过渡的封闭曲面。

三、船体结构线放样及构件展开

1. 船体结构线放样

船体结构线放样主要是在肋骨型线放样的基础上补绘出全部的结构理论线或其投影线。横向结构线放样主要是肋骨型线放样,纵向结构线放样就是在肋骨型线的基础上画出纵向构件与船体型表面及各肋骨剖面相交线的投影。然后,在肋骨型线图上画出外板排列的接缝线,如图5-2所示。

根据肋骨型线及船体结构线即可进行船体外板和内部构件的展开,以及订制样板、绘制草图等工作。

2. 船体构件展开

船体除了船中部较平直外,其他大多是曲面,形状各异,必须将外板逐块进行展开,求得它们摊平后的真实形状,才能在板材上进行外板的号料工作。手工放样时外板展开方法是作图法。曲面按其曲形复杂程度可分为两大类:一类是仅带单向曲度的外板,称可展曲面,可精确展开,如圆柱面、圆锥面,大部分船体内部构件和舾装件属于可展曲面构件;另一类是具有双重曲度的曲面,不能精确地展开,称为不可展曲面,只能采用近似展开的办法展开,船体外板多数属于不可展曲面。船体外板展开较广泛采用的有测地线法和十字线法。如图5-3所示为手工放样时测地线法展开船体外板。

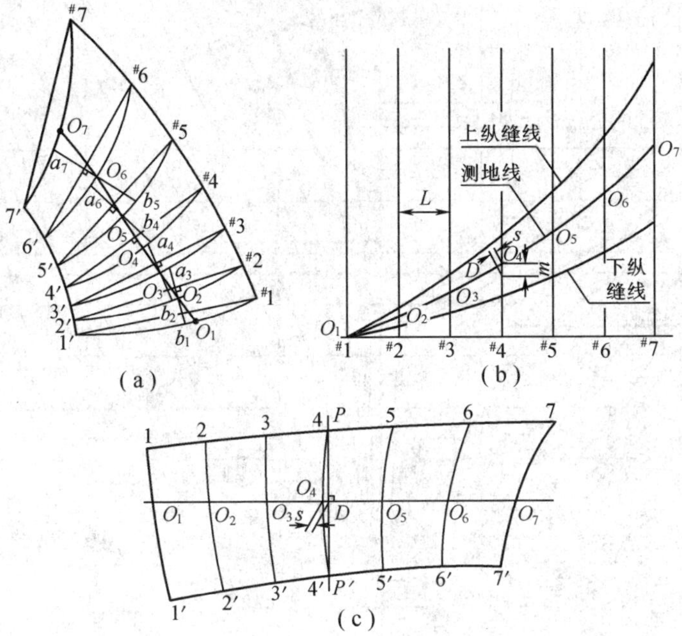

图5-3　测地线法展开船体外板

(a)作测地线;(b)求上下纵缝、测地线实长、中间肋骨弯度;(c)作展开图

四、样板和号料

船体型线放样和构件展开工作结束后,就要向船体车间提供号料、加工、装配及质量检

验等用途的放样资料，即草图、样板、样棒及样箱。

1. 样板及草图

(1)样板

具有双向曲度或展开后轮廓线边缘呈曲线的船体构件，一般需用样板进行号料。样板按其用途可分为号料样板、加工样板、装配样板、胎板样板和检验样板等；按其空间形状，可分为平面样板和立体样板(即样箱)。样箱主要用于船体结构上曲度特别复杂的部位，如轴包板、锚穴及球鼻艏等。样板和样箱大多由木质材料制成，活络三角样板则是采用铝质材料，是可调的样板，节省了材料和工时。

图5－4所示为船体号料、加工、装配所需要的各种样板，图5－5所示为艉柱包板样箱。

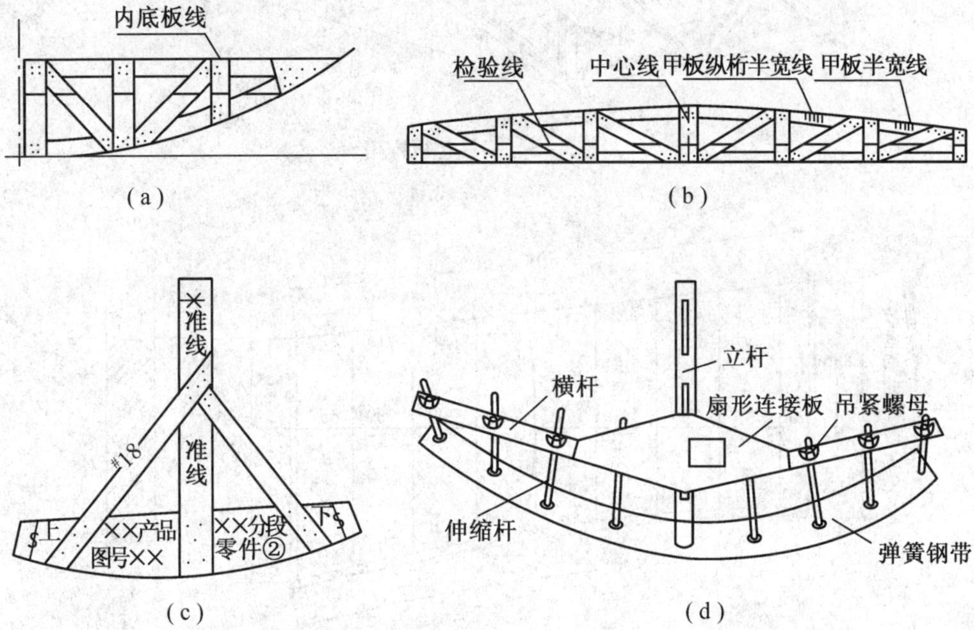

图5－4　船体号料、加工、装配所需要的各种样板

(a)肋板号料样板；(b)甲板横梁画线、加工样板；(c)外板加工、检验用三角样板；(d)活络三角样板

(2)草图

草图可将放样所取得的船体型值记录在纸上，用来进行号料和画线，它适用于形状简单的船体构件，如图5－6所示的船体外板草图。

2. 号料

号料是放样后的船体建造的第二道工序，所谓号料，就是将放样展开后的船体构件的真实形状和尺寸通过样板、草图、光、电、数控等不同的号料方法，实尺划(割)在钢板上或型材上，并标上船名、图号、零件号及加工符号等，为下道工序提供依据。采用数控切割加工时就省去了号料工序。

号料方法有很多，常用的有以下几种：样板号料、草图号料、光学投影号料、电印号料和数控套料。

(1)样板号料

样板号料用样板直接在钢板或型材上描出船体构件的实际轮廓线、构件安装线、加工

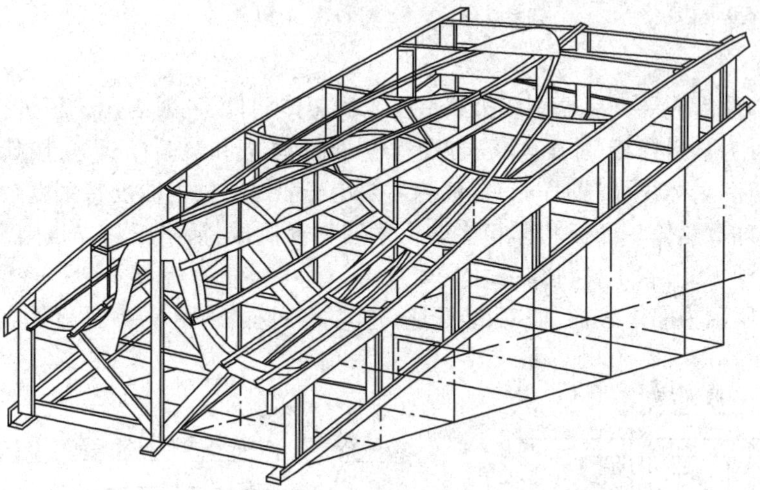

图5-5　艉柱包板样箱

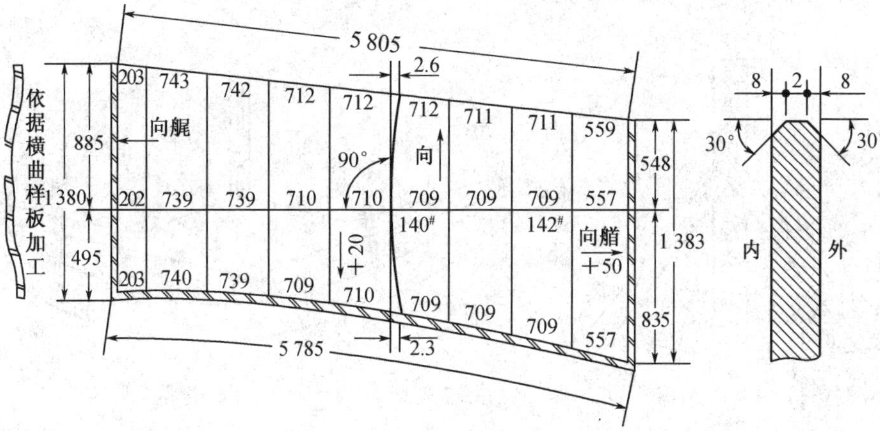

图5-6　船体外板草图

检验线和规定要求的余量线等,并做出必需的各种标记、符号等。

(2)草图号料

草图号料用草图上记载的基本形状和精确的形状尺寸,在钢板上通过作图的方式将其真实图形再现出来,其基本要求与样板号料相同。

(3)光学投影号料

光学投影号料在比例放样的基础上,将展开的各构件图形经过套料,绘制成精确的投影底图,或通过摄影制成更小比例的投影底片,然后在光学投影放大装置上放大,在钢板上投射出1∶1的构件图样,最后对投影的构件各线条进行手工复描号料。

(4)电印号料

电印号料在光学投影号料的基础上,将放大成1∶1的构件图形影像投射到覆盖有一层带负电的光导电粉末的号料钢板上,使其曝光,再经显影和定影处理,在钢板上留下号料的线迹,实现自动号料。

(5)数控套料

数控套料利用电子计算机确定船体构件的图形,再将这些构件图形置于钢板边框内进行合理排列的过程,称为数控套料。

五、计算机船体放样

1. 计算机船体放样概述

计算机船体放样是将计算机与船体放样这两大专业性较强的学科有机地融为一体。由于船体建造工程包含特有的船体放样工序,这道工序的主要内容有船体型线光顺、结构线放样和船体构件展开等。其主要任务是为后续工序提供准确的施工资料,属于产品设计资料的“再加工”性质。因此,在 CAD/CAM 技术中应用了计算机技术完成船体放样的各项工作内容,建立包括数学光顺、板缝线和结构线计算、构件展开计算和样板尺寸计算等功能的船体数学放样程序模块,成为 CAD/CAM 系统的主要组成部分,也是造船 CAD/CAM 技术特有的内容。

数学放样是指以计算机为工具,运用数学方法和原理进行船体放样的工作。船体数学放样,首先要解决的是能够用数字来表示整个船体曲面的真实形状,也就是要建立起一个船体数学模型。有了船体数学模型以后,就可以对船体表面进行适当的分割,将整个船壳用电子计算机模拟人工放样过程,用数学方法将每一张外板零件的精确形状计算出来。另外,用点、直线、圆弧、曲线等相交及拼接方法,与船体数学模型结合,就可以把各种船体结构零件的精确形状也计算出来。数学放样包括如下三个方面的工作:船体型线放样,船体结构线放样和结构零件的展开。主要有以下几步:第一步,船体数学三向光顺;第二步,船体板缝线的生成和外板展开;第三步,船体结构零件生成和展开。船体数学放样为数控绘图机或数控切割机提供了所需的数据资料。

数学放样除了船体结构放样外还应包括管系和电缆的放样。管系和电缆的放样主要是在船体放样的基础上,精确地布置管系和电缆系统,并得到相应系统的各类零件的尺寸和几何形状,为数控机床、弯管机等提供加工数据。

数学放样技术的应用使得传统的放样间和样板及样箱等工具逐渐成为历史,并使造船工艺产生了巨大变化。

2. 国内外计算机船体放样软件的种类和特点

20 世纪 60 年代初,随着计算机及其应用技术的发展,各国造船界相继研究成功了包括船体型线光顺和船体构件展开的数学放样,以及数控绘图机和数控切割机,为船舶建造应用数控技术实现综合自动化开辟了道路。

到目前为止,世界造船业开发成功的主要造船集成系统或造船计算机应用程序系统多达 40 个以上。其中外国较著名的造船集成系统有英国 AVEVA 公司的 AVEVA Marine (AM)船舶设计软件、美国 PTC 公司的 CADDS5i 系统、挪威的奥托控(AUTOKON)系统,西班牙赛纳(SENER)公司研制的福兰(FORAN)系统,瑞典造船计算机中心(VDC)研制的维金(VIKING)系统,考库姆(KOCKUM)计算机系统公司研制的斯梯贝尔(STEERBEAR HULL)系统,英国的 BRITISHIPS 系统,日本日立造船公司的 HICAS 系统,三菱重工业公司的 SHIP 系统等,其中 AM 是用于设计、建造船舶和海工项目的集成软件,国内很多船舶与海工企业在使用。我国的造船集成系统研制工作虽然起步较晚,在专业技术人员的努力下,已投入使用的有 HCS、HD - SHM。目前国内常用的是 AM、CADDS5、MASTSHIP 等系统,结合各船厂情况对软件进行了二次开发和数据库的完善,在船舶详细设计和生产设计中得到了广泛应用。这些系统的问世促进和完善了船舶设计和生产工艺准备工作,促进了造船数控技术的发展和应用,缩短了船舶设计和建造周期,提高了产品质量和企业管理水平。

第三节　船体钢料加工

船体钢料加工,是指将钢板和型材变成船体构件的工艺过程。它分为钢材预处理、构件边缘加工和构件成形加工三大类。

一、船体钢材预处理

供船厂使用的板材和型材,由于轧制后冷却收缩不均匀和运输堆放中的各种影响,会变形和锈蚀。为了保证号料和加工质量,船厂在号料前,应先对钢材进行矫正和除锈,并涂上防锈涂料,这个过程称钢材预处理。

1. 钢材的矫正

钢板的矫正一般是在多辊矫平机上进行的,一般有5~11个工作辊。图5-7所示为七辊矫平机及工作原理。钢板越厚,矫正越容易。薄板容易变形,矫正比较困难。厚度在3 mm以上的钢板通常在五辊或七辊矫平机上进行矫正。厚度在3 mm以下的钢板通常在九辊、十一辊或更多辊的矫平机上进行矫正,若仍不满足要求,可辅以手工矫正。对厚度超过矫平机加工范围的,可使用液压机或三辊弯板机进行矫正。

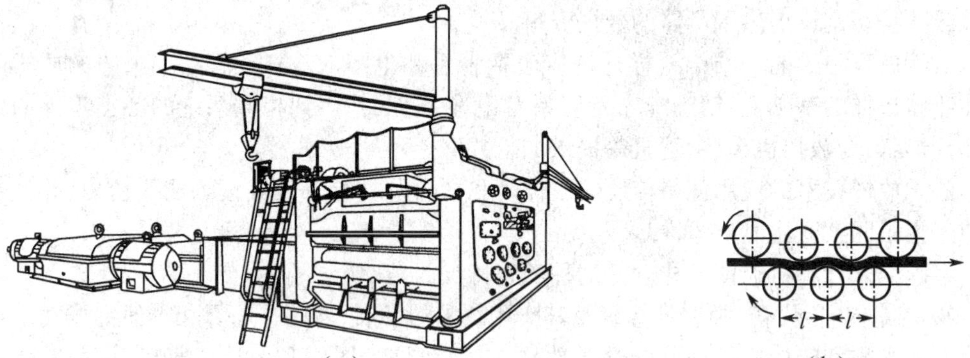

(a)　　　　(b)

图5-7　七辊矫平机及工作原理图

(a)七辊矫平机;(b)矫平机工作原理

对于平直的型材构件,应先在型材矫直机上矫直,再进行号料和切割;对于弯曲的型材构件,因为加工时要留有余量,所以不必经过矫直,可直接进行号料、切割和弯曲加工。

2. 钢材表面的清理和防护

钢材表面的清理和防护,是指将钢材表面的氧化皮和锈斑清除干净,然后再在除锈的钢材表面涂刷防锈底漆的工艺过程。用于钢材原材料表面处理的方法有抛丸法和酸洗法。

(1)抛丸法

抛丸法是利用离心式抛丸机的旋转叶轮将铁丸或其他磨料高速抛射到钢材的表面上,

使氧化皮和锈斑剥离的一种除锈工艺方法，有立式和卧式两种，现在多用卧式的，如图 5 – 8 所示。

(2)酸洗法

酸洗法把脱脂并洗净后的钢材置于酸洗槽中，将氧化皮和锈斑去除，用冷水洗净后，再用碱液将残余的酸液中和，然后再用水冲洗干净。经过酸洗后的钢材，必须有一定的防护处理，才能在以后的加工和贮存过程中减少或免于腐蚀，常用的方法是放入磷化槽中做磷化处理。

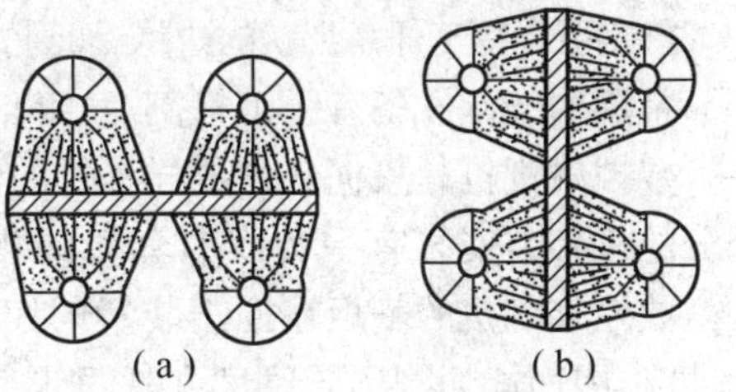

图 5 – 8　抛丸除锈的基本形式

(a)卧式；(b)立式

3. 钢材预处理流水线

钢材预处理流水线，是指钢材输送、矫正、除锈、喷涂底漆、烘干等工序形成的自动作业流水线，如图 5 – 9 所示。通常分为钢材预处理流水线和型材预处理流水线两种，也有在同一流水线上既处理钢材又处理型材的情况。

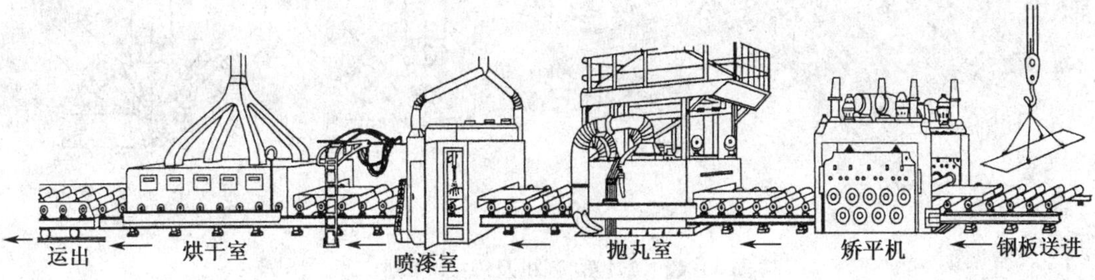

图 5 – 9　钢材预处理流水线

二、船体构件的边缘加工

船体构件的边缘加工主要指经过号料(或套料)的船体钢材的切割分离及焊接坡口的加工。船体构件的边缘可以分为直线边缘与曲线边缘。焊接坡口是为了保证船体构件接缝的焊接质量，分为 I 型、V 型、K 型、X 型和 U 型等，开焊接坡口通常是在切割分离之后进行的(用刨边机或铣边机等)，也可在切割分离的同时完成坡口的加工。船体构件边缘加工的方法有机械切割法(剪切、冲孔、刨边和铣边)，化学切割法(气割)和物理切割法(等离子切割和激光切割等)。

1. 机械切割

船体加工车间里剪切直线边缘构件的加工机床主要有斜刃龙门剪床和压力剪切机(或联合剪冲机)两种，较常用的是龙门剪床。剪切曲线边缘的切割机有圆盘剪切机。

斜刃龙门剪床是用来剪切长直边构件的专用设备，对于中、薄板的直线剪切尤为适宜。龙门剪床的剪板刀片比较长，一般为 1.5 ~ 5.2 m，最大达 8.3 m，剪切厚度最大可达 20 ~ 50 mm，每分钟行程次数为 5 ~ 45 次。

2. 化学切割

化学切割主要采用的是氧炔气割，它的实质是金属在氧气中燃烧。气割的过程由三个阶段组成:金属的预热、金属的燃烧、氧化物的排除。

气割可以加工任意形状的边缘,切割的厚度较大,又可实现自动化,是目前较常用的方法。

常用的气割设备有手工气割炬、半自动气割机、高精度门式自动气割机和数控气割机。

数控气割机是根据数学放样提供的资料,自动地切割所需船体构件。数控切割机执行部分的机架上安装有一套或数套切割装置。其机架多为悬臂式结构、门式结构或桥式结构。数控气割机的割炬在控制装置的控制下,除了能做平面移动外,还有自动升降和旋转等功能,因而能切割不同厚度和任意形状的构件。若切割装置为多割嘴割炬组,则可切割焊接坡口。若配置有画线装置,则还能在钢板上画安装线、加工线和各种符号。图5-10所示为数控切割机及焊接坡口加工。

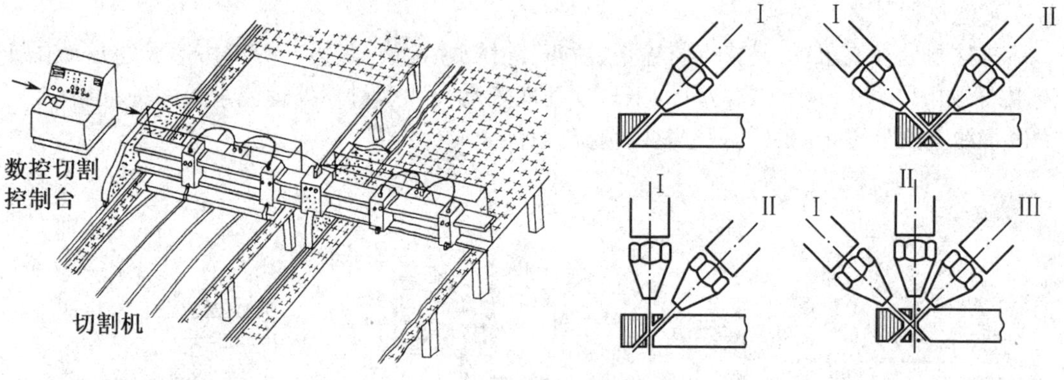

(a)　　　　(b)

图5-10　数控切割机及焊接坡口加工

(a)数控切割机;(b)焊接坡口加工

3.等离子切割

近年来造船业采用了高效的物理切割法,如等离子切割等方法。目前大中型船厂都有数控等离子切割机,它具有热变形较小、切割速度快、切割质量好(边缘不需要打磨)、切割材料种类多、切割成本低等优点。但如果直接在空气中进行,对操作人员的安全和环境十分有害,现在发展成水下等离子切割,即湿式等离子切割。

三、船体构件的成形加工

船体非平直构件较多,在边缘加工以后,还需要进行弯曲成形,这种弯曲成形的工艺过程称作成形加工。成形加工一般分为板材成形加工和型材成形加工两种。

1.板材成形加工

板材成形加工的主要方法有机械冷弯法和水火弯板法。一般单向曲度板都采用机械冷弯法加工。而复杂曲度板则先用机械冷弯法加工出一个方向的曲度(该方向曲度较大),然后再用水火弯板法加工出其他方向的曲度;若批量较大,则可在压力机上安装专用压模压制成形。

(1)辊弯

辊弯是一种冷加工方法,主要设备有三辊弯板机、四辊弯板机,其中三辊弯板机应用最为广泛。辊弯主要适用于加工圆柱形和圆锥形板材,也可加工复杂曲度外板。

三辊弯板机由一个上轴辊和两个下轴辊组成。下轴辊是主动辊，由电动机通过减速器带动其旋转，上轴辊是从动辊，可上下调节。当板材的一端送入上辊与下辊之间后，降下上辊，使上、下辊之间的间距略小于板材的厚度，当轴辊转动时，板材在这三个旋转的轴辊之间进行弯曲，如图 5 - 11 所示。

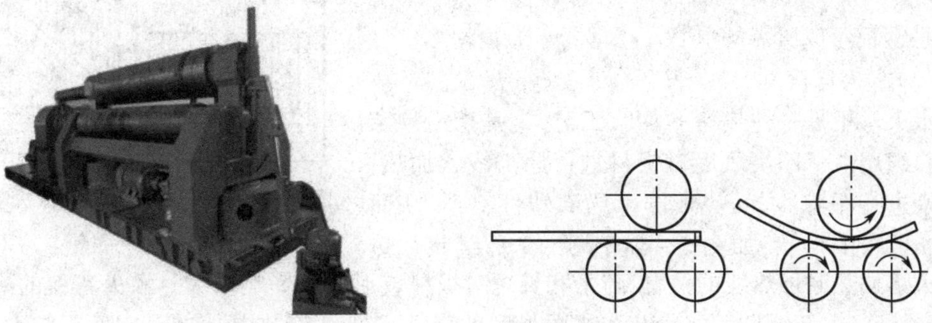

(a) (b)

图 5 - 11 普通三辊弯板机及弯板工作示意图

(a)三辊弯板机；(b)三辊弯板机工作示意图

(2)压弯

压弯是一种以冷加工为主的弯曲方法，主要设备有液压机，少数船厂用万能弯板机来弯制复杂曲度板。

液压机是利用液体压力对板材压弯成形的一种冷弯设备。根据使用的液体介质不同，分为油压机和水压机两类，其中油压机使用比较广泛。液压机的结构形式有悬臂式和柱式两种，船体加工中通常采用的是悬臂式，如图 5 - 12 所示。液压机进行压弯加工时，必须在压头上装设压模(分上模和下模)，由压模保证板材的形状。

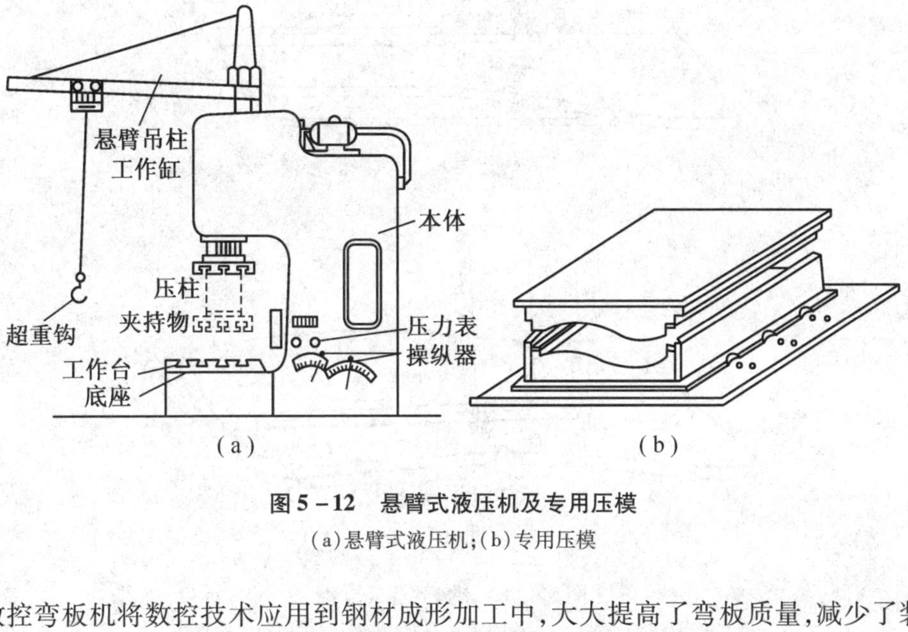

(a) (b)

图 5 - 12 悬臂式液压机及专用压模

(a)悬臂式液压机；(b)专用压模

数控弯板机将数控技术应用到钢材成形加工中，大大提高了弯板质量，减少了装配和矫正工作量。图 5－13 所示为多压头式数控弯板机弯板原理。弯板时,运用数控程序将其下模(或上模)的各压头逐个自动加以调节,使它改变高度,形成与所要求的钢板形状相同的曲面,并考虑回弹量。当被弯钢板定好位后,上模(或下模)的各压头下降(或上升),将钢板弯成所需的形状。

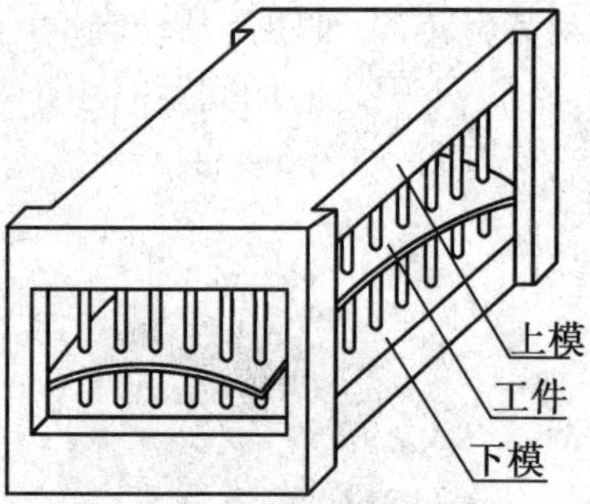

图 5－13　多压头式数控弯板机弯板原理示意图

(3)水火弯板

水火弯板是一种热弯的加工工艺,它是指沿预定的加热线用氧—乙炔烘炬对板材进行局部线状加热,并用水进行跟踪冷却,使板产生局部塑性变形,从而达到所要求的形状,如图 5－14 所示,又称线状加热法。火焰加热时加热线的位置、疏密和长短对板材成形效果影响极大。水火弯板的冷却方式有自然冷却、正面跟踪水冷却和背面跟踪水冷却,造船生产中常用的是正面跟踪水冷却,

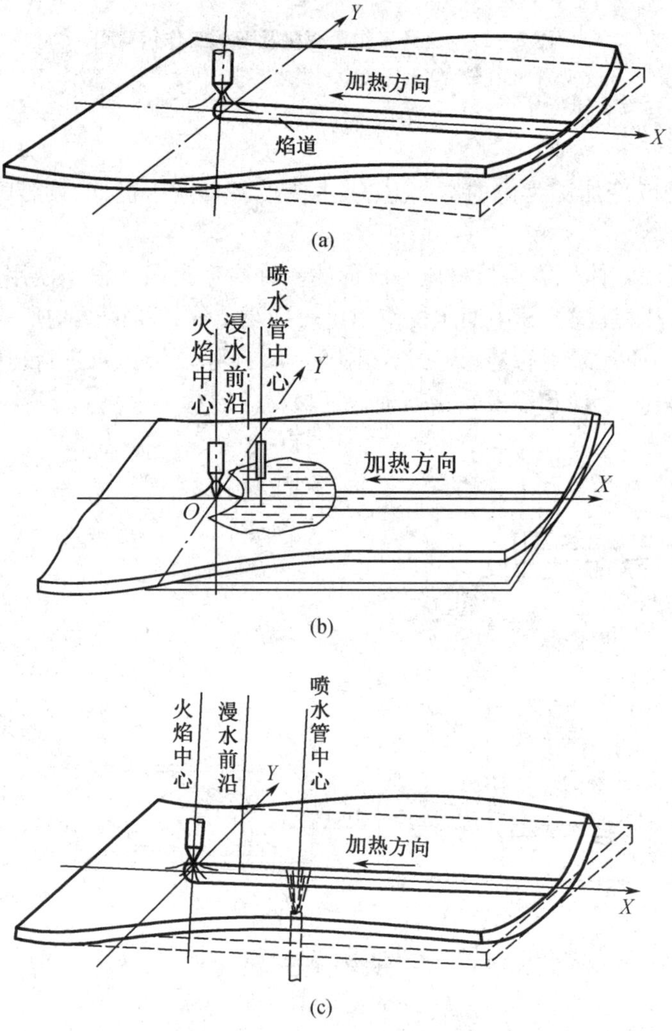

图 5－14　水火弯板示意图

(a)空气冷却法;(b)正面跟踪水冷却法;(c)背面跟踪水冷却法

它的成形效果比自然冷却好，并且还具有操作方便的优点。90% 以上的船体复杂曲度板都采用水火弯板法加工。该方法具设备简单、生产效率高和成形质量好等优点，尤其适合单件生产和小批量生产。

2. 型材成形加工

型材成形加工的方法有冷弯和热弯，冷弯比热弯应用得广泛。

目前大多数船厂都采用冷弯法来加工肋骨等型钢构件。肋骨冷弯成形的方法有三支点肋骨冷弯机冷弯、纯弯曲原理肋骨冷弯机冷弯、型材矫直机冷弯、三轮滚弯机滚弯、多模头一次成形数控肋骨拉弯机冷弯。使用最广泛的冷弯成形设备是逐段进给式肋骨冷弯机。

如图 5－15 所示是三支点逐段进给式肋骨冷弯机工作部分。在冷弯某一段时，安装在固定夹头两侧的可动夹头连同所夹持的型材一起做如图 5－15 所示的进退和旋转，对型材施加外力，将型材弯曲成所需要的形状。一段弯好后，再进给一段，这样逐段冷弯出整根肋骨。

型材构件也可采用热弯加工，中频弯曲淬火工艺对弯曲某些低合金钢环形肋骨效果很好。其原理是，利用频率为 2 500 Hz 的电流通过感受应器产生一个交变磁场，当肋骨以 2～3 mm/s 的速度从感应器中穿过时，钢在交变磁场下产生大量的热，把肋骨局部加热到淬火温度。在高温下，钢的塑性增大，由于弯曲机床的下轮作用，在这个被加热区的狭窄带上发生弯曲，随后进行喷水淬火。肋骨经弯曲淬火后，放进大型回火炉进行回火，最后在液压机上矫正，图 5－16 所示为中频感应加热弯曲肋骨工艺。

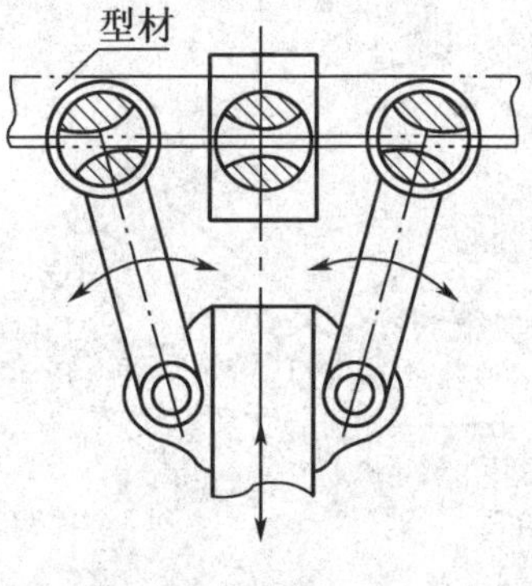

图 5－15　三支点逐段进给式肋骨冷弯机工作部分示意图

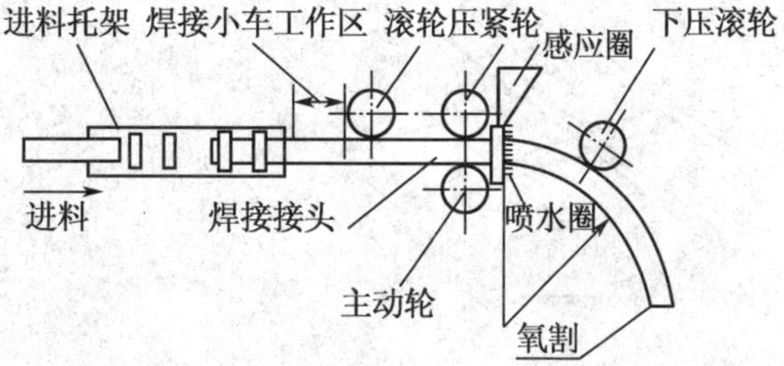

图 5－16　中频感应加热弯曲肋骨工艺

第四节　船体装配与焊接

钢质海船焊接船体的建造，通常是将船体划分为若干个分段（或总段）分别制造，然后在船台上（或船坞内）将各分段合拢成整个船体。船体装配分船体结构预装配和船体总装。船体结构预装配是将船用钢材从零件→部件（或组件）→分段→大型分段（或总段）的装配过程。

一、船体结构预装焊工艺装备

船体结构预装焊所使用的主要设备有起重、电焊、气割和压缩空气设备，以及管道、平台和胎架等。其中,平台和胎架是预装焊作业所特有的主要工艺装备,也是决定装焊车间生产能力的重要设备。

1. 平台

平台一般是由水泥基础和型钢、钢板等组成的具有一定水平度的工作台,分为固定式和传送带式两大类。

(1)固定式平台

固定式平台主要用于装焊船体部件、组件、平面分段和带有平面的立体分段等,也可作为设置胎架的基础。为保证部件、组件和分段制造的质量要求,它应具有牢固的基础、足够的结构刚性和表面平整度。如图5-17所示,固定式平台有以下几种:

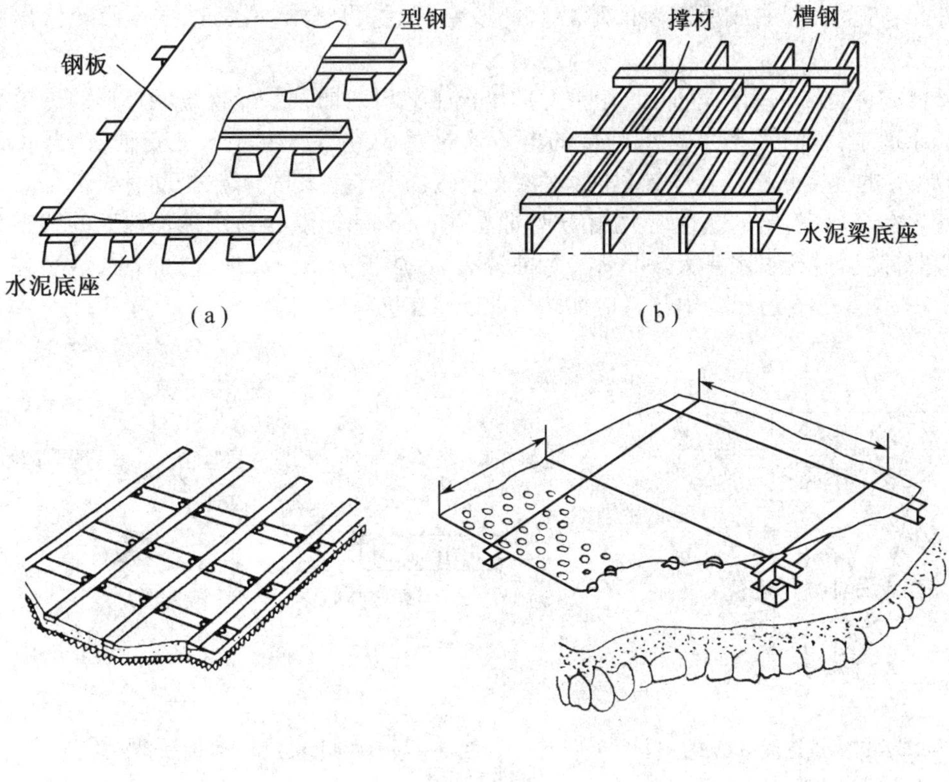

图5-17 固定式平台

(a)钢板平台;(b)型钢平台;(c)钢筋混凝土平台;(d)蜂窝平台

钢板平台(即实心平台),其工作面由厚度大于10 mm的钢板铺设而成。型钢平台(即空心平台)是由型钢组成的平台。水泥平台是用钢筋混凝土浇成的,并在其表面埋入许多T型材等型材。钢板蜂窝平台由钢筋混凝土作为基础,由型钢框架和开有蜂窝状圆孔的铸铁平板(或钢板)组成。

(2)传送带式平台

传送带式平台设有相应的传送装置,既可用于部件、组件和平面分段的装焊,也可用来运送工件,是组建生产流水线的重要工艺装备。有以下几种形式:

链式传送带平台、辊柱式传送带平台、台车式平台、圆盘式传送带平台等,如图5－18所示。

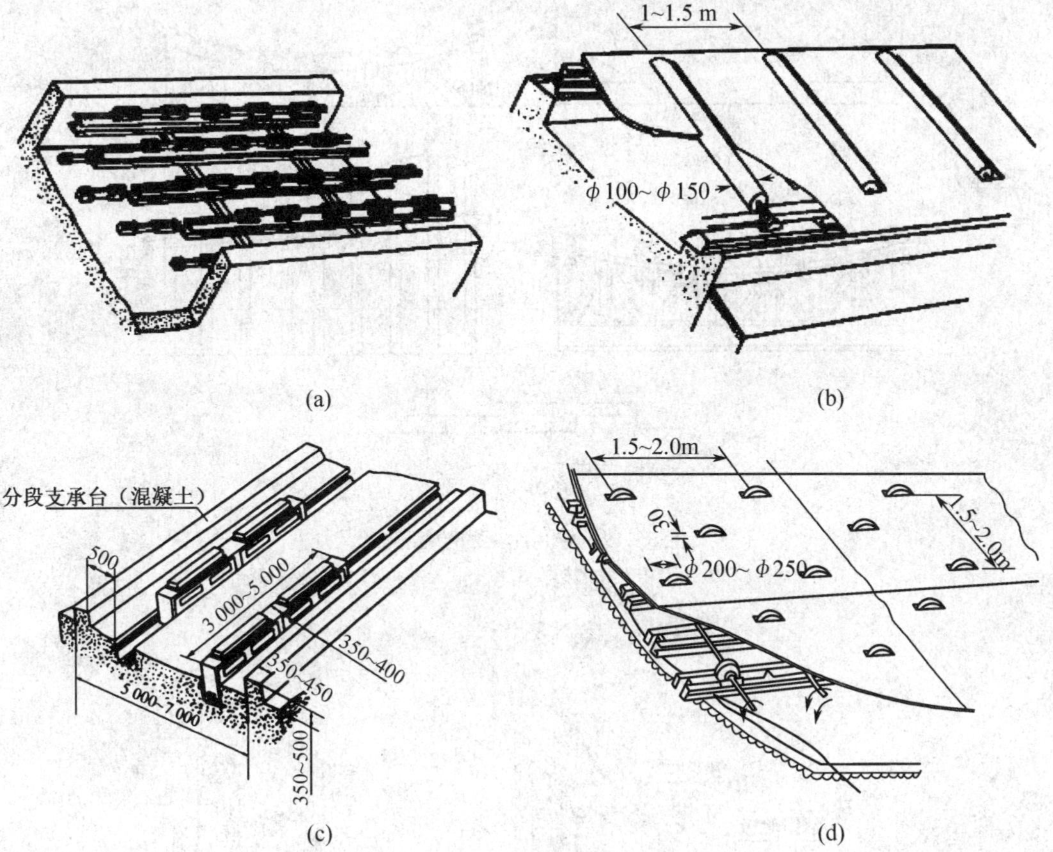

图5－18 传送带式平台

(a)链式(b)辊柱式;(c)台车式;(d)圆盘式

2. 胎架

胎架是制造船体曲面分段和曲形立体分段的形状胎模和工作台。它应具有足够的结构刚性和强度,主要作用是支撑分段、保证分段曲面形状和控制其装焊变形。

胎架的种类有很多,按其适用范围分为专用胎架和通用胎架两大类。

(1)专用胎架

专用胎架是专供某种分段使用的,如底部、舷侧、甲板、艏、艉柱分段等。图5－19所示为专用胎架的胎板形式,按结构形式可分为以下几种:

①单板式胎架,由整块胎板组成;

②桁架式胎架,由桁架和型线胎板组成;

③框架式胎架,由框架和固定小模板组成;

④支点角钢式胎架。在需设置胎架模板的肋位上,竖起若干根角钢。

(2)通用胎架

通用胎架是可供各种船舶的不同分段使用的胎架。如图5－20所示,主要有以下两种形式:

①框架式活络胎板胎架,由框架和活络小胎板组成,通过调节小胎板高度位置,可获得

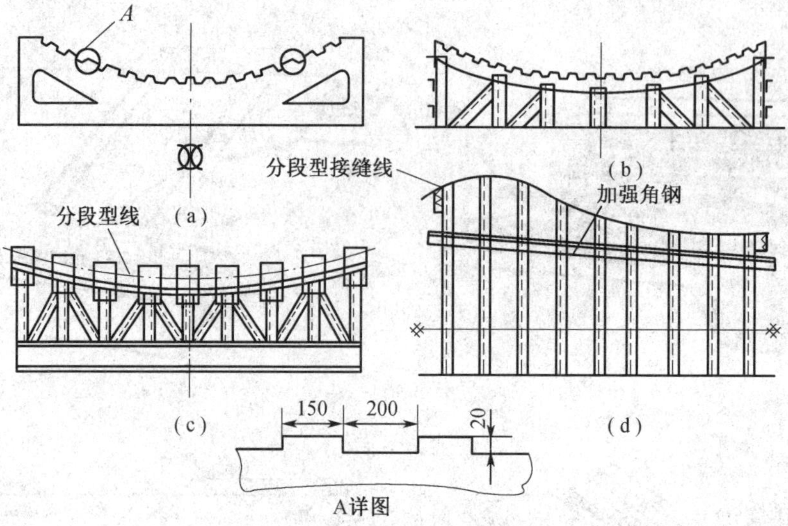

图5-19　专用胎架的胎板形式

(a)单板式胎架;(b)桁架式胎架;(c)框架式胎架;(d)支点角钢式胎架

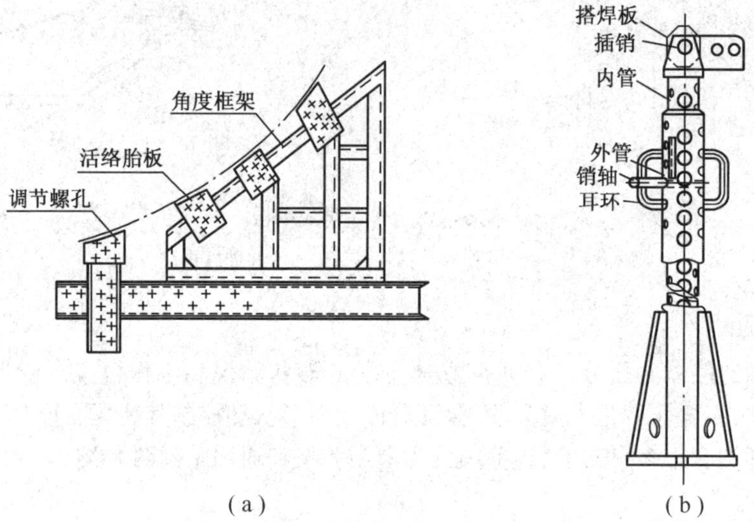

图5-20　通用胎架形式

(a)框架式活络胎板胎架;(b)套管式胎架

不同的工作曲面;

②套管式胎架,胎架的支柱是由内外两根不同直径的钢管套接而成,使用时按胎架型值调节支柱高度,并用销轴插入销孔加以固定。

二、船体结构预装焊

船体结构预装焊将大部分船体装配焊接作业从船台移至车间内场,在施工条件好的平台或胎架上进行作业,既改善了劳动条件和作业安全性,又提高了生产效率。由于船体大部分构件要经过船体结构预装焊过程，工艺程序是否合理直接影响了船体建造质量的好坏、装配作业的难易、船体变形的大小及建造周期的长短等。

1. 船体部件装焊

船体部件装焊（或小组立）是指将两个或两个以上的船体零件组合焊接成部件或组合件的过程。如板的拼接，各种T型梁、肋骨框架、主机和辅机基座、艏柱、艉柱、舵等的装焊，该过程是在平台或胎架上进行的。部件装配焊接是船体装配焊接的第一道工序，部件装焊后，大部分是送往分段装配区进行分段装配，也有少量的被送到船台上进行船体总装。

这里仅就板的拼接和T型梁的装焊介绍其主要工艺过程。

（1）钢板的拼接

船体结构中的各层甲板、平台、纵横舱壁、围壁、内底板和平直的外板等大面积板，均可预先拼板，拼板通常是在钢板平台或型钢平台上进行，并广泛采用埋弧自动焊。

钢板拼接过程如下：拼板前应将刨过边的钢板边缘用砂轮等工具消除铁锈，然后按工作图或拼板图的要求，将钢板铺在平台上，并核对钢板号料时所标注的符号、艏艉方向、肋骨号等。将基准端对平齐，用花篮螺丝紧固，薄板用撬杆撬紧，然后进行定位焊，焊接前应在板缝的两端设置引弧板和熄弧板，随后进行焊接。焊缝若采用双面焊则需进行翻身，现在很多船厂已采用单面焊双面成形自动焊工艺。

（2）T型梁的装焊

船体结构中的强肋骨、强横梁、舷侧纵桁、舱壁桁材和单底船的肋板、中内龙骨、旁内龙骨等都是T型部件，由腹板和面板组合而成。有些宽腹板的T型梁，其腹板上还装有一定数量的角钢或扁钢扶强材。T型梁分直T型梁和弯T型梁两类。图5－21所示为T型梁装配。

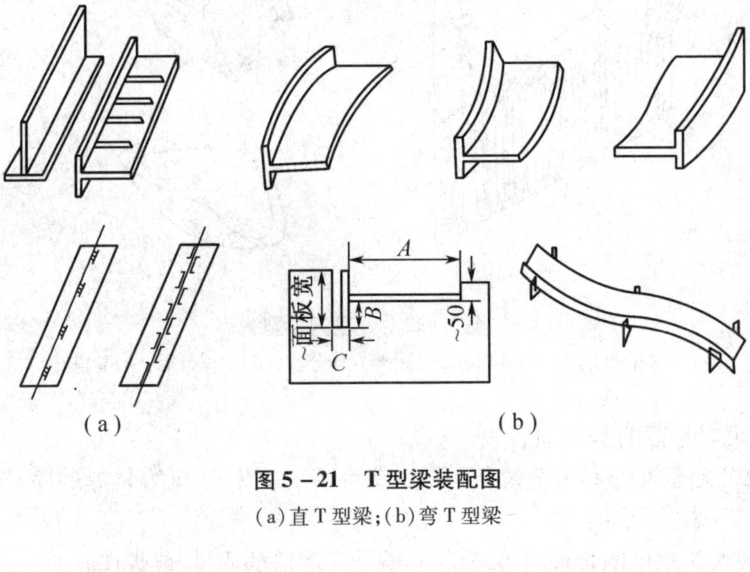

（a）　　（b）

图5－21　T型梁装配图

（a）直T型梁；（b）弯T型梁

直T型梁一般在平台上采用倒装法进行装焊。拼装程序为：先将面板在装配平台上按件号摊开，长度方向拼好后（长度方向有拼接时），在面板上弹划出腹板的安装位置线，标上厚度记号，腹板和面板断面错开须标明错位尺寸的标记。检查腹板与面板的垂直或倾角（倾斜形状T型梁），然后进行定位焊。

弯T型梁在胎模上采用侧装法进行装焊。拼装程序为：先将腹板铺放在搁架上，随后将划好安装线的面板插入槽内，用铁楔压紧，检查角度形状符合要求后，即可进行定位焊。

对于直T型材的装配焊接,已研制成直T型材自动装焊机,它由装配、焊接和翻落三部分组成。T型材从上料到装配焊接完,并翻落在地面上的整个装配焊接过程实现了机械化,大大减轻了劳动强度、生产效率显著提高,焊缝质量好。

2. 船体分段装焊

船体分段装焊(或中组立及大组立)是将零、部件组装成船体分段结构的工艺过程,是船体装配焊接工作中的重要组成部分。分段建造周期长短、质量的好坏对船舶整体的建造周期和建造质量有很大的影响。

分段的种类有很多,按其外形特征大致可分为以下几类:平面分段、曲面分段、半立体分段、立体分段和总段,如图5-22所示。

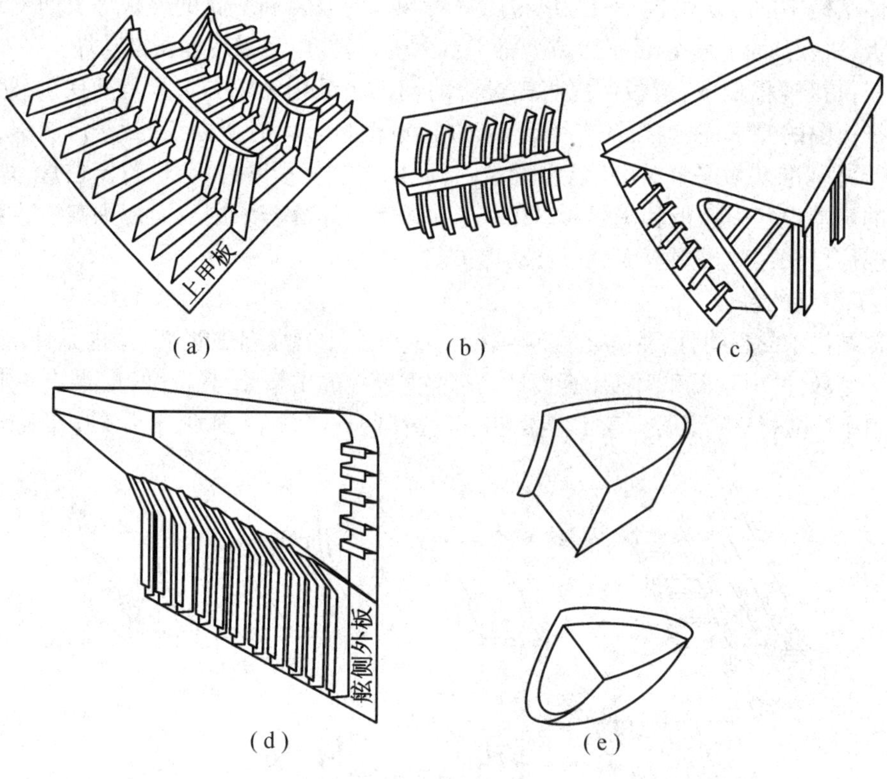

图5-22　分段的类型

(a)平面分段;(b)曲面分段;(c)半立体分段;(d)立体分段;(e)总段

(1)分段装焊工艺的基本内容

选择分段装配基准面和工艺装备(平台或胎架);决定合理的装焊顺序;决定合理的焊接程序;提出施工技术要求。

其中,分段装焊顺序的合理与否,直接影响分段制造的质量、装焊作业的难易程度、辅助材料的消耗量及分段制造的周期等。同一分段可有不同的制造和装焊顺序,不同的分段更可有各自不同的制造方法和装焊顺序,应选择适合于分段的最佳制造方法和装焊顺序。

(2)分段建造方法

在分段建造之前首先应确定分段建造时采用的建造方法。按装配基面分,有正造法、反造法和侧(卧)造法三种,如图5-23所示。

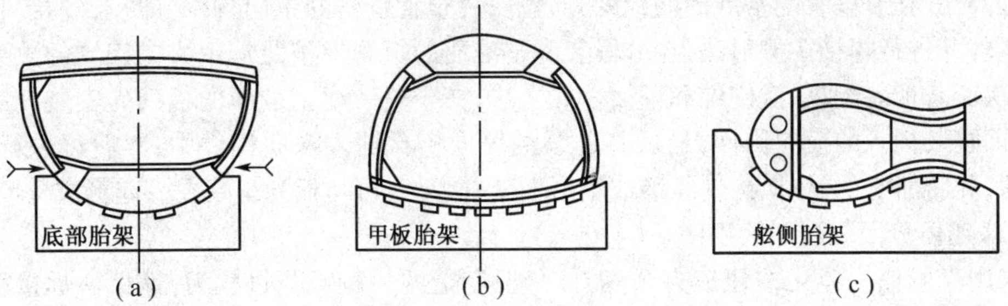

图 5－23　分段建造方法

(a)正造法;(b)反造法;(c)侧(卧)造法

采用正造法分段建造时的位置与其在实船上的位置一致(图 5－23(a))。反造法分段建造时的位置与其在实船上的位置相反(图 5－23(b))。侧(卧)造法分段建造时的位置与其在实船上的位置成一定的角度或垂直(图 5－23(c))。

分段构件装配程序一般是先铺板,后画线,再安装构架。按构件安装顺序其装配方法有:分离法、放射法、插入法及框架法等,如图 5－24 所示。

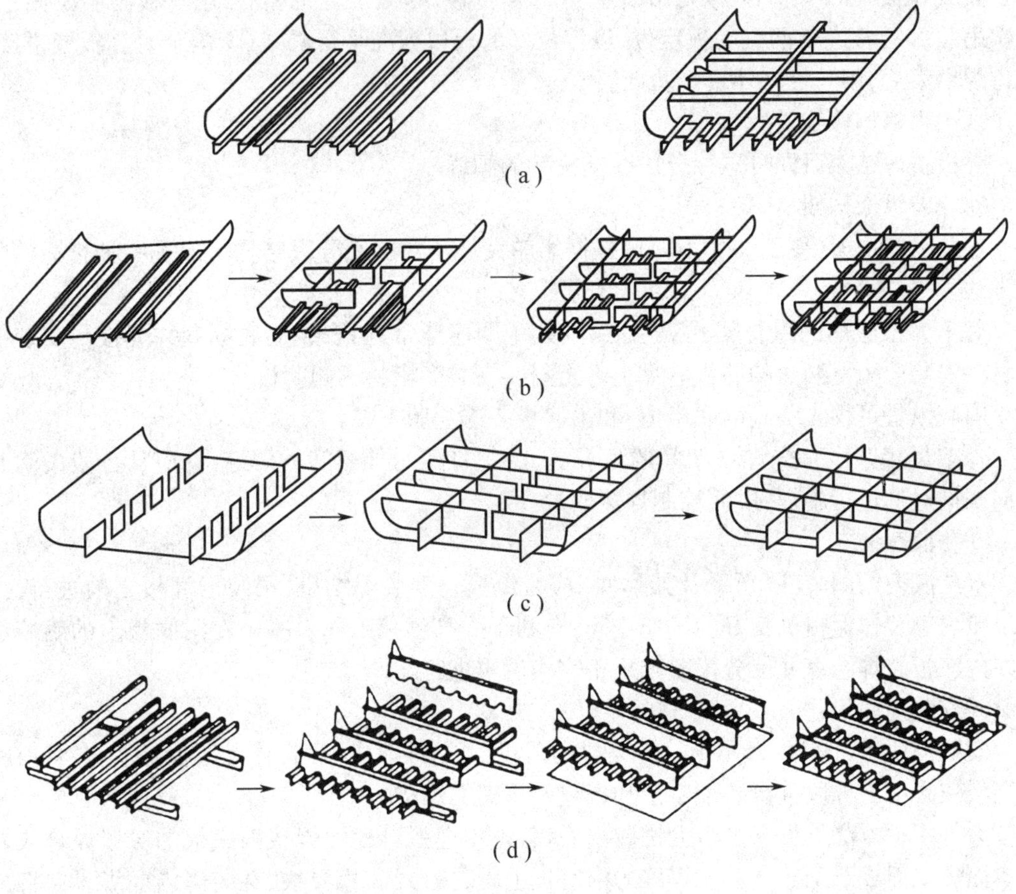

图 5－24　分段构件装配方法

(a)分离法;(b)放射法;(c)插入法;(d)框架法

分离法,在分段装配基准面的板列上,先安装布置较密的主向构件并进行焊接,再安装交叉构件并进行焊接。放射法,在分段装配基准面的板列上按照从中央向四周的放射状方向,依次交替地装配纵、横构件和焊接。插入法,在分段装配基准面的板列先安装间断的纵向构件,再装插入的横向构件,最后将连续的纵向桁材插入横向构件中,然后再进行焊接。框架法,先将所有的纵、横构件组装成箱形框架并焊好,再与板列组装在一起形成分段。

(3)船体分段装配焊接程序

采用壳舾涂一体化的建造方法,船体分段制造的一般工艺过程为:铺板→焊接板缝→划纵横构件安装线→装配纵横构件→焊接内部构架之间和内部构件与板之间的角焊缝→分段舾装→分段翻身(如需翻身时)→扣槽及封底焊→变形矫正→划分段轮廓线及船台定位线→结构性检验→分段涂装及验收等。

以船体双层底分段正造为例具体说明分段装焊工艺过程。

①胎架制造

双层底分段胎架通常选择正切基准面(图5-19(a))的专用胎架,由坚固的基础、胎架底座、胎架模板、纵横向牵条、边缘角钢及胎架中心线画线架、拉马角钢等组成。

②安装外板

安装外板(图5-25(a))先吊装中间的K行板,纵横位置正确后,用马板与胎架固定。依次吊装K行板左右两侧的板定位,以定位好的板边为准平行画线、切割余量。板缝拼接、定位焊结束后,用马板将外板与胎架固定。

③画纵横构件线

外板拼焊结束后即可进行分段纵横构架的画线。

④安装纵横构架

安装纵横构架(图5-25(b))可根据船舶大小及双层底分段结构情况选一种合适的装配方法。

对于大型船舶的纵骨架式双层底,其装配顺序通常为:安装船底纵骨并焊接→安装中桁材→安装中桁材两边的肋板→靠上旁桁材→安装旁桁材两侧肋板。

内底纵骨可预先装到内底板上,和内底板一起上胎安装。

骨架焊接顺序是先焊骨架间的角焊缝,后焊骨架与外板间的焊缝,并应从分段中间开始向四周对称进行施焊,以便控制焊接变形。

⑤分段舾装

双层底内的舾装件(管系及其附件)应在纵横骨架装焊结束,吊装内底板之前进行,以便给舱内舾装作业提供良好的工作空间,有利于提高舾装工作效率。在内底板上的舾装件则在内底板装焊结束并待分段整个矫正完毕后再进行。

⑥安装内底板

安装内底板(图5-25(c))的一种方法是可预先拼焊成板列,并火工矫正平直,将内底板列板依次吊上分段进行装配定位和板缝及构架的焊接。

另外一种方法是可在平台上拼装内底板,采用埋弧自动焊焊接内底板的对接焊缝或采用单面焊双面成形工艺。在拼焊好的内底板上画骨架线和边界线,并装焊内底纵骨。将内底板平面分段吊上胎架,与船底骨架、船底外板点焊定位。内底边板与外板间的角焊缝不宜先焊,可待船台合龙时舷侧分段装上后再行焊接。

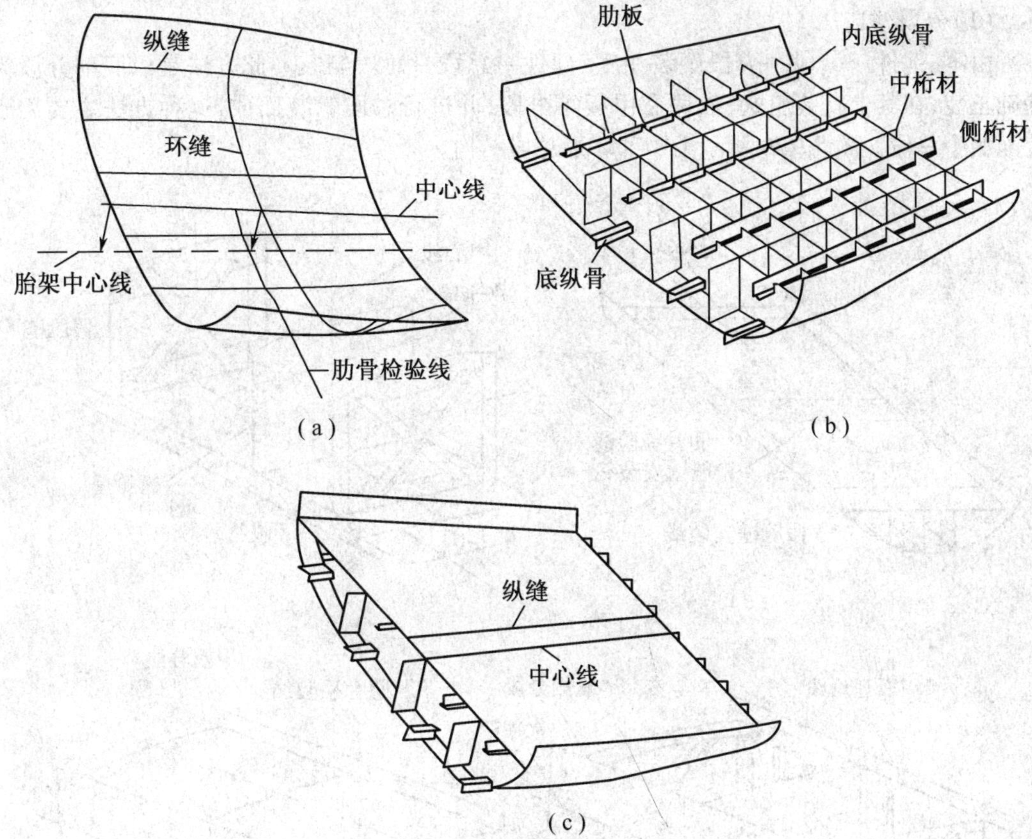

图 5－25　双层底分段的装焊工艺过程

(a)安装外板;(b)安装纵横骨架;(c)安装内底板

⑦画分段安装定位线

内底板装配焊接结束后,以激光经纬仪或吊线锤法将平台上的分段中心线、肋骨检验线移画到分段外板上,并作水平检验线。在画线的同时进行吊环的装焊和分段的加强工作。

⑧分段的吊运和翻身

拆除分段与胎架连接的马板,进行分段装配测量,然后将分段吊离胎架、翻身、搁放平整,进行内底板与纵横构架的焊接,并对外底板接缝进行清根、封底焊。

⑨检验并涂装

对分段变形火工矫正后,进行结构及焊接质量检验,分段轮廓线的画线及切割余量,完工测量及填写完工测量表,分段涂装(大接头处留 50～100 mm 暂不涂装),最后提交验收。

3. 船体总段装配焊接工艺

总段是指主船体沿船长方向划分的其深度和宽度等于该处型深的环形立体段,由若干平面分段和立体分段组成。总段装配(或总组立)是把预先装配焊接成的底部、舷侧、甲板、舱壁等分段在底部胎架上进行装配焊接。这种方法主要用于型线平直的中小型船舶。目前,为扩大舾装作业面,实现壳舾涂一体化的区域建造,大型船舶也常把两个或两个以上分段组合成大型立体分段,然后上船台合拢,这种大型立体分段也可称为总段。

典型的总段有船中总段和艏、艉总段等。制造方法有以下两种:

(1)分段建造法

由零、部件→分段→分段舾装+零、部件→总段→总段舾装。此方法是以底部分段为基础正装,在其上安装舱壁、舷侧和甲板等分段,并进行总段舾装而成,这种方法主要用于装配船中总段。图5-26所示为中部环形总段结构。

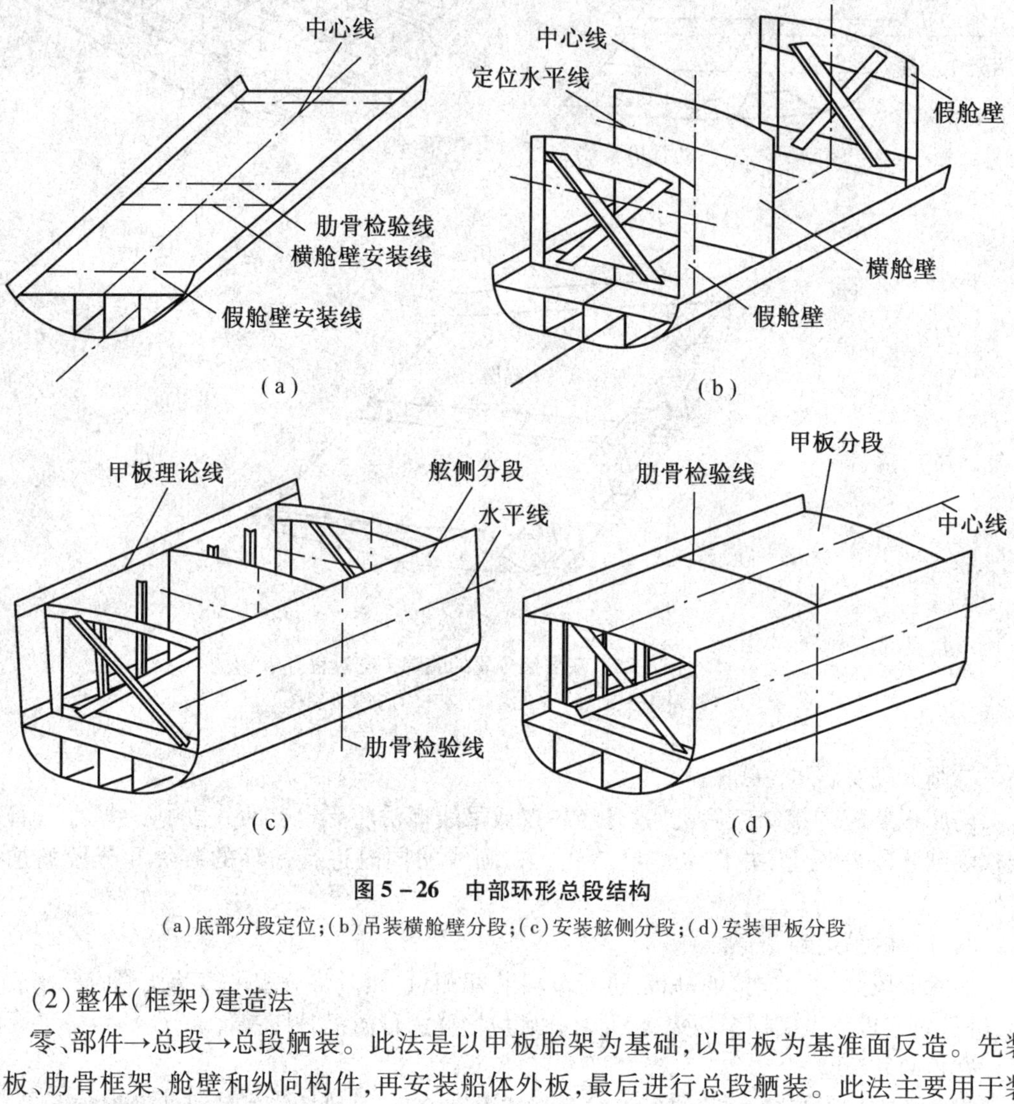

图5-26　中部环形总段结构

(a)底部分段定位;(b)吊装横舱壁分段;(c)安装舷侧分段;(d)安装甲板分段

(2)整体(框架)建造法

零、部件→总段→总段舾装。此法是以甲板胎架为基础,以甲板为基准面反造。先装甲板、肋骨框架、舱壁和纵向构件,再安装船体外板,最后进行总段舾装。此法主要用于装配艏、艉总段建造。

4. 船体平面分段生产线

船体装配和焊接是船舶建造中的重点工序,在船体建造中占很大比例。因此,实现装配和焊接工作的机械化和自动化,形成生产流水线作业,对缩短造船周期、降低成本、改善产品质量、减轻劳动强度,有着极其重要的意义。平面分段生产流水线、立体分段和总装流水线都是装焊工作机械化和自动化的一个组成部分。

平面分段机械化生产线,是根据所选定的列板和交叉骨架的装焊方法及其机械装置,结合工艺流程和厂房特点,用机械化运输设备连接而成的生产线。

平面分段结构由平直板列和平直交叉骨架组成。因此,其制造机械可分为机械化拼焊板列和机械化装焊交叉骨架两部分。

图5－27所示为我国设计的四工位平面分段机械化生产线示意。它采用单面自动焊焊接列板对接缝和主向构件先装法。第Ⅰ工位完成拼板焊接,形成列板的工作。第Ⅱ工位完成列板焊接缺陷修补,分段画线、切割、列板回转和对接等工作。第Ⅲ工位完成主向构件的装焊和纵骨架式甲板分段的转向等工作。第Ⅳ工位完成其余骨架的装焊等工作。

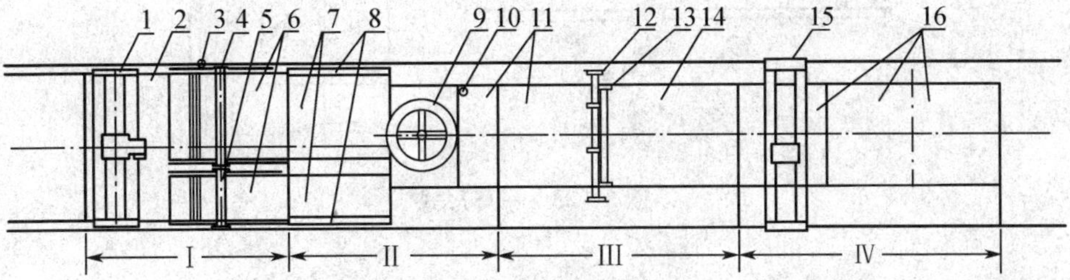

图5－27　我国设计的四工位平面分段机械化生产线示意图

1—真空吊;2—材料堆场;3—定位销;4—12 m板拼板机;5—6 m拼板机;
6—辊道输送平台;7—纵横向输送平台;8—切割区;9—转盘;10—定位稍;11—输送平台;
12—构架装焊机;13—分段自动定位移位装置;14—被动辊道平台;15—行车;16—活络折角平台

5. 分(总)段焊接变形及预防

分(总)段在装配焊接后,往往会产生纵向及横向的收缩和翘曲等变形。焊接变形是焊接工艺的固有特点,分(总)段在装焊过程中,不可避免地会产生变形。这些变形不仅影响船体外形的美观,也影响船体的性能和强度。从工艺角度看,分段的变形将给船体总装工作带来很大困难。因此,应采取一定的措施,控制和减少分段变形,减轻火工矫正工作量,保持分段完工尺度的正确性。

一般分段变形的预防措施有以下几种:采用反变形法,可在胎架制造中,事先根据分段变形的趋势,将胎架模板放出一定数值的方向相反大小相等的反变形量,以补偿焊接所引起的变形。采用刚性固定法,即将分段四周和中部用马板与胎架固定,以此来强制减少分段的焊接变形。对易于变形的结构部位还可以采用临时加强装置。改进装焊工艺,扩大机械化焊接。制订并严格遵守工艺规程,掌握正确的焊接规范。

分段完工后,由于各种因素的影响,即使焊前采取了各种措施,也难免有一些变形。因此,有必要进行变形矫正。如对正造与反造双层底分段的变形,可于分段翻身后,将搁置分段的墩木放在靠近两舷的地方,并在中间加压重物,再配合水火矫正。

6. 分段吊运及加强

船体分段在制造过程中,需要翻身或移位,完工后要运至分段堆场堆放,再按作业进度进行大型分段或总段组装,或直接进行船台装配。这些作业主要依靠起重和运输机械完成。

为了对分段起吊和翻身,要在分段上安装吊环,吊环的数量根据分段的形状及吊运翻身方式而定,通常4～6只。吊环形式分为有肘板和无肘板两种,如图5－28所示。分段吊运的翻身方式有空中翻身和落地翻身两种,如图5－29所示。当分段重量在一台吊车许可负荷范围内,可采用空中翻身方式。当分段质量过大,但在两台吊车联吊的许可负荷范围内,可用落地翻身。

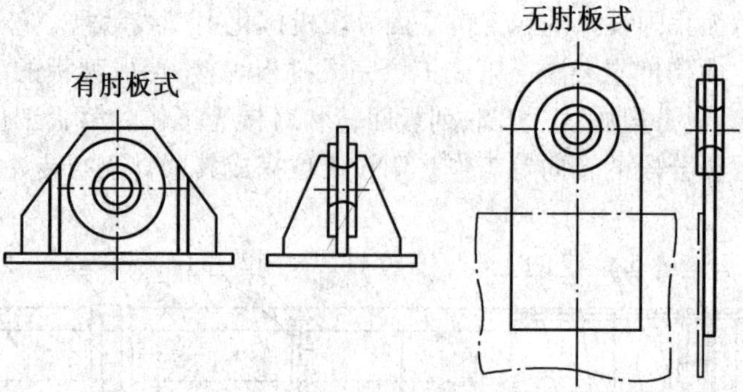

图5-28 吊环形式

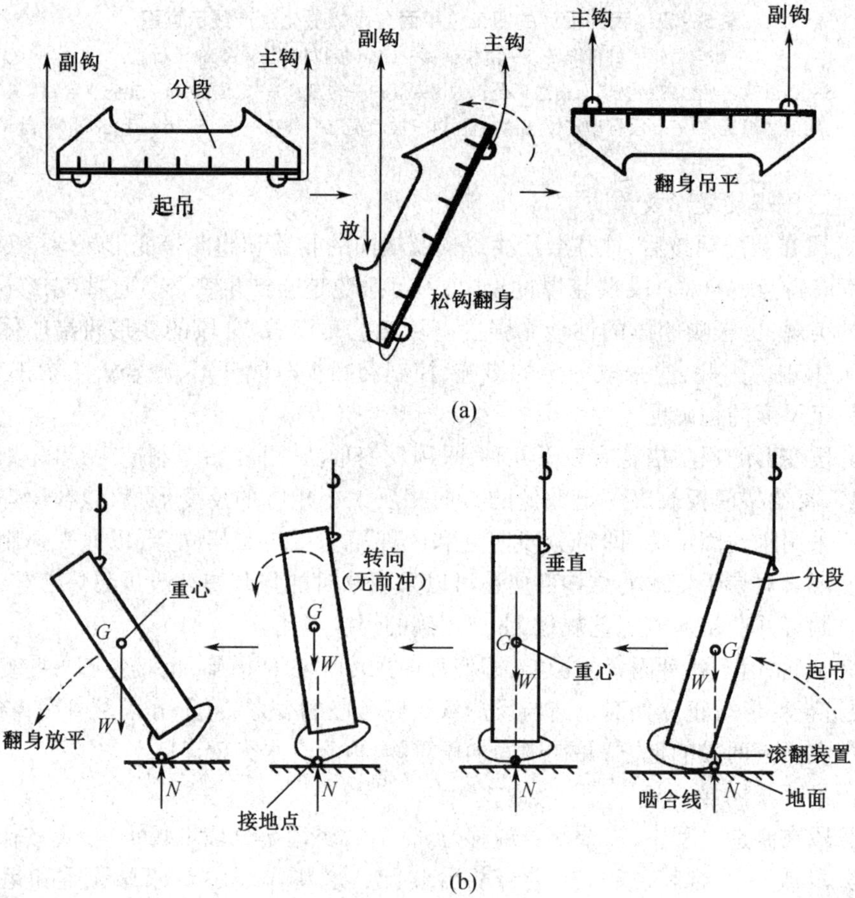

图5-29 分段吊运的翻身方式

(a)分段吊运的空中翻身;(b)分段吊运的落地翻身

由于各种分段的构成和内部骨架布置不同，某些分段刚性较弱，因此必须对其进行临时加强，以避免分段在吊运、翻身和搁置过程中因分段自重或吊运时的外力作用而产生失稳和变形。

第五节　船体总装

船体总装（俗称大合拢）是在船体结构经过预装配而形成部件、分段或总段后，在船台完成整个船体装配的工艺阶段，现在也叫船台搭载。船体总装与保证船舶的建造质量，缩短船舶建造周期有着直接的关系。

一、船台类型及其工艺装备

船台（或造船坞）是将分（总）段组装成整个船体的工作场所，它应具有坚实的地基，并设置在船体车间附近靠水域的地方，以缩短分（总）段的运输路线，便于船舶下水。

1. 船台类型

船台类型有纵向倾斜船台、水平船台和造船坞。

纵向倾斜船台是一种与水平面呈一定的倾斜度（称为船台坡度）的船台，这是目前船体建造和下水普遍采用的一种形式。

水平船台是地基与水平面平行的船台。地基上铺设供船台小车（或随船架）移动的钢轨，船舶呈水平建造，水平船台适合中小型船舶建造。

造船坞是低于水面、端部设有闸门、在闸门关闭后能将水排干以从事船舶修造的水工建筑物。船舶也是呈水平状态建造，但降低了分（总）段的起吊高度，可配置横跨船坞和坞侧预装焊区的大跨距、大起重量龙门式起重机，采用船坞下水能大大地简化船舶下水工艺，适合建造大型船舶。

2. 船台（或船坞）的工艺装备

纵向倾斜船台配置的工艺装备主要有船台中心线槽钢、高度标杆、船台拉桩、脚手架（或作业台）及墩木。

船台中心线槽钢嵌埋在船台中心线的地面上，供造船时划船台中心线和肋骨检验线使用。高度标杆垂直水平面设置在船台的两侧，其上刻有基线、水线、甲板线及其他高度理论线，作为船台上应用激光经纬仪和激光水准仪进行船台铺墩、分（总）段定位和检验的高度标准。船台拉桩埋置在船台地面处，供分段定位时拉曳用。脚手架（或作业台）是船舶总装时设置的供人员往来和作业用的工作台架。通常有舷外脚手架和舱内脚手架两种，图 5－30 所示为固定式脚手架。墩木分为龙骨墩和边墩，用来支撑船体重量。图 5－31 所示为墩木。

船台上除了配置有足够起重能力的高架吊车及主要工艺装备外，还必须配置电力、压缩空气、氧气、乙炔、水及蒸汽等动力供应设施。

水平船台除拥有倾斜船台的工艺装备外，还须设置船台肋骨槽钢和移船设备。

船台肋骨槽钢是沿全船的基准肋骨线上，横向嵌埋在船台两侧的槽钢，作为分段或总段安装定位时，决定纵向位置用。图 5－32 所示为船台小车。

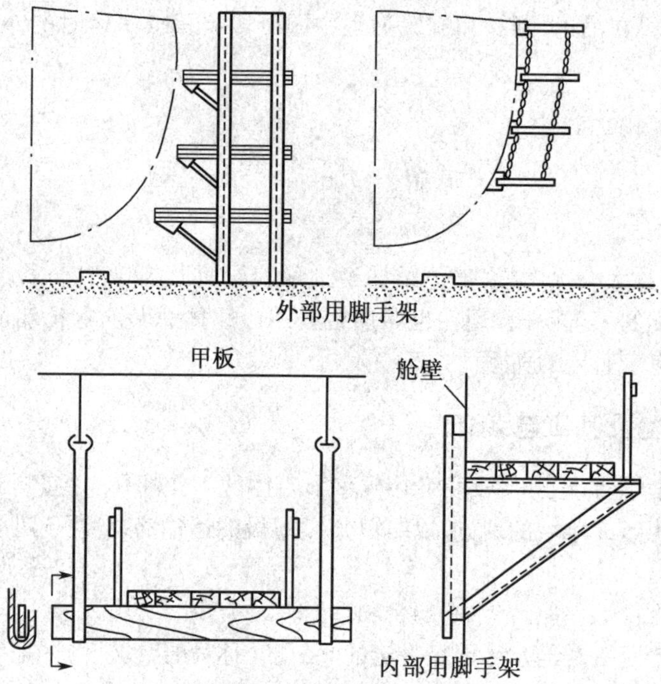

图5-30　固定式脚手架

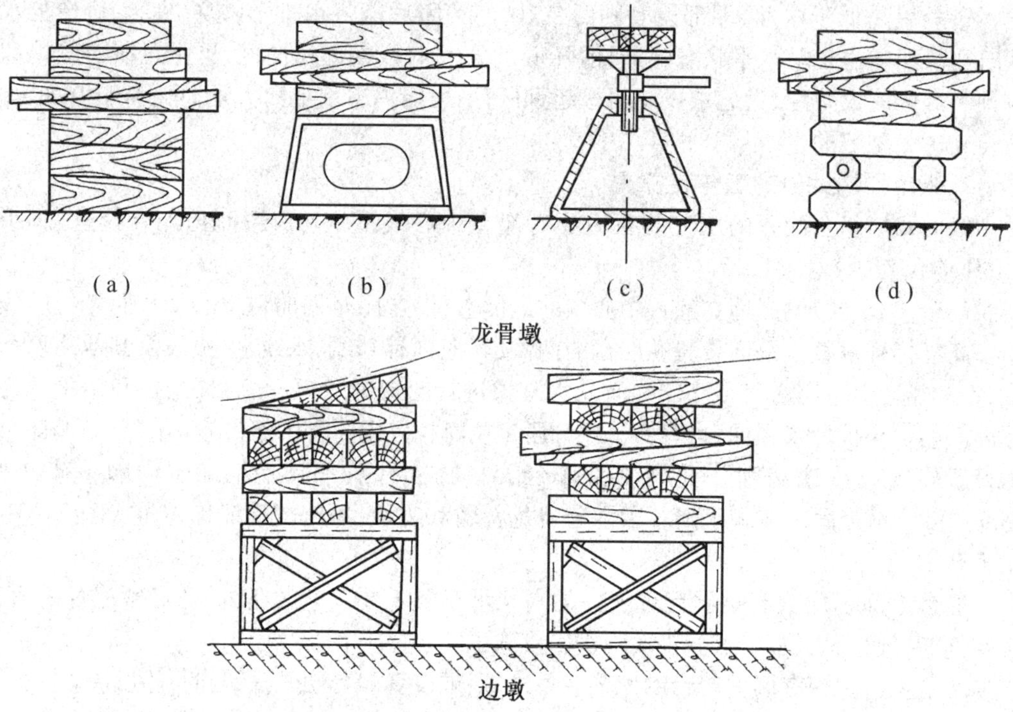

图5-31　墩木

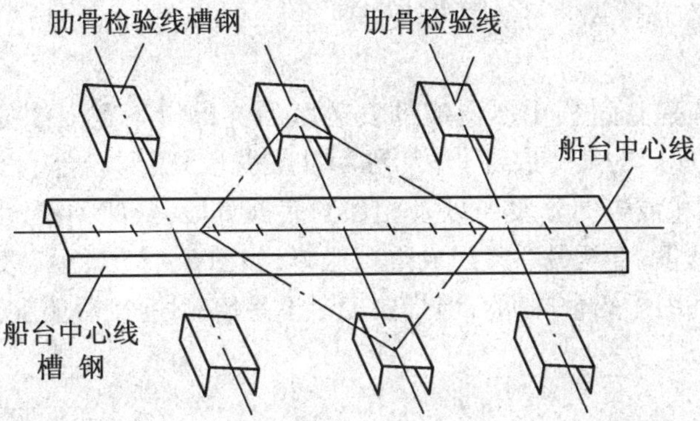

图 5-32　船台肋骨检验线槽钢

移船设备由船台小车(分自动和非自动)和钢轨组成(或用钢柱滚道代替船台小车)的移动设备,如图 5-33 所示。

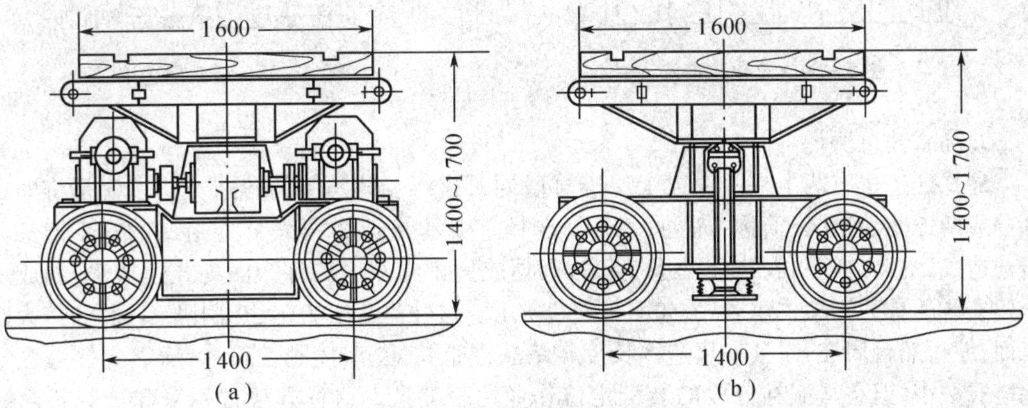

图 5-33　船台小车

(a)自动小车;(b)非自动小车

二、船体总装方式

由于产品对象和船厂生产条件各不相同,船体总装方式(称为建造法)也各种各样。它们都是根据船舶结构特点和船厂生产条件,按有利于平衡生产负荷、提高效率、缩短造船周期和改善劳动条件等原则确定的。船体总装方式有总段建造法、塔式建造法、岛式建造法、层式建造法、两段建造法、串联建造法、一线两点建造法等。这里介绍几种常见的主要方式。

1. 总段建造法

总段建造法是以总段作为船体总装单元的建造方法。首先将船中部(或靠近船中)的总段(基准总段)吊到船台上定位固定,然后依次吊装前后的相邻总段,当两个总段的对接缝结束后,即可进行该处的舾装工作,如图 5-34 所示。总段建造法能减少船台工作量和焊接变形,提高总段内预舾装程度,缩短船台建造周期,改善劳动条件。由于受船台起重能力的限制,一般只适用于建造中小型船舶。但对于采用水平船台造船的船厂,因可使用船台小车作为总段的运送工具,故受上述限制要小一些。

2. 塔式建造法

塔式建造法因在建造过程中所形成的安装区始终保持下宽上窄的宝塔形状而得名。建造时,首先将中部偏后的某一底部分段(称为基准分段)吊到船台上安装定位,再吊装基准分段上的舱壁分段(或舷侧分段),以及相邻的底部分段,依此类推,由此向前后左右,自下而上依次吊装各分段,直至最后装配成整艘船体,如图5-35所示。其安装方法较简便,有利于扩大施工面和缩短船台周期。但焊接变形不易控制,完工后艏艉上翘较大。

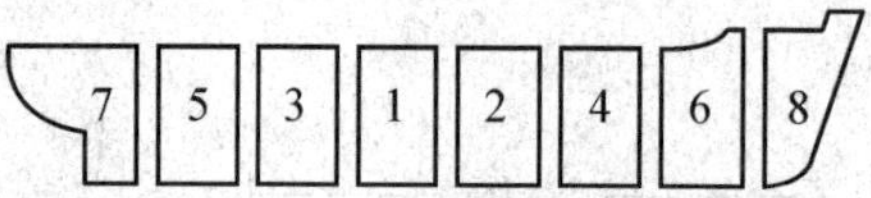

图5-34 总段建造法

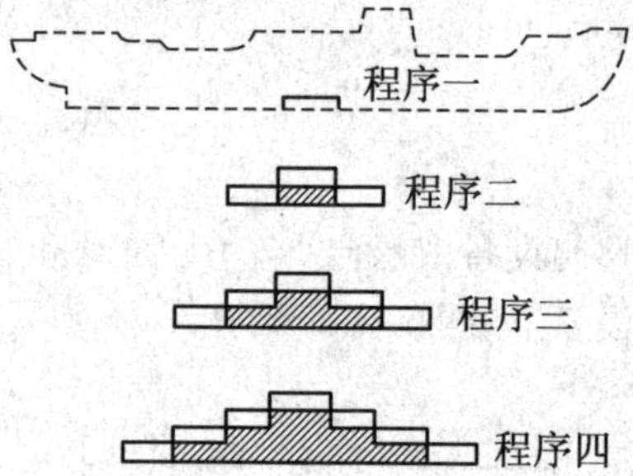

图5-35 塔式建造法

3. 岛式建造法

岛式建造法有两个或两个以上基准分段同时进行船体总装的建造方法。就是将船体划分成两三个建造区(简称"岛"),每个岛选择一个基准分段,按塔式建造法的施工方法同时建造,岛与岛之间用嵌补分段连接起来。划成两个建造区的称为两岛式建造法,划成三个建造区的称为三岛式建造法,如图5-36所示。这种建造法能充分利用船台面积,扩大施工面,缩短船台周期,而且其建造区长度较塔式建造法短,船体刚性较大,所以焊接总变形比塔式法小,但是其嵌补分段的装配定位作业比较复杂。这种方法常用来建造船长超过100 m的大型船舶。

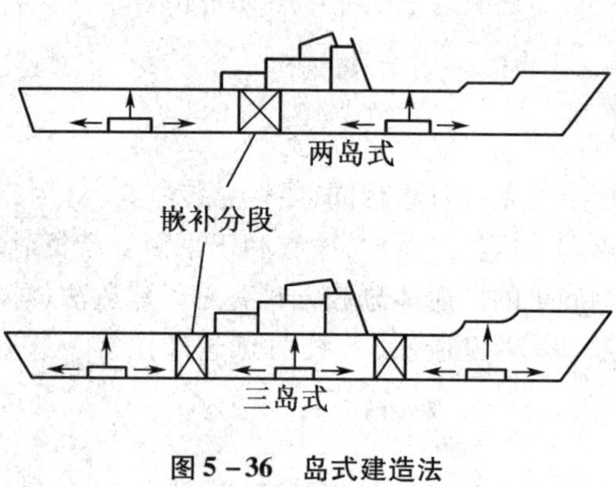

图5-36 岛式建造法

4. 层式建造法

层式建造法是在船台上先将船底分段装焊完毕,再向上逐层装焊直至形成船体的造船方法,如图 5－37 所示。层式建造法是国外采用较多的方法,近年来已为我国少数大船厂所采用,其优点是船体分段吊装时,初期投入物量比较多,从而使整个船台建造周期中吊装负荷比较均匀,有利于机舱区的扩大预舾装和缩短船台建造周期。

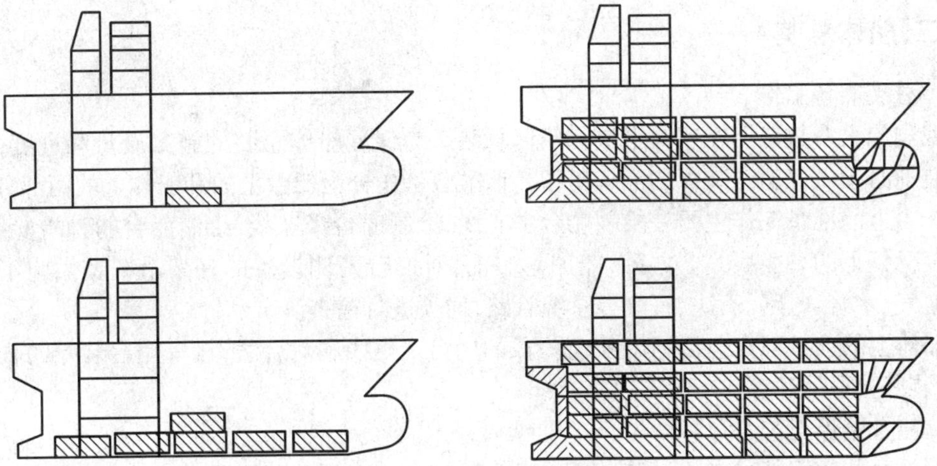

图 5－37　层式建造法

5. 两段建造法

两段建造法是将船体分为两段,在船台上或船坞内分别建成,在水下或坞内合拢成整个船体的建造方法,如图 5－38 所示。这是在船台或船坞的长度不能满足的特殊情况下采用的方法。该方法可利用现有船台造大船,节省基建投资,两段分别在船台上或坞内同时展开平行作业时,可缩短船台周期,但在水上合拢需建造庞大的隔水装置。

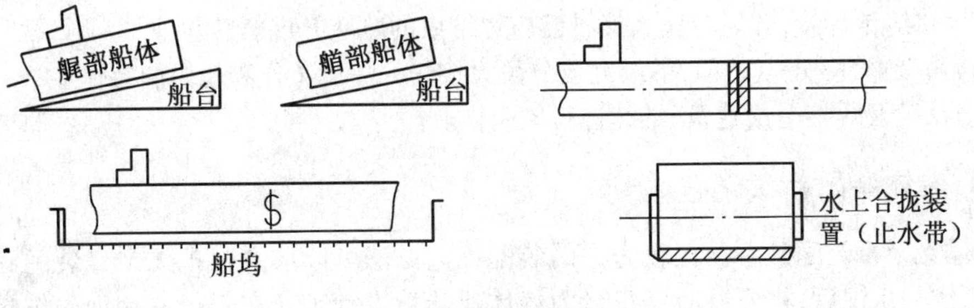

图 5－38　两段建造法

6. 串联建造法

串联建造法在船台尾端建造第一艘船舶的同时,就在船台首端建造第二艘船的尾部,待第一艘船下水后,将第二艘船的尾部移至船台尾端,继续吊装其他分段形成整艘船体,与此同时,在船台首端建造第三艘船的尾部,依次类推,如图 5－39 所示。这种形式能大大提高船台利用率,缩短船台

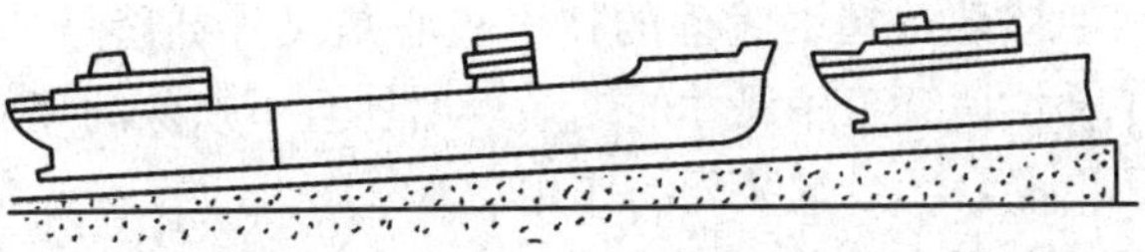

图 5－39　串联建造法

建造周期,提前进行舾装作业,对改善生产管理,均衡生产节奏具有许多优势。但是,它只能在船台长度大于建造船舶的长度(约等于1.5倍船长)时才能采用,且在倾斜船台上采用此法时,还必须配置移船设备。因此,适于批量建造大、中型船舶,特别是批量建造艉机型船舶,其优越性尤为突出。

三、船体总装

1. 总装准备工作

我国绝大多数船厂在船台上进行船体总装。为保证船体总装的施工质量和进度,在船体总装前必须做好船台装焊的准备工作。该准备工作分为船台上的和船体上的两部分。

船台上的准备工作主要有绘制船台中心线、绘制船台半宽线、绘制船台肋骨检验线、绘制高度标杆上的高度线等。此外,船舶总装前,对船台两侧设置的高架吊车及供施工用的压缩空气、水管、电路、乙炔、氧气等系统管路,均须进行检查。

船体上的准备工作包括画出分(总)段的船台定位线和对合线,设置船台装配的临时支撑,安装好分段吊环等。

2. 船台装焊工艺

船体总装常用塔式、岛式等建造法,虽然在建造方法上有所不同,但在一个建造区内的分段吊装顺序和分段定位固定方法是相同的。采用塔式建造法进行船台装配时其装配顺序如下:

(1)基准分段的定位;

(2)吊装基准分段上的舱壁分段和前后的底部分段;

(3)吊装舷侧分段,向艏、艉方向继续吊装底部分段和舱壁分段;

(4)吊装甲板分段,继续吊装底部分段、舱壁分段和舷侧分段。对已形成环形船体部分,进行分段大接缝的焊接;

(5)继续向艏、艉方向吊装底部分段、舱壁分段、舷侧分段和甲板分段,继续对装配完工的分段大接缝地焊接,并对分段大接缝已施焊结束的舱室开展舾装作业;

(6)吊装艏、艉分(总)段,继续完成分段大接缝的焊接工作和舱内舾装作业;

(7)吊装及焊接上层建筑,继续进行舾装作业。

四、船体装配新工艺

船体无余量装配是一种比较先进的装配工艺方法。以前通常把无余量装配泛称为公差造船,统一认识后,将公差造船正名为船体建造精度管理。它不仅是一种先进的造船工艺方法,也是一种先进的管理方法。

船体建造精度管理就是以船体建造精度标准为基本准则,通过科学的管理方法与先进的工艺技术手段,对船体建造进行全过程的尺寸精度分析与控制,以达到最大限度减小现场修整工作量,提高工作效率,降低建造成本,保证产品质量。

船体建造精度管理的技术核心是尺寸补偿量的加放,即以补偿量取代余量,补偿量是为了补偿后续工序尺寸的缩短而增加且不切除的尺寸数值。

1. 船台无余量装配的作用

船台无余量装配因省去了画线、切割、修整等工作,大大提高了生产率,缩短了船台周期,同时降低了消耗,节省工时,它的推广提高了生产技术的综合水平,也促进了科学管理。

2. 分段无余量装配的应用范围

(1)主船体平行中体部分的平直分段,从下料、分段装配和船台合拢全过程可进行无余量控制,分段下料时,对零、部件加放适当补偿量。

(2)分段预修整上船台,即在分段制造完工后画出分段余量线,并把余量割除,达到船台无余量装配,画余量线时应考虑补偿量数值。应用于线型变化较平坦的底部立体分段、货油舱甲板、舷侧分段及上层建筑。

(3)分段合拢缝部分预修整上船台,应用于艏艉线型变化较大的分段。

3. 船台装配及超差修整

(1)底部分段船台安装

对基准分段的安装,前面已详细叙述。基准段定位准确后可吊装临近分段。临近分段可使其一端与基准分段接对,另一端对准船台中心线,并调整分段,使分段左右水平、基线高度准确。

底部分段定位中可能出现八字形偏差,如图 5-40 所示。

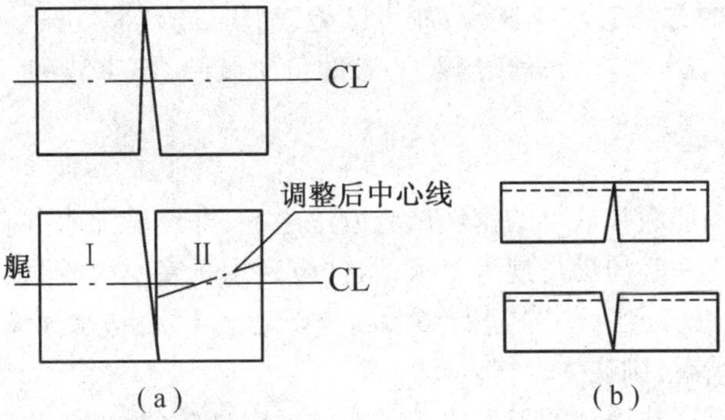

图 5-40 底部分段定位中的八字形偏差

(a)大接头的横向八字形;(b)大接头的上下八字形

处理方法:对于图 5-40(a)中情况,超差值不大时,可以用中心线在精度范围的允许偏差值内做适当调节,使分段Ⅱ艉端中心线右偏、艏端中心线左偏;同样原理,对于图 5-40(b)中情形可调整分段定位的前后水平,也应在允许偏差范围内适当调节。超差值较大时,要尽量避免切割修整,以免影响舷侧、甲板、舱壁等分段的定位,可在上述方法调整的基础上,局部垫板堆焊处理。局部范围的超差可适当切割或垫板堆焊处理。

(2)舷侧分段船台安装

基准段定位精度一定要保证,以免影响相邻分段的安装精度。舷侧分段定位时应使舷部艏、艉肋位线对准船台上相应的肋位线,并与底部分段相一致。如果底部分段肋位有移位,舷侧分段相应也移位。如果出现肋位线与横接缝不一致时,一般以横接缝的一致性作为定位依据,保证舷侧和底部的横接缝处在同一垂直面上,便于后续分段船台装配精度控制的实施。局部超差可切割或垫板堆焊处理。

(3)甲板分段船台安装

甲板分段定位时,先调整前后位置,使横梁与舷侧相应的肋位线对准,艏艉端横接缝对准舷侧分段横接缝,若两者不一致时,一般应对准舷侧分段横接缝,以保证分段定位的一致性,使大接头环缝保持在同一垂直面上。然后校对甲板中心线,使其与船底中心线相一致。

其他部位的分段安装可参考本书前部分相关内容。

第六节　船体密性试验

在船体建造完毕或船体某一区域的装配焊接及火工矫正等工作全部结束后,即可进行相应船体的密性试验。密性试验工艺程序要经过住船厂验船师的确认,由船厂内部检验部门配合验船师共同进行密性试验。

密性试验的目的是检查外板、舱壁等的焊缝有无渗漏现象,以保证船舶的航行安全。通过密性试验,还可分析焊接缺陷产生的原因,为某些工序提供改进意见。其次,对于船舶设计上要求做强度试验的船体结构,还具有检验其在静载荷作用下,船体结构强度好坏的作用。船上各类舱室按其用途不同,对密性要求也不同,密性可分为水密、油密和气密。水密是基本要求,油密和气密是对特殊舱室的要求。

密性试验常用的方法有水压试验、冲水试验、气压试验、冲气试验、煤油试验和油雾试验等。近年来,还出现了适应分段预舾装要求的负压试验、超声波和X光射线等无损探伤试验。

1. 水压试验

水压试验是各国船级社认可的密性试验方法之一,即逐舱灌水并在船外观察焊缝处有无渗漏现象。试验压头必须满足规范要求,水柱应高出舱室空气管顶,水压达到规定值,并在10 min内保持水位稳定后,才能进行渗漏检查。若经1 h后,水面无下降现象,且未发现漏水或水滴渗漏等情况,则认为合格。

水压试验最适宜于新设计的新型船舶需要做强度试验的舱室,此时密性试验和强度试验共同完成。作为单纯的密性试验,水压试验在船厂用得愈来愈少了。

2. 冲水试验

冲水试验也是各国船级社认可的密性试验方法之一,即在板缝一侧冲水,在另一侧观察焊缝处有无渗漏现象。试验时从试验地点向上的喷水的高度不少于10 m;喷嘴直径不小于16 mm;冲水距离不得大于3 m。在喷水出口处的压力至少为0.2 MPa。

冲水试验主要用于水密门和窗、舱盖、舷侧板、甲板、轴隧、舱壁、甲板室顶的露天部分和外围壁等水密构件的密性试验。由于冲水使大量自来水流失,造成船舶及船台上环境污染,故用冲气、冲油(油雾)试验代替冲水试验。

3. 气压试验

气压试验也是各国船级社所认可的密性试验方法之一,即密封试验舱并充以一定压力的压缩空气(通过压力调节器或减压阀充入),在焊缝另一面涂以起泡剂(肥皂液),观察有无渗漏起泡现象。焊缝检查面上未出现气泡,则认为试验结果合格。板厚6 mm的试验构件只要强度许可,可用气压试验代替水压试验。

4. 煤油试验

煤油试验也是各国船级社认可的试验方法。试验前,在焊缝的一侧先涂上宽度40 ~ 50 mm的白粉,然后在另一侧涂上煤油,过一定时间后观察白粉上有无油渍,在白粉层上不出现煤油痕迹者为合格。

煤油试验在试验前要做充分的准备工作，试验时间较长，试验后还得清除白粉，试验工作较为烦琐，大面积采用显然不经济。多用于中小型船舶和焊缝的二次检验。

5. 冲气试验

冲气试验是在焊缝的一面冲气，在另一面涂上起泡剂（肥皂液），若发现起泡，即表明该处焊缝存在缺陷。我国ZC规定：冲气试验用的气压不应低于0.4 MPa ~0.5 MPa，气流应直冲焊缝，空气软管末端应有喷嘴，喷嘴离焊缝不大于100 mm，要求同一段焊缝两面均冲气和涂肥皂液，以保证试验质量。同时规定：只有短而直的焊缝方可用冲气试验代替冲水试验。实践证明，冲气试验检查焊缝缺陷的敏感性胜过煤油试验，特别是对检查水密舱壁纵骨穿过处的补板焊缝较为敏感，有其独到之处。

6. 冲油（油雾）试验

冲油试验是用煤油和压缩空气通过喷雾装置产生出具有一定压力的油雾，利用压力油雾的强渗透作用检查焊缝是否渗漏。试验时，将油雾喷射到被试验焊缝处，在焊缝反面检查是否有煤油渗出。该试验操作简便，试验效果比冲水试验和煤油试验好，可以像冲水试验那样应用于分段建造中的密性试验。

目前，一些船厂在对分段水密焊缝密性试验时采用真空密性试验方法，取得了很好的效果。试验时将真空盒（盒体透明）装在被测焊缝处，将真空盒里的空气排出。在焊缝反面涂肥皂液，如焊缝有泄漏，则在真空盒中会有气泡产生。

建造大、中型船舶时，船体的密性试验最好能在内场或平台上趁分段制造完时就进行。试验的方法可选择冲气试验、油雾试验和煤油试验等方法；在船台上只进行大接头部位的密性试验，双层底或艏、艉尖舱区域可采用油雾试验。船体密性试验的提前，可以有助于将大部分在船台上或船坞内进行的难度较大的密性试验作业，移到分段装配阶段中进行，大幅度地减少船台密性试验范围，对缩短船台周期极为有利；其次，由于密性试验在工作条件良好的内场或平台上进行，所以能提高密性试验的质量，减轻劳动强度；另外在分段装配过程中已完成密性试验的地方即可进行舱室涂装，所以能使舱室的涂装质量得到提高，而且涂装工作的生产效率也可得到提高。

第七节　船舶舾装与涂装

船舶舾装与涂装是船舶建造过程中很重要的组成部分，目前由于采用新的造船模式，实施壳、舾、涂一体化造船法，使壳、舾、涂三大不同性质的作业类型，在空间上分道，在时间上有序，互不干扰，相辅相成。预舾装和分段涂装使船台工作量减少，大大提高了船舶建造速度和质量。

一、船舶舾装

船舶舾装是指船体结构之外的船舶所有设备、装置和设施的安装工作。

1. 船舶舾装的内容

船上安装的各种机械、仪器、装置和设备等统称为船舶设备。船舶设备名目繁多，但按功能可分为十类：机舱设备、航行设备、舵设备、锚设备、系泊与拖曳设备、起货设备、通道与关闭设备、舱室设备、救生设备、消防设备。此外，还有如横向侧推装置、防摇鳍、滚装跳板、升降机等特种设备。

船舶除了根据要求安装各种设备外,还需要用各种材料对船体表面直接进行工程处理,称作船体表面工程。根据工程处理的不同目的,船体表面工程分为防腐蚀处理、防火绝缘处理和舱室装饰处理三大类,其中防腐蚀处理是船舶涂装的作业内容,防火绝缘处理和舱室装饰处理则是船舶舾装的内容。

2. 舾装作业的分工

舾装作业按生产设计分类法,根据船、机、电三个主要专业类别进行分类,可分为船装、机装、电装三大类,每一大类还可以再细分。按成组技术可分为住舱舾装、甲板舾装、机舱舾装和电气舾装。

(1)船装

船装是指船体舾装和船舶涂装两类作业,包括除机舱设备和全部电气以外的所有安装和处理工作。为了便于舾装作业的组织与管理,根据其作业的对象、区域和性质的不同,将舾装作业进一步划分为内舾装(内装)、外舾装(外装)和涂装三类,内装和外装又称船体舾装。

内舾装(也叫住舱舾装)是指上层建筑内各种船员或旅客住室和各种专用舱室内的舾装件或舾装单元的安装作业。作业内容包括绝缘、敷料等的敷设,舱室非钢质围壁、天花板、门、窗、家具、卫生设备等的安装,以及厨房、冷库、空调设备的安装等。

外舾装(也叫甲板舾装)是指除机舱区域和住舱区域以外所有区域的舾装工作。作业包括舵设备、锚设备、系泊设备、起货设备、通道设备、关闭设备、救生设备、消防杂件、自然通风部件,以及各种管路等的安装。此外,根据不同用途船舶的需要,还可以包括拖曳设备、集装箱绑扎装置、活动甲板、延伸跳板、防滑天桥和各种特殊装置的安装。

(2)机装

机装即机舱舾装,指的是机舱内各种船舶设备的安装与调试作业。机装可分为管装、机装和铁舾装等。

机装作业的范围通常限于从机舱舱底到烟囱这一竖向(机舱)区域和从主机到螺旋桨这一纵向(轴隧)区域内,但也包括机舱以外与机舱有关的其他工程。机装作业的内容包括机舱管系、消防管系、通风管系、压载管系、输油管系、蒸汽管系等的安装,机座、油水箱柜的安装,轴系装置和主机的安装与校中,各种辅机和锅炉的安装,机舱格栅,梯子、扶手、起重梁和吊环等的安装,以及机舱中机修用的机床的安装等。

(3)电装

电装即电气舾装,指的是全船电气设备安装和调试等作业。

作业内容有装焊电气设备和电缆的紧固件、贯通件及密封装置,敷设电缆、电气设备接线及设备填料密封,舱壁和甲板电气密封装置的密封,电缆端头的加工和接线,电气设备的试验与调整等。电气舾装应尽量扩大单元舾装、分段舾装和总段舾装的工作量,以使施工在内场条件好的场所进行平面作业。

船装、机装和电装作业既包括外场(即在分段或船上)的安装、调整与试验,也包括内场(车间里)的加工与组装,如家具制作、管件弯制、铁舾装件制作、单元组装、电器配套等,都由相应的职能车间或工段在内场完成。

3. 舾装的作业阶段

(1)舾装件采办

舾装件采办应包括舾装件的订货、外协和自制等工作。柴油机、发电机和雷达等机电设备可向有关专业制造厂订货,螺旋桨和锚等既可向配套厂订货,也可委托协作厂代为加工,管子、风管和各种基座等则由本厂自行制作。舾装件采办入库后,根据所属单元、分段或总段、船内的区域,按托盘出库指示来集配和装入托盘,并按指定日程运往施工现场,交付给施工人员。

(2)单元舾装

单元舾装是由若干个舾装件组合而成的舾装组合体。单元舾装是在车间内专门的舾装平台上,将单元中的舾装件组装成舾装组合体的工作。例如,一个辅机单元就是先将辅机与其基座安装成整体,再将它吊入单元框架内定位,然后按先下后上、先大后小的原则安装所属的管件、阀件和附件而形成辅机单元。船舶舾装可划分为舾装单元的有设备单元、箱柜单元、阀件单元、配电板单元等。

(3)分段舾装

分段舾装是在分段或总段制造的适当阶段,将分段或总段所属的舾装件或舾装单元安装在分段或总段上。分段舾装以船体分段或总段为舾装区域,按中间产品组装的作业顺序,在内场或外场的平台上进行安装工作。分段舾装典型的是在双层底分段内装入各种管件、阀件及附件,甲板分段的顶面安装管件、阀件及附件、风管、电缆及其固定架等,上层建筑总段内进行各项内舾装作业等。分段舾装与船台和码头上的船内舾装相比,它改变了作业环境和作业姿势,变高空作业为地面作业,具有提高生产效率、安装质量和作业安全性,减少脚手架敷设量和缩短舾装周期等优点。

(4)船内舾装

船内舾装指船体在船台(或船坞)总装期间的船台预舾装及下水后在码头舾装期间的码头舾装。船内舾装应根据舾装件在船舶上的集中位置划分舾装区域,如机舱区域、舵机舱区域、甲板区域和上层建筑区域等。由于机舱区域的舾装工作量大,舾装周期长,当船舶总装形成机舱敞开区域时,就开始船内舾装作业。这样不仅可以使通风、采光条件较好,而且还有利于大型设备和舾装单元的进舱安装。

二、船舶涂装

现代船舶大多采用钢铁结构,船舶从建造到水上营运,都会不同程度地受到大气和海洋环境的腐蚀。腐蚀会对船舶带来很大的损坏,船舶腐蚀属于金属材料的腐蚀,钢铁船舶在海洋中的腐蚀是不可避免的,但其腐蚀的速度则是可以控制的。为了防止钢材损失,延长船舶的使用寿命,必须对船体进行除锈、涂漆处理。这种对钢材和船体进行除锈、涂漆等处理的生产过程称为船舶涂装。船舶涂装除了起到船体防腐作用外,还有外表装饰和船底防污等作用。

1. 船舶涂装方式和施工装备

(1)涂装方式

根据被涂物的形状、场所和涂料性能,涂装方式有刷涂、辊涂、压缩空气喷涂、高压无气喷涂、静电喷涂、浸涂、淋涂、电涂漆和粉末涂漆等。

刷涂就是在刷子上沾上涂料进行涂装,是一种最简单的手工涂装方式。适于涂小面积。

辊涂是利用蘸有涂料的转动辊筒,进行滚动涂漆的涂装方式。辊涂特别适合于平面涂漆,在船舶涂装中一般应用于船体的外板、甲板和上层建筑外表等。

压缩空气喷涂是利用空气将涂料从加料杯或容器中吸引或压迫至喷枪,在0.2~0.5 MPa的压力下,涂料在喷嘴处与空气混合并雾化,喷射在被涂表面,得到均匀分布的涂层。

高压无气喷涂是由高压泵将涂料吸入并加压到10~25 MPa,通过高压软管和喷枪,最后经过呈橄榄形孔的喷嘴喷出。当高压的涂料经喷嘴喷出时,即雾化成很细的微粒,喷射到工件表面,形成均匀的涂膜。涂料是通过高压泵被增至高压,涂料不与压缩空气混合,因而得名。高压喷涂的优点是涂料压力高,能渗透到细孔里面,涂层附着力好;涂料流量大、涂料损失小、涂装效率高,适用于大面积涂装。

(2)涂装施工装备

涂装用的工具、用具主要有手工涂刷工具、喷涂工具及涂装辅助用具等。

手工涂刷工具主要有漆刷、漆滚、钢皮刮刀、牛角刀、塑料刮板和橡皮刮刀等。

空气喷涂设备有空气喷枪、压缩空气供给和净化系统、输漆装置、喷漆室等。

高压无气喷涂设备主要有气动式高压无气喷涂机(高压喷漆泵)、高压无气喷枪和长柄高压喷枪等。

涂装辅助工具主要有防爆照明灯具、高压软管、防爆风机和涂装用通风管、调漆机(搅拌器)、涂料加热器、油漆磨光机、油漆抛光机和手电筒等。

此外,船体涂装时要用涂装脚手架和涂装作业车。船体分段的涂装可在涂装厂房内进行,厂房可分为打砂间和涂装间。

2. 船舶涂装工艺阶段

根据船舶建造的特定工艺程序,船舶涂装工程应与船舶整个建造的工艺程序相适应,目前大多数中、大型船厂,一般船舶的涂装过程可分为钢材预处理和车间底漆涂装、分段涂装、船台涂装、码头涂装、坞内涂装、舾装件涂装几个工艺阶段。

(1)钢材预处理和车间底漆涂装

造船用的钢材,在加工和装配之前,先对其原材料进行表面预处理,除去氧化皮、铁锈和其他污物,使钢材达到规定的等级,然后喷涂一层保养底漆即车间底漆。钢材预处理的采用使船舶在整个建造过程中都处在良好的保护情况下,有利于降低二次除锈的成本。

钢材预处理一般采用抛丸除锈的方法,可除去几乎所有的氧化皮,能适应各种高性能涂料的要求,并能减少钢材在建造过程中的腐蚀。车间底漆的喷涂是在预处理流水线上采用自动高压无气喷涂装置完成。

(2)分段涂装

预处理后的钢材经加工制作成船体分段后,钢结构表面不可避免地会产生锌盐、铁锈并沾上油污和水分等污物,因此必须进行二次除锈,然后再根据分段的不同要求进行底漆喷涂。船体分段建成后的二次除锈和底漆作业称为分段涂装。分段涂装是船舶涂装中最重要和最基本的一个环节,除了特种船需要特涂的部位,一般船舶船体的各个部位,在分段阶段都要进行部分或全部涂装。

分段涂装宜在车间内进行。较理想的是分设除锈和喷漆两个工棚,分别进行二次除锈和底漆喷漆。在除锈工棚内设有喷丸装置,由人工操作喷嘴对分段进行喷射除锈。在喷漆工棚内备有高压无气喷涂装置,由人工操作喷枪进行底漆喷涂。但是,由于各种条件的限制,分段涂装在外场平台上进行也是常有的事。在这种情况下,二次除锈多数使用风动工具,如风动砂轮、风动钢丝刷等;底漆喷涂采用便携式无气喷涂设备。

(3)船台涂装

船舶下水前在船台上(船坞内)和下水后在码头边的涂装作业称为船上涂装。船上涂装作业包括在船体大接头处的除锈、清理、补漆和船体外表面各部位底漆、内层漆和面漆的喷涂,等等。船体内部的油舱、水舱等液舱若无后期舾装工作,则可以在船台上完成涂装作业。但船体甲板部分因船上舾装工作繁忙,容易磨损漆膜而留在码头舾装后期进行涂装。

(4)完工涂装

交船前的涂装作业称为完工涂装。完工涂装一般在试航结束到交船之前这一短时间内完成,以便让船舶面目一新地交给船东。但是,只要船东同意,完工涂装作业也可以提前进行。完工涂装作业包括上层建筑外围壁、甲板、甲板机械等表面的清理、补漆,以及船体外表面末道面漆的喷涂。施涂前先用清水冲洗船底部,除去盐分和泥土,干燥后先进行补漆(如艏部漆膜,常因抛锚试验而受损),然后再喷涂最后一道面漆。

3. 船舶涂料

船舶涂料就是涂装于船舶内外各部位,以延长船舶使用寿命和满足船舶的特种要求的各种涂料。涂料通常由黏结剂、颜料、稀释剂和添加剂等组成。其中黏结剂是主要成膜物质,颜料是次要成膜物质,并能使漆膜着色和改进漆膜性能。稀释剂用来溶解和稀释涂料,是一种挥发性物质。添加剂用来使漆膜具有特定性能,如防污、缓蚀和增塑等。

(1)按使用部位分类

由于船舶各部位所处的环境和功能各不相同,因此对涂料的要求也就各不相同。可分为车间底漆、船用防锈漆、船底防锈漆、防污漆、水线漆、船壳漆、甲板漆、货舱漆、舱室面漆、压载水舱涂料、饮水舱涂料、油舱漆等。

(2)按干燥机理分类

按涂料的干燥机理,可分为物理干燥涂料和化学干燥涂料。

物理干燥涂料是指靠溶剂挥发而干燥成膜的涂料。化学干燥类涂料是指主要成膜物质与空气中的氧或水蒸气,或是与固化剂进行反应,而引起聚合或缩合反应,变成高分子聚合物或缩合物而固化成膜的涂料。

(3)按黏结剂分类

常用的黏结剂有天然树脂、矿物质沥青和合成树脂三类。现代船舶涂料广泛采用合成树脂,合成树脂主要有醇酸树脂、乙烯树脂、环氧树脂、氯化橡胶、聚氨树脂和硅酸脂等。合成树脂为是黏结剂的船舶涂料,具有耐水性好、耐化学性好,是高性能涂料,近年来不断发展并日益广泛获得应用。

第八节　船 舶 下 水

船舶在船台上建造到一定阶段后,通过某种方法使其漂浮于水中的过程称为船舶下水。船舶下水可以采用不同的方法,常见的有重力式下水、漂浮式下水和机械化下水三种。纵向重力式下水适用于中型船舶建造下水,大型船舶多在船坞建造并采用漂浮式下水,机械化下水多适用于中小型船舶下水。

一、船舶下水的主要方法和设施

1. 重力式下水

重力式下水是船舶在本身重力的作用下沿船台倾斜滑道进入水中的下水方法。按照船舶下水时滑行的方向，重力下水可分为纵向下水和横向下水。

(1)纵向重力式下水

①纵向涂油滑道下水

纵向涂油滑道下水是船台和滑道合一的下水设施。纵向下水的设备由固定部分和运动部分组成。固定部分是在船台上由方木铺成的滑道，称为底滑道；运动部分在下水过程中与船舶一起滑入水中，称为下水架。下水架的底板称为滑板，在滑板与滑道之间敷有润滑油脂，使滑板易于滑动。下水架的两端建造比较坚固，以支持船体艏艉两端的尖削部分，分别称为前支架和后支架。除上述主要设备外，还有若干辅助设备，诸如防止船在开始下水之前滑板可能滑动的牵牢设备；防止船在下水过程中滑板发生偏斜的导向挡板；使船在下水后能迅速停止于预定位置的制动装置；使船在开始下水时能迅速滑动的驱动装置，等等。图5-41所示为纵向重力式下水，船舶纵向下水时，艉部先入水，因为这样可以获得比较大的浮力。

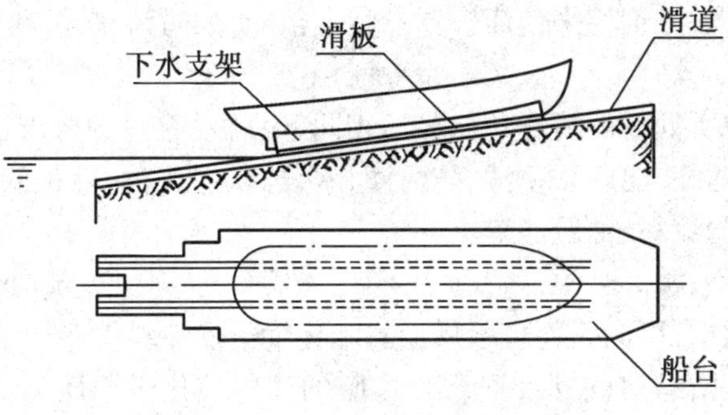

图5-41　纵向重力式下水示意图

②纵向钢珠滑道下水

纵向钢珠滑道下水是用钢珠代替下水油脂，变滑动摩擦为滚动摩擦的一种纵向重力下水方式。减少了滑板与滑道之间的摩擦力，钢珠还可以重复使用，减少对海水的污染。

钢珠下水装置主要由钢珠、保距器和轨板等构成。图5-42所示为钢珠滑道。钢珠由高铬钢构成，直径为90 mm，平均许用载荷为3×10^4 N，具有防锈能力。保距器用来控制钢珠在一定范围内滚动。为了减少保距器与滑道轨板之间的摩擦力，保距器上安装有滚轮。每块保距器中钢珠数量和布置要经过计算来确定，根据船舶在滑道上的重力分布及钢珠的抗压强度来确定其分布。普通形保距器每块可放12个钢珠，大型船舶钢珠数量要多些，并在滑道轨板上焊有导向方钢，以免钢珠出列。为了收集下水时的钢珠，在滑道末端设置有钢架网袋，承接落下的钢珠。

③纵向重力式下水过程及可能发生的危险

纵向重力式下水有纵向涂油滑道下水和纵向钢珠滑道下水。船舶下水前应进行下水计算，以确定船舶下水是否安全及采取什么措施保证下水安全。根据船舶下水过程中的运

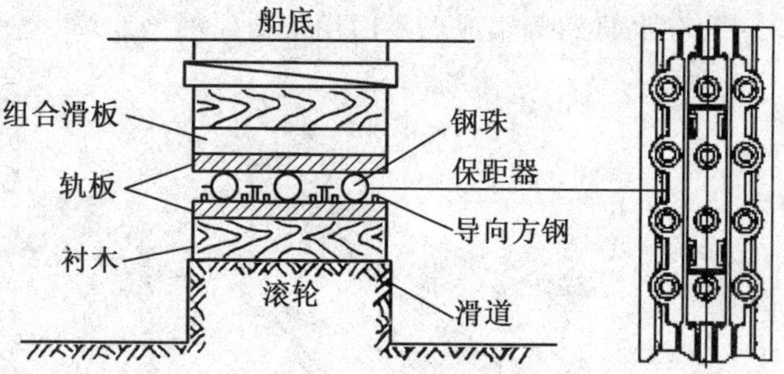

图 5-42 钢珠滑道

动特点、作用力变化及可能发生的危险情况,将纵向重力式下水过程分四个阶段:第一阶段是自船舶开始下滑至船体尾端接触水面为止;第二阶段是自船体尾端接触水面至船尾开始上浮为止;第三个阶段是自船尾开始上浮至下水架滑板前端离开滑道为止;第四阶段是自下水架前支点离开船台至船舶停止运动为止。

第一阶段可能出现的问题是船舶不下滑,这时通常采用机械驱动,顶推滑板前端使船舶沿滑道滑动。第二阶段可能出现的问题是能否发生艉落现象(或称仰倾),艉落是一种危险现象,船舶下水中不允许发生此种情况,如果根据计算结果发现可能产生艉落时,应采取措施避免发生此种情况,如采取增加滑道水下部分的长度、在船首部分加压载、增加滑道坡度、等待潮水更高时下水等措施。第三阶段可能出现的不利情况是,下水架只有前支点与滑道接触,受集中力较大,应对此处船体结构、前支架进行加强,并将集中力转化为分散力。第四阶段可能出现的问题是下水架前支点离开滑道末端时发生艏落现象,应采取增加滑道入水部分的长度、等待潮水更高时下水,或船台末端做出凹槽等措施。

(2)横向重力式下水

横向重力式下水与纵向重力式下水的区别,是船舶开始进入水中的不是艉部而是一舷,如图 5-43 所示。分横向浮起式下水(图 5-43(a))和横向坠落式下水(图 5-43(b))。横向重力式下水适用于小型船舶下水。

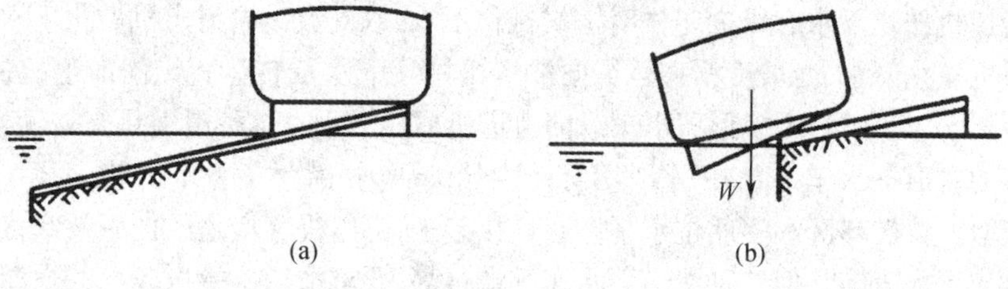

图 5-43 横向重力式下水示意图

(a)横向浮起式下水;(b)横向坠落式下水

2. 漂浮式下水

将水注入建造船舶的场所(船坞),依靠浮力使船舶自然浮起的下水方法,叫作漂浮式下水。漂浮式下水操作简单、平稳可靠,坞内建造呈水平状态,建造工艺简化、建造高度降底,有利于大型船舶建造及下水。

最常见的是干船坞下水,干船坞是一种利用漂浮原理进行船舶下水和上墩的水工建筑物,它由坞底、坞墙、坞门和水泵站等组成。专门用于造船的干船坞一般为造船浅坞,如图5-44所示。

图5-44 造船浅坞

3. 机械化下水

机械化下水是在机械设备(如小车、曳引机械、滑道、升船机和起重设备等)的作用下使船入水的。这种方式下水平稳可靠,船只呈水平状态,简化了船体建造工艺,且对船台处水域深度和宽度要求不高。但造价高、占用面积大。这种方式适宜于中小船型、批量生产、下水频繁的中型船厂。机械化下水一般主要有纵向滑道机械化下水、横向滑道机械化下水、垂直升船机下水三种形式。

(1)纵向滑道机械化下水

纵向滑道机械化下水有纵向船排滑道机械化下水、双支点纵向滑道机械化下水、楔形下水车纵向滑道机械化下水、变坡度横移区纵向滑道机械化下水及转盘式纵向滑道机械化下水等几种形式。图5-45所示为楔形下水车纵向滑道机械化下水。这种滑道具有一辆架面是水平或近似水平的楔形下水车,船舶下水时不会产生艏端压力,简化了下水工艺,适用于较大船舶的下水和上墩。将横移区和多船位水平船台连接起来,可以提高滑道的使用效率,是一种比较理想的机械化下水设施。但这种滑道下水车艉端过高,要求滑道末端有较大的水深。

(2)横向滑道机械化下水

横向滑道机械化下水有高低轨横向滑道机械化下水、高低腿横向滑道机械化下水及梳式滑道机械化下水等几种形式。比较典型的是梳式滑道机械化下水,如图5-46所示。梳式滑道机械化下水时使用楔形下水车和横向滑道,它主要由滑道斜坡部分、横移区和侧翼水平船台三部分组成,每一部分都有单独的设备,通过相互衔接来完成移船下水的任务。这种下水操作比较麻烦,适合于建造内河平底船舶。

(3)垂直升船机下水

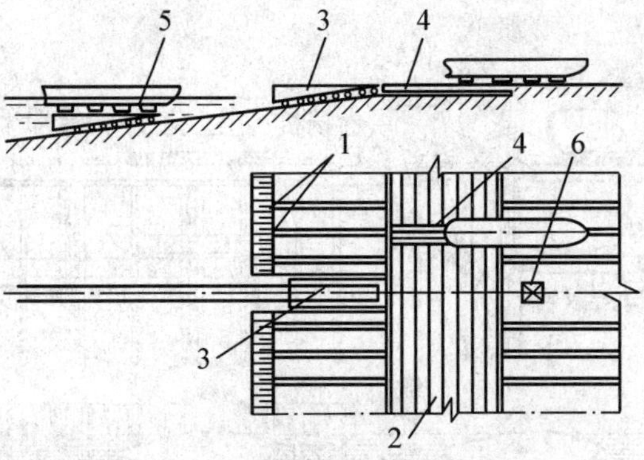

图 5-45 楔形下水车纵向滑道机械化下水

1—船台;2—横移坑;3—楔形下水车;

4—横移车;5—船台小车;6—绞车室

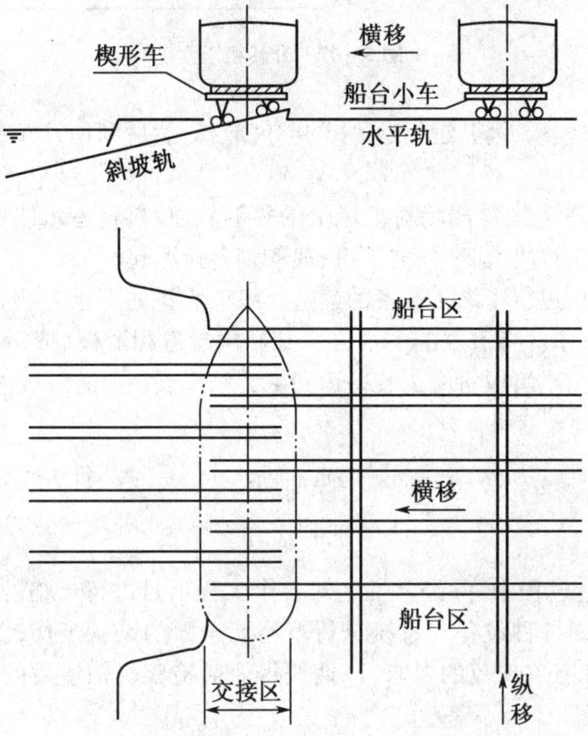

图 5-46 梳式滑道机械化下水

垂直升船机下水是在船厂岸边使用液压或卷扬式绞缆机,操纵升船平台做垂直升降,以完成船舶下水作业,如图 5-47 所示。这种方法适用于具有垂直岸壁的中、小型船厂。

4. 其他下水方式

除上述下水方式外,一些船厂结合本厂的实际情况,采用气囊下水、浮船坞下水等其他下水方式。

气囊下水,是用若干直径较大的支承气囊将船舶抬高,拆除船舶建造时所用的龙骨墩

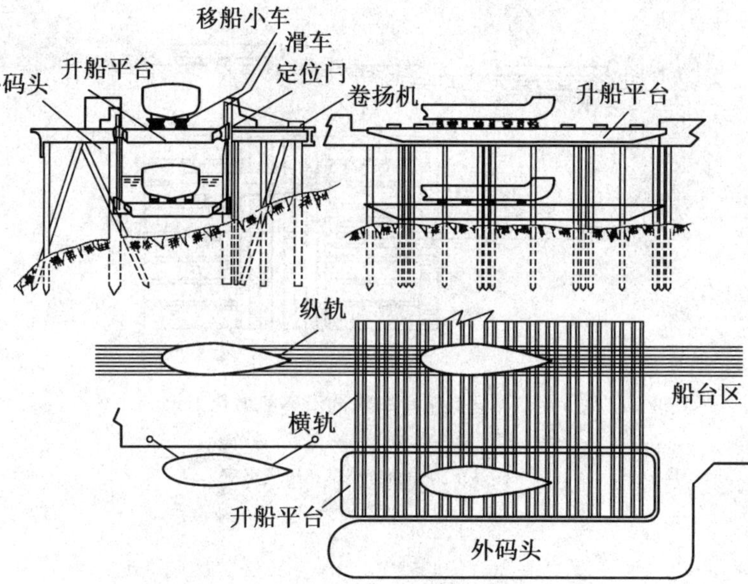

图5-47　升船机下水

和边墩,再置入滚动气囊,并将支承气囊中的空气放掉,然后利用绞车使承载在滚动气囊上的船舶移向水域。

浮船坞下水时,首先把浮船坞对准岸上的移船轨道,再将下水船舶沿轨道移入浮船坞内,然后将浮船坞拖至沉坞坑处,使之下沉,船舶则自行浮起。

近年来,很多船厂进行了海工装备的建造。海工装备的下水方式主要是采用干船坞漂浮式下水和半潜驳下水。半潜驳的下水方式是利用滑道和滑板(或滑移小车)将海工装备移至半潜驳上,然后由半潜驳将海工装备运到舾装码头或相应的海域进行安装。

第九节　船舶试验与交船

船舶在整个建造过程中,除经常性地对各个工程项目进行严格的检验与验收外,还要在船舶即将完工时,对各种设备与系统进行严格而全面的试验工作,以便确认新建船舶是否满足设计任务书和有关规范的要求,以期获得船舶检验机构签发的相关证书,保证船舶安全可靠地投入运营。

船舶的交船试验通常分为试验准备、系泊试验(包括倾斜试验)、航行试验、设备拆检和检查性航行试验等阶段。交船试验工作由船厂主持,规定的试验项目必须请验船师和船东代表到现场参加并验收,并会签有关试验记录、文件和证书作为交船文件。各方代表确认船舶的各项性能指标基本满足合同要求后,即可举行交船仪式。通常,交船并不是合同的结束,船厂在交船后的规定期限内仍承担质量保证的责任。

一、系泊试验

系泊试验是在船舶停靠在船厂码头上的静止状态下进行的,其目的是鉴定船体、机械设备、电气装置及动力装置的质量和使用的可靠性，系泊试验中发现的缺陷应及时消除，使检查项目符合原设计要求，为船舶的试航做好准备。

系泊试验应在船舶管路、电路接通，燃油、滑油、液压系统已经清理完毕，主配电板已经完工等情况下进行。首先可对管路和电缆进行试验，然后在油、水、气、电接通的情况下，就可以对各种设备进行试验。

系泊试验内容多、工作量大，为了缩短试验周期，可把系泊试验与船舶建造收尾工作适当地交叉进行。试验项目的安排，通常是主要的、复杂的、新型的、应急施救的机械设备先试验；同一动力来源的设备同时试验；整个试验中，应以试验时间较长的设备为主体，交叉地进行其他设备的试验。要试验的设备中比较重要的是所谓的“四机一炉”，即主机、发电机、舵机、锚机和锅炉。

具体试验主要有发电机组试验、主机码头试车、锅炉点火试验、锚设备试验、操舵设备检查与试验。此外还有航海仪器、居住舱设备、救生设备、起货设备、系泊和拖曳设备、通风装置、关闭装置、声光信号设备、杂用辅机及其系统等的检查与试验。即使是栏杆、扶梯、扶手等也不可忽视，以免在使用中出现事故。只有当船体各部分及所有机、电设备都做了仔细地检查和试验，并对发现的缺陷做了修正，船舶才具备出航条件。

系泊试验时还必须做倾斜试验，以确定船舶重力和重心的正确位置，计算船舶在不同装载情况下的稳性。因为在船舶设计阶段很难精确地计算出船舶的重心位置，同时在建造过程中，船舶重力常有变更，所以船舶在建成、改装或大修后，其实际重力和重心位置就要通过倾斜试验予以确定。倾斜试验是通过移动重物来测量的，重物对称地布置在甲板的两侧，重物应是形状规则、重心一致、重力小而均等，且易于搬动的生铁块、钢锭等。图 5－48 所示为船舶倾斜试验。

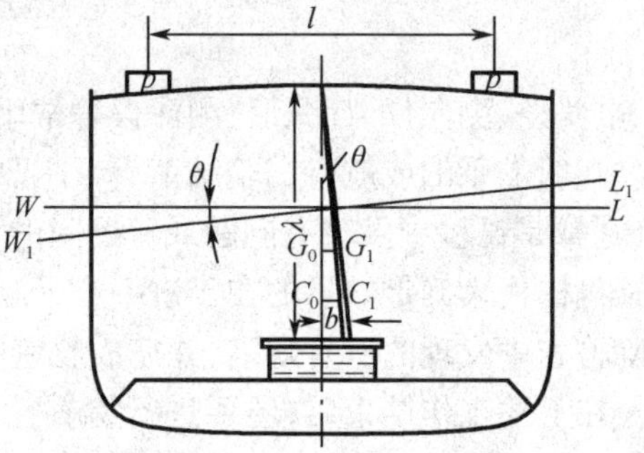

图 5－48 船舶倾斜试验

倾斜试验所用移动重力，应足以使船舶每舷产生 2°～4°横倾角，对于大型船舶每舷横倾角应不小于 1°。要满足该要求，有时用移动重物的方法难以实现，所以通常用移动压载水的方法来进行倾斜试验。首先，通过计算得出需要移动的压载水的重力，然后根据压载水的重力得出需要作为移动压载水的压载舱的数量。在这些压载舱内画上标尺，用来计算每次移动压载水的重力，压载水用压载泵通过压载管系直接从船舶一舷倒至另舷，倒水的次数为 8 次。

倾角测量采用悬锤测量法和 U 形管法，如图 5－49 所示。

二、航行试验

船舶航行试验的项目、内容、方法、程序和试航计划应该会同船东和船级社等有关方面预先商定，并由船厂、船东和船检机构三方代表组成领导小组，负责实施。首制船通常还请设计单位参加试航。

试航前，对主要机械设备再做一次检查，并带足燃料、滑油、淡水及生活给养和救生器具，掌握气象预报情况，准备好测试仪器和专用工具。船厂对试航全过程做详细记录，为编写产品说明书提供实际数据。试航一般在指定航区内进行。

航行试验主要有主机航行试验、回转试验和惯性试验、操舵试验、抛锚试验，以及磁罗

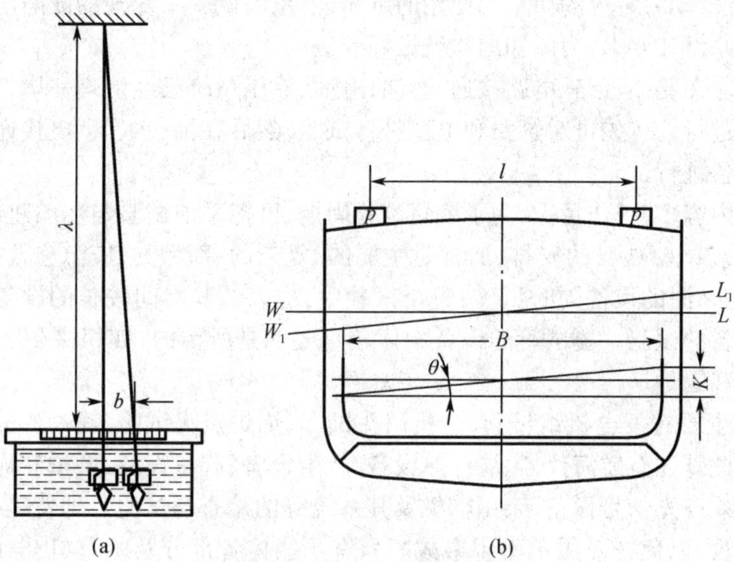

图5-49 倾角测量

(a)悬锤测量法;(b)U型管法

经、电罗经、测向仪、计程仪、测深仪等常用导航设备试验。

在船舶系泊或航行试验结束后,在船厂还要进行设备拆检工作。拆检是对部分船用设备(通常是试验中发现有问题或有疑问的设备)进行检查性拆卸,拆检的对象由船东代表或船检机构代表确定。目的在于进一步了解其内部状况和有无隐患。拆检的同时,还应尽快消除检查中发现的所有缺陷,并完成舱室和全部的最后装饰和涂装工作。

在上述工作结束后,还要进行检查性航行试验。目的是检查拆检后的设备运转情况,并使接船人员进一步熟悉船上各种设备,增强他们的操纵和维护能力。该项工作可以通过实际航行来完成,也可以在船厂采用模拟的方法完成。检查性航行试验是交接试验的阶段,它的完成标志着船舶建造过程的结束。

三、交船

交船是一项程序性工作,即通过一些移交手续,船厂把船舶交付船东使用。交船前必须有验船机构的检验,一切合格后,造船厂方可将船交给用船单位,船东还需派人进行验收。因此,交船是船舶建造合同的总结,具有合同的法律效力,必须维护双方的正当权益。

当船舶航行试验结束返航后,船厂应立即进行返修和拆验工作,同时对船舶本体及船上的一切装备按照图纸、说明书和技术文件进行点交,如房舱的移交、备品清点移交、主机及辅机进行动车移交、所有通信与导航设备逐台动车移交等。用船单位则派人接船,对船厂逐项、逐舱、逐件移交的文件、设备、物品等一一验收,全部点交验收完毕后,验船单位颁发入级证与合格证。

当上述工作全部结束后,就可签署交船验收文件,把船正式移交给使用单位。

参 考 文 献

[1] 龚益华. 船舶概论[M]. 北京:国防工业出版社,1990.

[2] 夏国忠. 船舶结构与设备[M]. 大连:大连海事大学出版社,1998.

[3] 吴仁元,谢祚水,李治彬. 船体结构[M]. 3 版. 北京:国防工业出版社,1993.

[4] 中国船级社. 钢质海船入级与建造规范[S]. 北京:人民交通出版社,2001.

[5] 栾恩杰,柴芳蓉. 国防科技名词大典[M]. 北京:航空工业出版社,2002.

[6] 林国庚. 船体结构与识图[M]. 哈尔滨:哈尔滨工程大学出版社,1996.

[7] 赵耕贤. 船舶设计实用手册(结构分册)[M]. 北京:国防工业出版社,2002.

[8] 华乃导. 船体修造与工艺[M]. 大连:大连海事大学出版社,2000.

[9] 朱格,姚晓红. 初级船舶除锈涂装工工艺学[M]. 哈尔滨:哈尔滨工程大学出版社,2002.

[10] 王云梯. 船体装配工艺[M]. 哈尔滨:哈尔滨工程大学出版社,2007.

[11] 徐兆康. 船舶建造工艺[M]. 北京:人民交通出版社,2005.

[12] 高介祜,郁照荣. 现代造船工程[M]. 哈尔滨:哈尔滨工程大学出版社,1998.

[13] 华乃导. 船体建造与修理工艺[M]. 北京:人民交通出版社,2002.

[14] 周宏,蒋志勇,王岳. 船舶先进制造技术[M]. 北京:人民交通出版社,2012.

[15] 刘玉君,汪骥. 船舶建造工艺学[M]. 大连:大连理工大学出版社,2011.